GESELLSCHAFT UND KULTUR DEUTSCHSPRACHIGER LÄNDER

德语国家
社会与文化

刘炜 魏育青 ◎ 著

第2版

上海外语教育出版社
外教社 SHANGHAI FOREIGN LANGUAGE EDUCATION PRESS

图书在版编目（CIP）数据

德语国家社会与文化：汉、德 / 刘炜，魏育青著
. -- 2版. -- 上海：上海外语教育出版社，2023
新世纪高等学校德语专业本科生系列教材 / 卫茂平
总主编
ISBN 978-7-5446-7640-3

Ⅰ.①德… Ⅱ.①刘…②魏… Ⅲ.①德语—高等学
校—教材—汉、德②欧洲—概况—高等学校—教材—汉、
德 Ⅳ.①H33

中国国家版本馆CIP数据核字(2023)第043291号

出版发行：**上海外语教育出版社**
　　　　　（上海外国语大学内）邮编：200083
电　　话：021-65425300 (总机)
电子邮箱：bookinfo@sflep.com.cn
网　　址：http://www.sflep.com
责任编辑：王乐飞

印　　刷：句容市排印厂
开　　本：787×1092　1/16　印张 13.75　字数 292千字
版　　次：2023年6月第2版　2023年6月第1次印刷
书　　号：ISBN 978-7-5446-7640-3
定　　价：58.00元

本版图书如有印装质量问题，可向本社调换
质量服务热线：4008-213-263

总序

"知者行之始,行者知之成。"党的二十大对我国社会主义建设的各个方面,总结了经验,发出了新的"执政宣言",提出要把教育、科技、人才作为全面建设社会主义现代化国家的基础性和战略性支撑,再次凸显教育在国家发展中的引领作用。在此背景下,进一步加强外语人才的培养,满足国家在全球治理中对于各类外语人才的迫切需求,当为高校外语教材建设义不容辞的责任。

德语虽非被最广泛地使用的外语,但在外语教育领域自有其特殊地位。且不说德语国家在世界政治、经济和文化等各个领域的地位和影响力,德国还是马克思的祖国,德语又是马克思的母语。培养一大批研习并熟练掌握德语的学子,对于我们社会主义建设事业的各个方面,始终有其特殊作用。

"新世纪高等学校德语专业本科生系列教材",是上海外语教育出版社(外教社)为适应时代发展之新要求而组织编写的。项目整体 2003 年 12 月在外教社召开的"全国德语专业教学和教材研讨会"上,正式启动,以后不断推出和完善。它以德语综合教程为主,辅有阅读、语音、听力、视听说、口语、翻译、写作、语法、语言学、词汇学、文学史、文学作品选读、概况、文化史等众多课程,基本囊括全国高校德语专业教学大纲所涉课程类型或教学内容,其规模在我国德语教材编写史上,应属前所未有。

本套教材,分开用时,各有独立,能满足单门课程的特殊需要;合并起来,相辅相成,能实现我们德语专业本科教学的整体规划。

中国人学习德语,肇于何端,不便确考。倘若 1622 年来华的德国耶稣会会士汤若望(Johann Adam Schall von Bell)那时在传教之余,尚未备有讲义,讲授德语,那么,最迟从另一位德国耶稣会会士魏继晋(Florian Bahr)1748 年在北京编成《德文——中文词汇表》起,我国德语教材,已现雏形。一个年代,有一个年代的教材。谨以解放后为例。从 1956 年时代出版社、以莫斯科版"德语教科书"为蓝本的《大学德语课本》,到 1966 年商务印书馆、强调"阅读普通的政治、经济、对外贸易等方面的文章和进行日常会话"的《基础德语教材》,再到1979年同一出版社印行、奉行"政治,外语和文化知识的基本功"和"思想性、科学性和实践性"编写原则的《德语》教材,我们的德语教科书编写,走过了同新中国成立后同样坎坷而又辉煌的路程。尤其自上世纪80年代以来,随着社会的巨变,我国德语教材的编写,诸家勃兴,隽品迭起。

不过,经典尚不能当人类永恒的教诲,教材就更具时效的特点。以上列举德语教材编写史的荦荦大端,想彰显的,就是此理。故而,历史仍将推进,教材还得更新。目的是让我们的教学内容及手段,跟上时间步伐,让我们德语专业的学生,更富实效地学习德语、掌握日耳曼学的基本知识。不过,前人勋绩在上,我们绝无横空出世的愚妄,在此遵循的,是继往开来的原则。本系列教材的编写大旨所以是:继续贯彻目前外语本科的教学理念和教材的基本设想,强调听、说、读、写、译等语言基本功的训练;在课文的选篇、单元的构建、练习的设计等方面追随新的观念;引导学生在学习语言技能的同时,注重德语国家的优秀文化传统和思辨习惯,为培育良好的人文素质,提供导引;较系统地传授德语语言文学的学科基础知识,培养获取这些知识的能力;介绍德语国家历史文化的概貌并注意跨文化交际问题。

尤其值得指出的是,本套教材除纸质学生用书和教师用书等以外,核心教材将推出电子书版本,同时会根据需要配套必要的数字和多媒体教学资源,主干教材将依托数字出版平台,配备各种教学、学习和测评工具。

本系列教材由来自上海、北京、广州、南京、重庆、杭州等地多所大学、我国主要德语专业点的学者及骨干教师参与编写,力助而成。整个项目体现了良好的协作精神,以及共同推进我国德语本科教学的美好愿望。编者大多一再易稿,务期完善,但未始没有疏漏,也会留下瑕疵。敬请识者不吝指正。

党的二十大报告提出的一系列战略要求,都需要教育强国建设的支撑。而外语教育的发展,实为教育强国的重要组成部分。我们愿以"新世纪高等学校德语专业本科生系列教材"的编写,在我国深化文明互鉴、拓展交流渠道、丰富合作内容、推动构建人类命运共同体等方面,做出自己微薄的贡献。

卫茂平

2023年5月修改于上海外国语大学

第二版前言

《德语国家社会与文化》属普通高等教育"十一五"国家级规划教材之新世纪高等学校德语专业本科生系列教材。本书第一版已经出版 10 年。2022 年,习近平总书记在党的二十大报告中,阐释了新时代坚持和发展中国特色社会主义的一系列重大理论和实践问题。在全面推进中华民族伟大复兴的进程中,我们的教材编写也必须跟上时代的节奏。于是,根据教学反馈和近期的思考,我们对原书的内容作出了修订,并在此基础上新增了若干个章节,同时也对全书章节安排作了调整。

本书第二版共有 20 个单元,与第一版保持相同的撰写思路和授课方式。其中"1945年之前的德意志""德语国家哲学""德语专业在中国的发展""德国文学的经纬""德语文学中的中国主题和中国形象"等五章由魏育青老师撰写,并以此确定全书体例。每个单元计划课时为 2 个周课时。其中小部分工作量为教师引导及讲评,其余课时由学生围绕课文内容和课后练习准备专题报告并展开讨论。授课形式为研讨式教学(Seminar),目的在于培养学生发现问题和解决问题的能力。

本书第二版在成书的过程中,收到不少业内同仁的帮助和指点。

本书第二版出版后,同样期待读者的指正。

刘　炜

2023 年 3 月于复旦文科楼

第一版前言

《德语国家社会与文化》一书属"新世纪高等学校德语专业本科生系列教材"入选"普通高等教育'十一五'国家级规划教材"。

对德语国家社会与文化的了解是德语语言文学专业学生的基本素养之一。本教材旨在《德国概况》教材的基础上,采用"研讨型课程"的授课模式,激发学生的兴趣,启发学生加深对德语国家社会和文化的某些特色的认识,从而促进思维能力的提高和专业科研能力的形成。

全书为一册,供德语专业三、四年级或通识教育课程使用,为一学期教学量。考虑到供德语专业一、二年级使用的《德国概况》简要介绍了德国及其他德语国家的基本国情知识,为避免重复,此教材主要在德语国家有鲜明特色的方面就某些主题作较深入的介绍。

本书对于德语国家的定位,仅局限于德意志联邦共和国和奥地利共和国。瑞士固然有德语区,但却并非单一德语国家。其政治、经济、文化中的特色很难被确定为德语文化圈发展的产物,因此将其排除在外。而列支敦士登虽为德语国家,但其社会、历史与文化的发展多依附于奥地利和瑞士。时至今日,其外交、海关、军事等国体事宜仍托付于瑞士。列支敦士登虽然富足美丽,但在社会和文化领域,鲜有能贡献于世人以彰显其声名者,因此在本书中也不列专题。

全书分为十四个单元,"1945 年之前的德意志"和"德语国家哲学"两个单元由复旦大学魏育青教授执笔并确定全书体例,其余十二个单元由复旦大学刘炜副教授负责撰写。本书各单元的内容完全独立,互无隶属。每单元计划授课 4 个周学时。其中约一课时的工作量设计为教师提纲挈领地讲授文本内容,对主体作概括性介绍,其余约三课时由教师安排学生围绕课文内容和课后练习准备专题报告并展开讨论。授课形式为研讨式(Seminar),目的在于培养学生的自学能力。课程安排也要求学生以自学为主,尽可能详细地就相关主题收集资料并对其做出整理,以便以批判的方式形成自己的观点。

按照一学期 16 个有效教学周共 32 周学时计算,共需要 8 个单元。本教材单元选题围绕德语语言文学专业而设置,对德语国家历史、哲学、文学、社会学、语言学等学科中的一些专业性较强的主题作出阐述和分析。为便于本专业学生理解和掌握相关内容,每单元的文章结构均遵循历史发展的线索,就某一主题进行脉络式的梳理。教科书配置了大量图片,以增强学生的感性认识。课后思考题目的设置,主要在于引导学生深入思考并通过论证得出自己的结论,从另一方面加深对文章内容的认识。出于此种考虑,课后题多为开放式,不设标准答案。学生可在这些题目和文章内容的引导下形成自己的课堂报告,从其他角度对文本内容进行批判式的否定或接受。

师生也可以根据自己的兴趣对课程安排做出调整。如学生对某一单元感兴趣,完全可以延长课时并就感兴趣的话题展开讨论,多作几个相关题目的报告。德语国家社会与文化是个宽泛的主题,这里涉及的内容有限,全书十四个单元不可能面面俱到。这本书希望学生通过阅读、练习和讨论,掌握系统和逻辑的专业方法。如有可能,更鼓励学生自己对德语国家社会与文化的其他方面,如教育、民俗、音乐及中德关系等诸多方面继续展开阅读和探讨,并遵照德语语言文学专业对作业或论文格式的要求,以书面形式写出作业或文章。

每个单元后除思考题外,还附有推荐书目或影视资料。考虑到专业倾向,推荐书目以与单元内容相关的文学类作品为主,兼顾其他。教师或学生可按照自己的兴趣,选取相关读物展开阅读,从而扩大相关领域的知识面。学生亦可组成读书小组,就作品某一片段联系本书内容展开讨论,以收研讨型课程之实效,锻炼自己独立学习、独立工作的能力、表达与交际能力以及团队合作的能力。

本书虽是教科书,但行文遵照专业论文的体例。凡有引用,尽量注明详细出处,力图做到言必有据。如此安排有诸多考虑:首先,详细的出处和注释符合德语语言文学专业最基本的专业要求。既是专业教科书,自然应当培养本专业学生正确的学习和科研态度与方法。德语语言文学作为一门专业科学,需凭借严谨的态度与方法,才能立论并通过论证得出科学的、有逻辑性的结论。当下是信息爆炸的时代,各种信息来源充斥于网络,通过搜索引擎虽可瞬间获取海量信息,但专业学生必须通过训练,凭借正确的态度和方法才能获得获取和运用知识的能力及发现问题和解决问题的能力,此种能力的养成应为德语语言文学专业教育的重要目的。其次,注释本身是对正文内容的补充说明,注明出处有利于检验真伪,进而培养学生的判断能力和批判精神。再者,补充说明的内容亦可以帮助学生拓宽思路,接触不同材料和观点,或为阅读者在某一信息点上指出拓展信息来源的可能性。注释中还有对不同参考资料的对比,这也有助于学生开阔视野,进而形成自己的观点并能加以论证。

本书得到上海市浦江人才计划和复旦大学光华人文基金杰出青年学者科研奖励计划资助,在此特别表示感谢。

刘　炜

2011 年 5 月

复旦大学仁德公寓

目 录

第一单元　1945 年之前的德意志

　　德语中的"历史"（Geschichte）一词既指过去发生的事情，又指研究过去史实的学问——历史学。史学家常将西方历史分为多个时期：如有文字记载之前的史前史，此后是一直到罗马古典时期的古代史，继而是到文艺复兴时期的中古史，接下去的是到法国大革命的近代史，随后有延续到二战结束的现代史和 1945 年以来的当代史。本单元简单梳理一下当代史之前的德意志发展轨迹，以便为本书读者接触德语国家社会与文化做出铺垫。

　　纪元初前后，北欧的日耳曼人逐渐南迁，形成部落和部落联盟，开始与罗马帝国产生接触和冲突。公元 9 年，日耳曼首领阿尔米尼乌斯（Hermann der Cherusker）①在托伊托堡森林会战（Die Schlacht im Teutoburger Wald）②中全歼由屋大维的女婿瓦卢斯（Publius Quintilius Varus）统领的三个罗马精锐军团，被视为第一位民族英雄，今天在德特莫尔德（Detmold）还能见到 19 世纪初为他建立的巨型塑像。

　　民族大迁徙③背景下的日耳曼人入侵是公元 476 年西罗马帝国灭亡的原因之一。486 年，克洛维（Chlodwig）

阿尔米尼乌斯巨型塑像

----

① 阿尔米尼乌斯（Arminius，约公元前 17 年—约公元 21 年）是切鲁西人（Cherusker）的首领，被称为赫尔曼（Hermann der Cherusker）。据说他曾在罗马军团服役，但却痛恨罗马人。后来古罗马史家塔西佗称阿尔米尼乌斯为日耳曼人的解放者。

② 公元 9 年，阿尔米尼乌斯将瓦卢斯的三个军团诱入托伊托堡森林，聚而歼之。这场战役在西方史界被列为影响世界历史进程的 15 场战役之一。此战役后，罗马帝国军事实力大损，罗马军团不败的神话就此终结。据说屋大维得此噩耗后曾哭嚎道："瓦卢斯呀！还我军团！"（Quintili Vare, legiones redde!）

③ 4 世纪起，散居罗马帝国境外的蛮族纷纷内迁。另外，此时哥特人受匈奴人攻击，内附罗马帝国，渡过多瑙河迁至巴尔干一带，此为民族大迁徙的开始。

卡尔大帝雕像

联合高卢东北部诸部落，建立了法兰克王国（Frankenreich），史称墨洛温王朝（Merowinger）。

在后来取而代之的加洛林王朝（Karolinger）中，以卡尔大帝（Karl der Große）的文治武功最为突出。他发展文化事业，不断拓展疆土，于800年在罗马加冕。但他死后不久，这个南抵罗马、北临北海和波罗的海、东起易北河和萨勒河、西至比利牛斯山脉的庞大帝国便分崩离析，分化为西法兰克王国、中法兰克王国和东法兰克王国。

加洛林王朝绝嗣，康拉德一世于911年被选为国王，这意味着法兰克王国的分裂，以及东法兰克王国开始向德意志帝国过渡。因此，这一事件往往被当作德意志历史的开始。东法兰克王国诸公国中最大的是萨克森，其公爵亨利一世（Heinrich I.）在919年获得权柄后正式建立了德意志王国。其子奥托一世（Otto I.）仿效卡尔大帝，让教宗在罗马为其加冕并称"罗马人皇帝"，德意志王国也因而得名"罗马帝国"，后来发展为全称"德意志民族神圣罗马帝国"（Heiliges Römisches Reich deutscher Nation），即所谓的"第一帝国"。

从萨克森王朝开始的德国封建社会呈层层依附的金字塔结构，君临天下的是皇帝和教宗，分别统辖世俗和教会等级森严的各级封建主，压迫和剥削最底层的广大农民和农奴。[④] 不但是诸侯和皇帝之间的重重矛盾，皇权和教权的双峰对峙也构成德意志长期分裂的原因，世俗力量和教会力量的激烈争斗贯穿德意志王朝几经更迭的中世纪。萨里安王朝（Salier）时，亨利三世（Heinrich III.）巩固了皇权，而其后继者与教宗格列高利七世争夺"授职权"（Investiturstreit）失败后导致皇权受辱，以至于亨利四世（Heinrich IV.）被革出教门，后来不得不于1077年冒着严寒去卡诺萨（Canossa）向教宗忏悔赎罪。施陶芬王朝（Staufer）的"红胡子大帝"（Barbarossa）——腓特烈一世[⑤]（Friedrich I.）重振雄风，其子统治时，领土范围为德意志历史之最。但后来皇权又逐渐削弱，1268至1273年间甚至无人登基，乃至帝位空悬。

中世纪晚期，卡尔四世（Karl IV.）颁布"黄金诏书"，承认由世俗诸侯和教会诸侯组成的七大"选帝侯"（Kurfürsten）有选举皇帝的特权，地方封建主则在各自邦国内一言九鼎。中央皇权风雨飘摇，"德意志民族神圣罗马帝国"实际上不过是诸侯割据、关卡林立的一盘

---

④　此种金字塔结构后来被称为封建主义（Feudalismus），但德国历史上的封建主义类似于中国先秦时期的封邑制。而我国历史上的封建中央集权制实际上应是德语中的 Absolutismus 或 Zentralismus，且在中国历史上不存在真正意义上的君权与神权之争。

⑤　德意志历史上有两个"Friedrich I."，此处的"红胡子腓特烈"与后来普鲁士国王弗里德里希一世（Friedrich I. in Preußen, 1657 - 1713）并非一人。

散沙而已。西欧其他民族国家开始逐渐形成，德意志却是"姗姗来迟的民族"。当时各邦中以奥地利为最大，1438 年起帝国皇权落入同时又是奥地利国王的哈布斯堡家族成员之手。马克西米利安一世（Maximilian I.）试图改革，但仍未能彻底挽回四分五裂的局面。随着皇权逐渐衰落，成为商业、手工业中心的城市的影响力与日俱增，它们纷纷结成联盟，以吕贝克、汉堡等城市组成的"汉萨同盟"（Hanse）主宰了波罗的海乃至北海地区的经济、社会甚至于政治生活。与此同时，条顿骑士团积极参与德意志东进，对后来的"普鲁士精神"颇有影响。

1517 年教宗以修缮圣彼得大教堂为由发行"赎罪券"，激化了德意志人民对贪婪教会的不满。马丁·路德（Martin Luther）将自己的《九十五条论纲》贴在维滕堡教堂大门上，引发了风起云涌的宗教改革运动（Reformation），因而被罗马教廷革出教门，被迫隐匿在瓦特堡翻译《圣经·新约》，这对德意志语言统一和发展做出了杰出贡献。在宗教改革的背景下，1522 年德国爆发了骑士起义，1524 年以托马斯·闵采尔（Thomas Müntzer）等人为领袖的农民也揭竿而起。对此种以暴力改变现存社会体系的尝试，路德不以为然。但路德的宗教改革还是使基督教信仰世界陷入了大动荡，德意志大地上出现了新教和天主教并存的局面。

根据 1555 年的《奥格斯堡宗教和约》，两大教派地位平等，臣民必须信奉各自邦君信奉的宗教。路德新教开始得到多数世俗封建主拥护，但德皇和教宗支持下的天主教势力在后来的反宗教改革运动（Gegenreformation）中试图卷土重来。相继建立的新教联盟和天主教同盟水火不容，各自背后的外国势力又借以争夺霸权，终于导致了 1618—1648 年使德意志人口减半、哀鸿遍野的三十年战争（Dreißigjähriger Krieg）。根据战后的《威斯特法伦和约》，德意志割让部分领土给法国和瑞典，荷兰和瑞士获得独立。

这场民族大灾难过后，德意志中央皇权名存实亡。300 多邦国群雄割据，其中不少在自己的地盘上仿效法国建立起专制主义制度。另外，重商主义政策推进了各地的经济发展。1701 年普鲁士王国在勃兰登堡邦国的基础上建立，并夺得西里西亚工业区，后又参与列强对波兰领土的瓜分，从而迅速崛起成为能与奥地利平分秋色的德意志双雄之一。普奥之争贯穿此后近 200 年的德国历史，也折射出新教的北方和天主教的南方之间的冲突。

1789 年爆发的法国大革命也震动了德意志。莱茵地区首先响应，1792 年"美因茨共和国"成立，但很快被神圣罗马帝国统治者镇压下去。普鲁士和奥地利等国对法国进行武力干涉，以惨败告终。在拿破仑（Napoleon Bonaparte）军队的进攻下，德意志邦国的数量锐减，西南部的 16 个邦国于 1806 年结成了受制于法国的"莱茵同盟"（Rheinbund）。随着弗朗茨二世（Franz II.）皇冠落地，历时近千年的"德意志民族神圣罗马帝国"退出历史舞台。

普鲁士参加俄、英等国的反法同盟，要求拿破仑军队撤出德意志领土。1806 年，普军在耶拿会战中大败，被迫割地赔款。此后普鲁士开始启动资产阶级改革，施泰因（Karl Stein）、哈尔登堡（Karl August von Hardenberg）、威廉·冯·洪堡（Wilhelm von

Humboldt)等人的努力为德意志民族解放战争(Befreiungskrieg)的胜利创造了有利的前提条件。

1813年，一度不可一世的拿破仑在莱比锡大会战(Völkerschlacht bei Leipzig)中败北，德意志摆脱了法国的异族统治，拿破仑庇护下的"莱茵同盟"解体。1814—1815年的维也纳会议重新建立了欧洲秩序，但许多德国人建立一个自由、统一的民族国家的希望未能实现。由近40个邦国和自由城市组成的"德意志邦联"(Deutscher Bund)只是一个以奥地利宰相梅特涅(Klemens Wenzel Nepomuk Lothar von Metternich)为首的松散联合体。奥、普、俄在复辟时期结成了神圣同盟，人民仍然难以呼吸到自由、民主的空气。

1834年成立的德意志关税同盟(Deutscher Zollverein)促进了经济交流。随着工业革命的进程，资本主义经济迅速发展，但社会矛盾的日益尖锐，使得不断壮大的工人阶级开始反抗剥削者和压迫者。1844年，西里西亚爆发了诗人海涅热情讴歌的纺织工人起义。4年后，马克思和恩格斯发表了《共产党宣言》。

1848年，法国"二月革命"的浪潮迅速波及德意志邦联，各地民众纷纷起义。在德国"三月革命"(Märzrevolution)的影响下，维也纳政府被推翻，柏林工人总罢工也迫使普鲁士国王作出让步。1848年5月18日，首次国民议会在法兰克福保罗教堂(Deutsche Nationalversammlung in der Frankfurter Paulskirche)召开，确定黑、红、金三色为德国国旗的颜色，次年3月8日通过宪法，规定成立统一的德意志帝国，由普鲁士国王威廉四世任"德意志人皇帝"。但威廉四世拒不登基，大邦国统治者也多持反对态度。5月，各地民众试图自下而上推动立宪的努力先后失败，国民议会旋即解散。浴血奋斗换来的革命成果得而复失，民主制度和国家统一这两大目标均未实现。于是在1850年时，保守的德意志邦联得以恢复。

俾斯麦

19世纪50年代起，德国迅速向工业化国家发展，克虏伯工厂、德意志银行等相继诞生。但资本主义经济要进一步发展，就必须搬掉国家分裂这块绊脚石。在如何统一德意志的问题上，存在"大德意志方案"(großdeutsche Lösung)和"小德意志方案"(kleindeutsche Lösung)之争，其焦点为两强中究竟该由奥地利的哈布斯堡王朝(Habsburger)还是由普鲁士的霍亨索伦王朝(Hohenzollern)来掌握统一德国的领导权。

威廉一世(Wilhelm I.)登基后任命俾斯麦(Otto von Bismarck)为宰相。这位"铁血宰相"认为唯有以武力才能完成统一大业。他大力扩充军备，辅以纵横捭阖的外交政策，通过1864年对丹麦的战争使石勒苏益格和荷尔斯泰因划入德意志版图，在1866年"七星期战争"中迫使奥地利脱离德意志邦联，为"小德意志方案"创造了条件。1867

年,俾斯麦统一了德国北部和中部各邦,以普鲁士为盟主的"北德意志联邦"(Norddeutscher Bund)替代了德意志邦联,而奥地利则和匈牙利组成二元制君主国家即奥匈帝国。

在 1870 年的普法战争中,俾斯麦扫除了德意志统一的最后障碍。法国在色当战败投降后,南德诸邦不得不加入北德意志联邦。1871 年 1 月 18 日,普鲁士国王威廉一世在巴黎凡尔赛宫镜厅登基,建立起统一的中央集权的君主立宪制帝国,从而结束了德意志近千年的分裂状态。

俾斯麦完成了统一大业,但这是经过三次战争"自上而下"地通过以普鲁士为霸主的诸侯协议,并非"自下而上"由大众参与决定的。"第二帝国"(Zweites Reich)建立后,俾斯麦继续其压制民主的倾向。尽管他在建设福利保障制度方面不无建树,但其政府于 1878 年颁布的《非常法》却是此后 12 年里残酷镇压工人运动的武器。1888 年威廉一世驾崩,皇储即位后不满百日即病逝。威廉二世(Wilhelm II.)登基,两年后罢黜了俾斯麦。

统一后的德国经济突飞猛进,很快跻身于世界最发达国家之列,至 1913 年工业生产和对外贸易甚至跃升为全球第二位。后来居上的德国不满足于自己"只能独观蓝天"的地位,提出了要求重新瓜分世界的主张,在对外扩张的过程中,德国于 1898 年也"租借"了中国的胶州湾。1900 年,德国元帅瓦德西(Alfred Graf von Waldersee)率领八国联军镇压义和团,也正是送别德国远征军时,德皇威廉二世在不来梅港作了鼓吹残暴的"匈奴演讲"(Hunnenrede)。

德、奥、意同盟国和英、法、俄协约国争夺霸权的斗争终于点燃了 1914 年 7 月 28 日第一次世界大战的战火。四年后,濒临绝境的德军被迫求和。但后来德国的右翼军人和政客宣称德军本是战无不胜的,之所以失败应归咎于十一月革命"背后捅刀"(Dolchstoßlegende)。1918 年 11 月水兵武装起义,各港口城市相继爆发革命。11 月 9 日,"斯巴达克同盟"(Spartakusbund)推动的柏林工人总罢工迫使威廉二世逊位并流亡荷兰,短暂的"第二帝国"就此终结。1919 年德意志共和国宪法在著名文化古城魏玛获得通过,"魏玛共和国"(Weimarer Republik)由此得名。社会民主党人艾伯特(Friedrich Ebert)当选为总统。

共和国成立后危机接踵而至。1919 年 6 月,《凡尔赛条约》(Versailler Vertrag)在当年德皇威廉一世加冕的巴黎凡尔赛镜厅签订,苛刻的条件在德国引起了轩然大波。1920 年卡普率领的极右派兵变(Kapp-Putsch)一度控制了柏林。1923 年希特勒又在慕尼黑发动反政府的"啤酒馆暴动"(Hilter-Putsch)。同年,因德国丧失偿还能力而引

俾斯麦下台漫画
(领航员下船)

发赔款争议,法国和比利时占领了鲁尔区。⑥ 通货膨胀、失业人数激增、生产下降都导致共和国政局不稳,社会动荡。1924 年,美国拟订的"道威斯计划"⑦使德国经济开始复苏,混乱局面有所扭转。1926 年德国加入国联后,国际地位逐渐恢复,艺术和科学也迎来了短暂的繁荣。

经过几年的和平发展,德国 1929 年在世界工业总产值中重新达到世界第二。但好景不长,随着世界经济危机的爆发,魏玛共和国的形势再度恶化。在此背景下,希特勒(Adolf Hitler)的"德国民族社会主义工人党"(Nationalsozialistische Deutsche Arbeiterpartei, NSDAP),即纳粹党,于 1933 年在选举时得到 44% 的选票,议会席位超过社会民主党跃居首位。1 月 30 日,总统兴登堡(Paul von Hindenburg)任命希特勒为总理。魏玛共和国宣告终结。

1934 年兴登堡去世后,希特勒更是集纳粹党元首、总统、总理、军队最高统帅于一身,成了"第三帝国"(Drittes Reich)名副其实的大独裁者。他上台后,扩军备战,最终在 1939 年 9 月 1 日下令德军越过德波边界,发动了第二次世界大战。战争初期,纳粹铁蹄蹂躏了欧洲多数国家。斯大林格勒战役后,战局发生了大转折,德军从此在各战场上节节败退。1945 年 4 月 30 日,穷途末路的希特勒自杀。5 月初,法西斯德国宣布无条件投降,"第三帝国"的黑暗年代终于过去了。

在战后的废墟上,德国赢来了新生。随着德意志联邦共和国与德意志民主共和国的建立,德国历史揭开了新的篇章。而在此提纲挈领地回顾 1945 年之前的德意志,能使我们在了解德语国家社会与文化时理清历史的脉络,从而更确切地把握其发展的轨迹。

---

⑥　按照凡尔赛条约,德国对协约国的战争赔偿为 1320 亿金马克。战败加上赔偿使得德国的经济迅速崩溃,通货膨胀令德国货币完全贬值为废纸,使得德国政府根本无力偿还赔款。赔款委员会于 1923 年 1 月认定德国违反了凡尔赛条约,没有履行其义务。法国与比利时因此于 1 月 11 日占领了整个鲁尔区。

⑦　1923 年底,国际专家委员会在美国银行家道威斯主持下重新审查德国的支付能力,与会各国确定了从经济角度处理赔款的原则。根据这一原则,德国需达到预算平衡、国际收支顺差后,才有能力执行战后赔偿。为此,美国先提供了一笔 8 亿马克的贷款。不久,大量资本流入德国,德国的经济重新得以恢复。

● 练习、调研与思考：

一、请补充下面的历史大事记：

295 – 486	日耳曼人部落逐步入侵古罗马人领地。
486	克洛维建立法兰克王国。
800	_____
843	法兰克王国开始分裂成东法兰克王国、西法兰克王国和中法兰克王国。
919 – 1024	萨克森王朝统治时期
962	_____
1024 – 1125	萨利安王朝统治时期
1077	_____
1096 – 1099	第一次十字军东征
1138 – 1268	施陶芬王朝统治时期
1256 – 1273	"帝位空悬"时期
1278	奥地利哈布斯堡家族统治的开始
1356	卡尔四世颁布黄金诏书。
1517	_____
1524	德国农民战争
1555	奥格斯堡宗教和约
1618 – 1648	_____
1648	威斯特法伦和约
1701	普鲁士成为王国。
1756 – 1763	七年战争，普鲁士、奥地利两雄相争的格局形成。
1789	法国大革命爆发。
1806	_____
1813 – 1815	反对拿破仑统治的民族解放战争
1814 – 1815	维也纳会议
1815	_____
1834	德意志关税同盟成立。
1848	_____
1848	国民议会在法兰克福保罗教堂召开。
1862	普鲁士国王威廉一世任命俾斯麦为宰相。
1864	普鲁士、奥地利对丹麦的战争。

1866	普奥战争
1870 – 1871	普法战争
1871	_____
1871 – 1890	德国经济快速发展。
1879 – 1887	俾斯麦实行纵横捭阖的外交政策。
1871 – 1890	德国推行殖民政策。
1914	第一次世界大战爆发。
1918	_____
1919	魏玛宪法制订。德国签订《凡尔赛和约》。
1923	通货膨胀达到高峰,鲁尔区危机,希特勒啤酒馆暴动。
1933	_____
1939	第二次世界大战爆发。
1945	德国无条件投降,"第三帝国"灭亡。

二、公元 843 年,法兰克王国分裂成东法兰克王国、西法兰克王国和中法兰克王国。它们大致相当于今天的哪些国家?

三、"卡诺萨之行"(Bußfahrt nach Canossa)在今天的德语中指什么?

四、路德巨大的历史作用主要体现在哪些方面?

五、查阅相关资料,就导致希特勒上台的原因在课堂上做个小报告。

六、教宗和皇帝之争是德意志历史上的一个重大特点。这与我国历史上的情况有何不同?

七、德国游客在参观中国长城时会提到德国历史上的 Limes。你知道这是什么？

> Der Rhein war die Grenze zwischen dem römischen Imperium und den Germanen. Die Römer versuchten immer wieder, das Gebiet jenseits des Rheins zu erobern. Nach dem Scheitern dieser Versuche bauten sie an der südlichen Grenze, zwischen Rhein und Donau, einen großen, befestigten Wall, den sie „Limes" nannten.
>
> (Nach Klaus Schulz: Aus deutscher Vergangenheit. München 1976, S.7 – 8.)

八、请根据自己的兴趣从下列推荐书目中择其一展开阅读：

《尼伯龙根之歌》

塔西佗《日耳曼尼亚志》

第二单元 第三帝国及其历史教训

与德国历史上的另外两个帝国——奥托一世建立的德意志民族神圣罗马帝国和威廉一世建立的德意志帝国——相比,第三帝国无疑是一场不折不扣的灾难。从1933年希特勒被魏玛共和国总统兴登堡任命为总理开始,到他1945年在苏联红军攻占柏林的炮声中自杀身亡,只有短短的12年。对历史本身而言,这只是短暂的瞬间,但对生活在那个时代的人来说,却是一场痛苦的噩梦。它的阴影延续至今,挥之不去。这十余年间的罪恶,让后世的德国人背负着沉重的负罪感。

第三帝国及纳粹党的理论基础,即作为意识形态的排犹主义、种族主义和法西斯主义,存在于二战前欧洲相当多的国家。在20世纪30年代的德国,它们作为一种"运动"叫嚣滋蔓,这不是资本主义发展到垄断资本主义阶段的必然产物,也不是经济危机造成的必然结果。在历史研究中,两次世界大战被看作是一个紧密联系的整体。1914年到1945年的三十年,被称为"世界战争时代"(Ära der Weltkriege)或"三十年欧洲内战"(dreißigjähriger europäischer Bürgerkrieg)。[8] 那场点燃于"巴尔干火药桶"的第一次世界大战于1918年惨淡收场,除了巨大的人员物资损失外,还导致了中欧两大帝国——威廉帝国和哈布斯堡帝国——的彻底毁灭,从而改变了欧洲的社会政治格局。帝国解体之后留下的,是政治、经济、社会、军事等方面的动荡和混乱。正是这种混乱,为日后德国法西斯主义的发展提供了滋生的土壤。

要说到第三帝国及其邪恶理论在第一次世界大战后德国的兴起,就不能不提到第一次世界大战和1918年基尔港水兵十一月革命的影响。关于前者,在日后纳粹的叫嚣宣传中,一战的爆发被他们当成一种民族解放运动。一切与战争有关的题材和事务都得到纳粹分子的欢呼和拥护。而战败的结果给本来就混乱的社会带来了一大批失意落魄却又狂热放纵的军人,他们的不满与本身的能量相结合,形成了日后纳粹运动所需的人员力量。同时,战争本身也是种族主义、极端民族主义、排犹主义[9]等极端思潮得以滋生的温床,为

---

[8] 参见 Bernecker, S. 13.

[9] 按照希特勒自己的回忆,他年轻时在维也纳深受右翼议员格奥尔格·冯·舍纳勒尔(Georg von Schönerer)和当时的维也纳市长卡尔·卢埃格尔(Karl Lueger)的排犹言论的影响。参见 Hamann, Brigitte: Hitlers Wien. Lehrjahre eines Diktators. München 1996.

其提供了宣传和传播的便利。而后者，1918 年基尔港水兵掀起的"十一月革命"在纳粹宣传中一再被诋毁诅咒，并被用来当作德国战败的借口。那些战争狂人特别痛恨在革命后产生的魏玛共和国（Weimarer Republik），认为这是给他们带来悲惨现实的原因。穷兵黩武的思想与对现实的痛恨相结合，产生了带有明显暴力倾向的思想和群体。

在动荡的社会中，很快出现了许多由退役军人占主体的准军事组织。1919 年，在慕尼黑靠给警察当线人谋生的希特勒，在一个小酒馆里监视一个名为德国工人党（Deutsche Arbeiterpartei，缩写为 DAP）的小团体，并很快成为其成员，后来又将它改名为德国民族社会主义工人党（**Na**tional**so**zi**a**listische Deutsche Arbeiterpartei，缩写为 NSDAP，即纳粹党）。1920 年到 1923 年，纳粹组织在希特勒的领导下，原本只有两千人的小团体迅速发展成为一个二十万人的政党组织，[⑩]其中一半的人还同时隶属于罗姆领导的"褐衫队"（Braunhemden，又称 **S**turm**a**bteilung，缩写为 SA）。到了 20 年代中期，在这个当时还不为人看重的团体中，日后纳粹政权的施暴者便都已现形，如纳粹党的理论家费德尔（Gottfried Feder）和罗森贝格（Alfred Rosenberg）、内政部长弗里克（Wilhelm Frick）、空军元帅戈林（Hermann Göring）、宣传部长戈培尔（Joseph Goebbels）和党卫军（**S**chutz**s**taffel，缩写为 SS）首领希姆莱（Heinrich Himmler）等。

1923 年那场荒唐的"向柏林进军"（Marsch auf Berlin），虽然从啤酒馆走出不到两个街区就因警察的干涉而作鸟兽散，德国民族社会主义工人党和褐衫队也因此而一并被取缔，但这正是纳粹分子破茧而出的重要一步。他们不再满足于大街上的打闹斗殴，而是企图要在社会政治领域实现自己的抱负，取得相应的社会地位。1925 年初，因组织参与"向柏林进军"而被捕、并在一年后被释放了的希特勒，就已不是那个只能在啤酒馆里发表演说的政客了。他利用被监禁的一年时间，在赫斯（Rudolf Heß）和豪斯霍弗（Karl Haushofer）的帮助下，完成了日后纳粹的重要理论体系代表作——《我的奋斗》（Mein Kampf）。

就此，纳粹不再是一群由浑浑噩噩的落魄者构成的大杂烩，而是一个有着明确纲领和狂热信徒的严密组织了。它的支持者不是简单地局限于那些对社会不满的人，而是来自社会的各个阶层。令人感到惊讶的是，在 20 年代纳粹众多的拥护者中，大学生团体也是其中重要的一部分。1928 年纳粹组织发起的"占领高校运动"（Eroberung der Hochschulen），就是德国民族社会主义工人党的势力及其影响在文化领域的一个展示。由此可以看出，到了 20 年代末，纳粹的组织已经发展成熟，成为社会政治生活中一支不可忽视的力量。它要开始为自己夺取"生存空间"（Lebensraum）了。

德国纳粹党夺权，不仅仅依靠穿着褐衫、殴打持不同政见者的暴徒。它最有效的手段是宣传，这是纳粹党区别于其他民族主义团体的根本性标志。为此，他们投入了巨大的财力和精力，对社会的各个阶层做出了种种许诺，其结果是出现了当时政治生活中绝无仅有

---

⑩　统计数字参见 Carsten, Francis L.: Der Aufstieg des Faschismus in Europa. Frankfurt a. M. 1968. S. 106ff.

的一些现象,如纳粹打出了红底白圆心的"卐"字旗,组织了大规模的群众游行,凡事都冠以人民的名义等。他们的宣传取得了意想不到的效果,比如他们自称为一场"运动"(Bewegung),而不是政党,给人以耳目一新的感觉;他们参加选举并取得议会席位,但并不是为了参政,而是借机取笑并羞辱魏玛共和国的议会民主制度。这一切给了人们以深深的刺激。

在纳粹党自身的造势背后,还有一些更为重要的因素起到了推波助澜的作用。长期以来,因为一战失败的结果,民众中普遍存在着对《凡尔赛和约》的憎恨;而在现实生活中,魏玛共和国议会政府执政能力的低下、经济危机的困扰和社会保障体系的崩溃,也都直接或间接地为纳粹提供了宣传材料,使它有机会把自己打扮成救世主的模样。在当时普遍混乱的局面和绝望的气氛中,纳粹党给人以朝气蓬勃、敢作敢为的假象,这似乎使许多人在混乱的政局中看到了希望。[①]另外,人们之所以被纳粹裹挟,也有其自身原因。德国百姓有着忠实可靠、坚忍顽强的气质和不问政治的倾向,这无疑是纳粹所希望和需要的。这样一来,30年代初纳粹党"夺权"(Machtergreifung)的成功,也就没什么悬念了。于是历史翻开了可怕的一页。1933年1月30日,希特勒被兴登堡任命为魏玛共和国总理。

纳粹焚书事件

---

① 按照今天历史学家对当年选举结果的分析,纳粹党的选票来自社会各阶层,但其中最主要的选民,约40%来自工人阶层,其次是来自中产阶级的市民阶层。参见 Falter, Jürgen W.: Wahlen und Wählerverhalten unter besonderer Berücksichtigung des Aufstiegs der NSDAP nach 1928. In: Karl Dietrich Bracher/Manfred Funke/Hans-Adolf Jacobsen (Hg.), Die Weimarer Republik 1918-1933. Politik, Wirtschaft, Gesellschaft. Düsseldorf 1987. S. 484-504.

一旦大权在握,希特勒便以惊人的速度和效率,清除了纳粹党内外所有的障碍和可能的威胁。在 1933 年 3 月 5 日的国会选举中,纳粹党只获得了 43.9% 的选票,[12]为此它不得不与民族工人党联合执政。但紧接着,希特勒采取了一系列令人眼花缭乱、猝不及防的手段。半个月后通过的授权法从实质上结束了德国的议会民主制度,随之而来的立法又取消了各州议会,使德国成为一个中央集权的国家。希特勒取得了巨大的成功,[13]建立起清一色国会。他在借助形式上的议会民主选举制夺取权力的同时,还以铁腕手段消除了来自其他方面的威胁。1933 年 2 月 27 日的国会纵火案(Reichstagsbrand)后,左翼力量和其他反对纳粹的势力几乎被一网打尽。5 月 10 日夜的焚书(Bücherverbrennung)事件,又是一次文化思想领域里的大清洗,扼杀了自由思想和任何可能的批评。在纳粹党内部,1934 年 6 月 30 日的“长刀之夜”(Röhm-Putsch),解决了不听话的罗姆,就此,希特勒将所谓“二次革命”(Zweite Revolution)的威胁消灭于无形之中。随后的 1934 年 8 月 1 日,在总统兴登堡去世前一天,希特勒根据新颁布的授权法令,将总统和总理两个职位合二为一,当上了元首(Führer),并让军队、法官和其他官员宣誓效忠于他个人。就此,希特勒成为大独裁者,第三帝国的集权统治得以最终确立。

第三帝国的集权统治表现在各个方面。前面提到的行政权只是一部分,纳粹还控制了教会,[14]它要求新闻与政府意志同步(Gleichschaltung der Presse),又整合了各种社会组织,[15]建立了行之有效的组织机构和监控机构(如国家秘密警察 die **Ge**heime **Sta**atspo**l**izei,缩写为 GESTAPO,即盖世太保),这一切都为以后纳粹的暴政奠定了基础。同时,纳粹宣传机器利用集权的优势,充分灌输元首作为国家唯一领袖的理念,要求人们绝对服从。那本在 1933 年前并不太引人注目的小册子《我的奋斗》,在此后很短的时间内,在德国的发行量居然超过了《圣经》。根据 1933 年 12 月 28 日颁布的法令,从第二年起,纳粹臭名昭著的“希特勒万岁”(Heil Hitler! 或者 Heil!)问候礼,在中学被强行推广。所有这一切都表明,纳粹得逞了,人类历史上的一幕悲剧已经鸣锣开道。

在第三帝国的初期,给外人留下深刻印象的莫过于所谓的“经济奇迹”(Wirtschaftswunder)。纳粹政权在执政头几年的业绩是惊人的,与此前的大规模失业相比,德国在短短 4 年间,就消灭了普遍失业现象。同时,制造业、服务业和农业得以全面复苏和发展,使德国在 30 年代成为继苏联和日本之后的第三大经济奇迹。如果我们再看

---

[12]　统计数字引自 Studt, Christoph: Das Dritte Reich in Daten. München 2002. S. 13.

[13]　在希特勒被任命为总理三个月后的 5 月 1 日,纳粹党员的数量就急升至 250 万,其中 160 万人是在 1 月 30 日后才加入的纳粹党,纳粹党在国会选举中得到了 1700 万选票。统计数字引自 Studt, Christoph: Das Dritte Reich in Daten. München, 2002. S. 18. 另见 Ian, Kershaw: Der NS-Staat. Geschichtsinterpretationen und Kontroversen im Überblick. Reinbek 1988. S. 260.

[14]　纳粹政府与罗马教廷在 1933 年 7 月 20 日签订了宗教协定,从而使德国天主教徒俯首听命,消除天主教的政治因素和可能影响。参见:迪特尔·拉夫:德意志史,从古老帝国到第二共和国,波恩,1985,第 286 页。另见 Studt, S. 25.

[15]　所有经济和社会组织都被整合,并从此接受纳粹政党的领导,如农业协会、手工业协会、职员及教师协会,甚至歌唱协会和体育协会也不例外。参见 Bernecker, S. 81.

到,纳粹党在夺权前并没有提出一个系统的经济发展规划,[16]那么这一业绩就更加令人吃惊了。1933 年 6 月 1 日起施行的"赖因哈特计划"(Reinhardt-Programm),促使政府加大对公共设施如高速公路、水利设施等的投入。实施这一计划最明显的效果是减少了失业者的人数。1933 年到 1934 年的冬天,失业人数已从原来的六百万下降为四百万。[17] 在接下去的几年中,这一数字还在不断下降。到 1938 年,纳粹政府做到了它曾许诺过的全员就业(Vollbeschäftigung)。这一结果吸引了更多的徘徊观望者加入纳粹的行列。同时,1935 年开始的全世界经济复苏,也为德国国内的经济发展提供了良好的外部条件和扩展空间。1933 年到 1937 年间,第三帝国国民生产总值的涨幅一直保持在平均 9.5% 左右。[18]与此同时,从经济萧条到复苏的这一段时间,并没有发生大规模的通货膨胀,因此工资和物价都保持相对稳定的态势。纳粹党严格意义上的经济规划,是从 1936 年开始的四年计划。而在希特勒的心中,这一计划已经在为即将到来的战争做准备。不过,在那些令人瞠目结舌的数据背后,却还有另一番景象。支持这一巨大经济增长的并不是个人消费、出口和工业投资,这三方面都没有实质性的增长。前面所提到的数字,主要是由国家债务来支持的,其中几乎 80% 的政府支出,都注入了军事工业。到了 1939 年,纳粹政权虽然完全武装起来,但就经济而言,它已经濒临实际上的破产。

一旦羽翼丰满,希特勒就以一副独裁者的强硬面孔出现于世人面前。对内,他铁腕治国,大力推行独裁、排犹、种族歧视和暴力政策。在这样的政策下,受害者中首当其冲的是犹太人。他们饱受歧视,遭到掠夺和迫害。纳粹党执政伊始,就于 1933 年 4 月 1 日号召抵制犹太人商店、诊所和律师事务所,进而于 1935 年 9 月 15 日颁布纽伦堡法令(Gesetz zum Schutze des deutschen Blutes und der deutschen Ehre),剥夺了犹太人的公民权利。这种迫害到了 1938 年 11 月 9 日,又发展成为臭名昭著的"水晶玻璃之夜",使犹太人遭到了肆无忌惮的抢掠和虐待。但当时谁又能知道,这才是犹太人不幸的开始,比起日后的种族灭绝来说,这不过是小巫见大巫罢了。与此同时,纳粹政权还加紧了对持不同政见者和其他反对者的迫害。1933 年 6 月,第一个集中营(Konzentrationslager,缩写为 KZ)就已修建,两万七千多人被关押。其中约一万二千人是左翼分子或共产党人。[19] 种种高压政策导致大量犹太人和对纳粹政权不满的人离开德国,掀起了一股流亡国外的浪潮。在背井离乡的人群中,不仅有普通的犹太人,[20]还有像爱因斯坦和托马斯·曼这样的诺贝尔奖获得者。

对外,希特勒在外交上也毫不手软。伴随着内部问题的解决,纳粹在对外关系上也开

⑯　早期纳粹党中所谓的经济理论家费德尔(Gottfried Feder)和施特拉塞尔(Gregor Strasser),都已在 1934 年的"长刀之夜"中和罗姆及其同伙被一并清除了。

⑰　参见 Bernecker, S. 84.

⑱　统计数字引自 Bernecker, S. 84.

⑲　统计数字参见 Bernecker, S. 87f.

⑳　到 1941 年秋天,离开德国的犹太人就有约三十万人,而此前生活在德国的犹太人约为五十万到六十万之间。统计数字参见 Bernecker, S. 91.

始推行铁腕政策。上台伊始,第三帝国就开始着手解除《凡尔赛和约》的限制。1933 年退出国联(Völkerbund),就是纳粹德国在外交上以强硬姿态走出的第一步。接着,纳粹德国1935 年初收回了萨尔区,同时重新组建空军和恢复义务兵役制。1936 年它又派兵进入莱茵非武装区,宣布废除洛迦诺公约。希特勒像一个不停地下注的赌徒,他的运气也似乎好得吓人。除了西方几个大国无关痛痒的抗议以外,他的计划没有受到任何实质性的阻挠。1936 年以后的第三帝国,已经不只是个满足于恢复实力的战败国政府,它开始觊觎边界以外的"生存空间"了。1938 年 3 月,纳粹德国合并了奥地利(Anschluss Österreichs),使之成为自己的东方省。但希特勒欲壑难填,他又借助苏台德危机,在慕尼黑会议后将捷克吞并。当西方列强希望通过牺牲别人来赢得和平时,他们没有想到养痈遗患,这时候的第三帝国早已一步步地把全面战争的准备具体化了。1939 年 9 月 1 日,第二次世界大战(欧洲战场)在德波边境以闪电战(Blitzkrieg)的形式拉开了序幕。

在纳粹德国入侵波兰后的 1939 年 9 月 3 日,英法两国向德国宣战。紧接着,英联邦成员国澳大利亚、印度、加拿大、新西兰和南非也对德宣战。美国虽表面上宣布"武装中立"(bewaffnete Neutralität),但实际上总统罗斯福明显站在英国一边。至此,第二次世界大战欧洲战事爆发。不过这场战争的开局,倒让当时的人颇感扑朔迷离。一方面,国与国之间虽然宣战,但德国的西线却处于相对平静的状态。首当其冲的法国军队,在著名的马其诺防线后踟蹰不前,没有任何实质性的大规模战斗行动;另一方面,德军突破波兰军队的抵抗,向东方突击。而 9 月 17 日,苏联军队也向波兰东部发动了进攻,并在不久之后与德军会师,共同分割并占领了波兰。此时,人们不得不推测,在此前不久签署的苏德两国互不侵犯条约中,是否还在其他方面达成了某些秘而不宣的协议。㉑ 德军的步伐在取得波兰战役的胜利后,转而向西。1940 年 4 月 9 日,德军又以闪电战的方式发动了对北欧的入侵,将丹麦和挪威纳入囊中,从而保证了来自中立国瑞典的铁矿供应,并巩固了纳粹德国的北部防线。纳粹并未就此罢休。5 月 10 日,按照曼施坦因(Erich von Manstein)的计划,德军绕开法军严密防守的马其诺防线,从阿登地区入侵西欧低地诸国,在背后给予英法联军以致命的一击。5 月 20 日,英国不得不在比利时的敦刻尔克,将多国联军残部约三十三万人撤回英伦三岛,而号称强大的法军在开战仅六个星期后就溃不成军。1940 年 6 月 22 日,法国政府投降,第三共和国灭亡。战火在整个欧洲蔓延开来,反对第三帝国的阵线,并没有联合起来,彼此间的芥蒂和不信任还在蔓延。

随后,希特勒向英国提出和平建议,遭到丘吉尔的明确拒绝。此时,这位取代张伯伦的英国首相,已经尝到了他前任绥靖政策的苦果,但他凭借着"热血、辛劳、眼泪和汗水",反抗不可一世的第三帝国。随后爆发在英伦三岛上空的空战,让人们第一次明显看到了反法西斯阵营的决心和力量。但这时的希特勒,已经再次为新的战争做好了准备。在北

㉑ 在《苏德互不侵犯条约》中还有一项秘密协定"关于领土和政治的变更"(Für den Fall einer territorial-politischen Umgestaltung)。协定中规定,将波兰领土以四条河流(Pissa, Narew, Weichsel und San)划界,西部三分之二领土归德国,东部三分之一归苏联。参见 Studt, S. 108.

非,1941 年 2 月组建的非洲军团,在有沙漠之狐之称的隆美尔(Erwin Rommel)指挥下,取得了令人炫目的战果。同年 4 月 6 日,德军扑向了巴尔干地区,并再次得逞,占领了希腊和南斯拉夫。第三帝国的武装力量给欧洲各国人民带来了巨大的恐惧和灾难。这时的希特勒自鸣得意、忘乎所以,自认拥有超过常人的军事天赋。这种狂妄自大为他日后走向灭亡埋下了伏笔。一系列的军事胜利,使得希特勒的野心更加不可收拾。此时他设定的新目标,就是曾在《我的奋斗》中提到的苏联。1941 年 6 月 22 日,德军按照巴巴罗萨计划(Fall Barbarossa),从芬兰到高加索,发动了对苏联的全面入侵。

　　直至此时,反法西斯各方才摒弃前嫌,共同商讨抗敌大计,但他们不得不面对惨重的损失。此时的第三帝国正在进犯广阔的东方战场,仅在开战后的头几个月中就俘虏了约三百万苏联红军官兵。[22] 希特勒出其不意的闪电战,又一次得逞。战事之顺利,似乎超出了德国国防军的预料。直到 1941 年冬天,严寒才在莫斯科城外阻挡住了德军东进的步伐。12 月,苏军在漫天飞雪中向德军中央集团军群发动了反击,打破了纳粹军队不可战胜的神话。这时,日本向美国在珍珠港的基地发动了突然袭击,两国宣战。12 月 11 日,第三帝国对美国宣战。此后,纳粹军队便不再能够为所欲为,而要尝到发动战争的恶果了。1942 年夏秋之交打响的斯大林格勒战役,本是以德军咄咄逼人的进攻开始的。但到1943 年 1 月底,形势完全逆转,德第六集团军被包围,所有的突围企图都被击破。冻饿交加的数万残部,只好在保卢斯元帅的带领下投降。这是第二次世界大战欧洲战场的转折点。此后第三帝国的失败,就不再那么遥远了。

　　斯大林格勒战役过后不久,北非战场也落下帷幕。1943 年 5 月 13 日,德军和意军的最后一批部队向盟军投降。同年 9 月 3 日,意大利与盟国达成停火协议,退出战争。希特勒 1936 年建立的轴心国,就只剩下他自己和日本了。当进入 1944 年,所有的人——包括纳粹自己——都知道,第三帝国已来日无多,战败只是个时间问题了。6 月 6 日,盟军在法国诺曼底登陆,德国受到了两面夹击。苏联红军在东线攻势如潮,不但解放了自己的国土,还攻占了东普鲁士地区和其他曾被纳粹占领的国家。尽管德军曾在 1944 年冬季的阿登地区反击战中,给盟国造成不小的麻烦,但仍不能避免 1945 年的全面崩溃。1945 年 4月 30 日,希特勒自杀。5 月 8 日,德国政府宣布战败并无条件投降,第三帝国在炮火和废墟中灰飞烟灭。

　　尽管第三帝国最终灭亡了,但在此前纳粹德国并未因战争而放松对其占领下各国人民的迫害。纳粹铁蹄之下,千万人流离失所,饱受苦难,其中犹太人的命运最为悲惨。1942 年 1 月 20 日,纳粹党在柏林郊外举行了臭名昭著的"万湖会议",系统地讨论和制定了针对犹太人的种族灭绝政策——"最终解决方案"(Endlösung der Judenfrage)。以消灭一个种族为目的,由政府组织并系统、高效地实施这样的杀戮,人类历史上还不曾有过先

㉒　据统计,整个战争期间共有五百七十万苏军指战员被俘虏,其中三百三十万人没能活到战争结束。统计数字引自 Bernecker, S. 299.

例。纳粹分子除了在灭绝营中采取令人发指的技术手段大批杀人外,在其他集中营也对犹太人、战俘和其他被监禁者实施剥削和虐待,其规模之大、程度之甚和手段之残忍令人瞠目。㉓ 这些罪恶都在战后才渐渐被揭露出来。施虐者因此受到了战胜国正义的惩罚。

在纳粹的暴政之下,并非所有的人都选择沉默。被占领国中为数众多的抵抗组织,一直都在与纳粹进行着不屈的斗争。在第三帝国内部,也存在着反对希特勒的团体,他们为反法西斯战线做出了不可磨灭的贡献。1940 年夏到 1942 年初,德军中存在着三个反希特勒团体,其领导人分别是奥尔布里希特将军(Friedrich Olbricht)、特雷斯科将军(Henning von Tresckow)和施蒂尔普纳格尔将军(Carl-Heinrich von Stülpnagel)。但军队内部最著名的反抗者,还要数 1944 年 7 月 20 日策划行刺希特勒的施陶芬贝格伯爵(Claus Graf Schenk von Stauffenberg)。虽然行刺失败,但这一事实赋予抵抗运动以历史性的意义。在军队系统以外的德国民众内部,也存在着反抗纳粹暴政的团体,有名的如"红色乐队"(Rote Kapelle),它在 1942 年 8 月被发现以前,一直向苏联提供情报;还有汉斯·朔尔(Hans Scholl)和索菲·朔尔(Sophie Scholl)兄妹的"白玫瑰"(Weiße Rose)等。他们用各自的方式与纳粹进行着不屈的斗争。

汉斯·朔尔

第三帝国虽然灭亡了,但它给整个欧洲留下的是废墟和死亡。痛定思痛,人们从这场噩梦般的经历中看到应吸取的教训。首先,研究者从当时的国家决策中意识到应吸取的教训。人们不禁要问,为什么就坐等希特勒酿成恶果,而不加干涉呢? 答案除了我们所熟悉的英法绥靖政策,即祸水东引理论外,还有许多其他因素导致这一切灾难。对于希特勒危险的认识,人们并不是一开始就清楚的。例如,德国副总理巴本(Franz von Papen)1933 年年初时就认为,希特勒政府会在几周后就土崩瓦解。很多当时已受到限制甚至迫害的左翼人士和犹太人,也都认为希特勒及其极端统治根本就是一场不足为

索菲·朔尔

惧的闹剧。随之而来的极端措施和经济奇迹,才使人意识到纳粹党所具有的能量和手段。但此时为时已晚,因为希特勒已经用各种手段将人民牢牢控制。他动用所有力量,把自己

㉓ 据估计,死于纳粹大屠杀的犹太人约有五百二十万到六百三十万。统计数字引自 Bernecker, S. 326.

武装到牙齿。而此时的其他各方,却没能适时集中力量与其斗争,将其消灭于萌芽状态。相反,他们各有各的想法,都试图把祸水推到别人的身上,从而保全自身。于是在战争前夜,我们看到了奇怪的现象。在西方,人们看透了纳粹难以满足的野心,却又不断往它嘴里送去新的牺牲品;在东方,德国入侵波兰的一个星期前,第三帝国和苏联这两个死对头,居然签订了互不侵犯条约。大家都有自己的小算盘,都在尽量避免自身的损失,彼此之间充满了不信任感。在这种背景下,最大的获益者无疑是希特勒和他的战争机器。

其次,人们也从自身找到了教训。我们要问,这一切是谁之过呢? 希特勒利用宣传手段,将德国一般民众蒙蔽,把他们绑在了纳粹的战车上,毫无疑问他是罪魁祸首。但其他受到蒙蔽的人又该承担什么责任呢? 希特勒没有帮凶,不过是个流浪汉,不过一直到战争初期,他都受到了来自社会各阶层的支持,其中相当一部分人是受过教育、甚至高等教育的文化人。㉔ 即使到后来战况日下时,人们也选择了默默承受。纳粹的高压统治固然起着决定性的作用,但战争机器得以高效地运转其实还是民众大力投入的结果。战争爆发前对犹太人的迫害以及此后对邻国的进攻,都是公开进行的。除了死硬的纳粹分子外,其他人真的就不能判断这些行为的好坏吗? 在很多情况下,民众对希特勒的拥护都是经过考虑的,并非完全是盲从。除了铁杆纳粹分子外,许多人都认为跟着希特勒才有出路。为了摆脱自身的困境,很多普通人参加或委身于纳粹,直接或间接地成为其帮凶。有的人即使看到了纳粹的恶行,还是选择了沉默,选择了明哲保身。一个魔鬼没有帮凶,最多只是个孤魂游鬼。正是民众的沉默和支持,才使得希特勒从一个无名之辈,变成了大魔王。

此外,要从人的思维方式上看到教训。我们要问,如果没有希特勒,战争和灾难就能避免吗? 睁眼看世界,看历史,这种以武力解决问题的方式,在 21 世纪还依然存在。每次经受战争带来的巨大伤害后,人们都从内心诅咒战争,诅咒战争的发动者。但只要那种把战争看作是政治的延续的观点不消除,人们的思维方式不改变,人们在面临无法解决的问题时,仍会采取武力手段。这样一来,战争就不会消失,灾难仍会降临。

战后人们的反思是多方面的。第三帝国的历史和教训一直是研究中的热门题目。人们可以从政治学、经济学、社会学、心理学、伦理学、历史学、军事学等不同角度去分析、去探索。但归根到底,人们想搞清楚的是第三帝国产生的原因,它所引发的灾难以及给人类带来的教训。唯有如此,才有可能避免类似悲剧的重演。这里蜻蜓点水般的阐述,只不过是开启了一扇窗,希望人们能够借助这扇小窗,从不同的角度去认识、去思索、去总结。

㉔ 哲学家海德格尔就是在 1933 年 5 月 1 日加入的纳粹党,并完全支持德国于同年 11 月退出国联。因与纳粹政权进行合作,他在二战后曾被取消过在大学的授课权。

练习、调研与思考：

一、翻译并解释下列名词，简述你的看法。

Blitzkrieg	
Holocaust	
Lebensraum	
Marsch auf Berlin	
Reichstagsbrand	
Weimarer Republik	
Kollektivschuld	

二、翻译马丁·尼默勒(Martin Niemöller)的一首诗。

Original	Übersetzung
Als die Nazis die Kommunisten holten, habe ich geschwiegen; ich war ja kein Kommunist. Als sie die Sozialdemokraten ein- 　sperrten, habe ich geschwiegen; ich war ja kein Sozialdemokrat. Als sie die Gewerkschafter holten, habe ich nicht protestiert; ich war ja kein Gewerkschafter. Als sie mich holten, gab es keinen mehr, der protestieren konnte.	

三、1939 年 9 月 1 日二战爆发后,苏联的行动颇耐人寻味。1939 年冬天,苏联以巩固北部防线、应付未来可能的战事为由,要求与芬兰交换部分领土,遭到拒绝,于是爆发了苏芬"冬季战争"。苏联军队在遭受巨大损失后,最终迫使芬兰政府于 1940 年 3 月屈服。紧接着,苏联军队于 1940 年夏天武装占领了波罗的海三国,并使之成为苏联新的加盟共和国。而纳粹的铁蹄在没受到多少阻碍的情况下,随心所欲地蹂躏着欧洲的土地。这种现象说明了什么问题?

四、就欧洲战事初期的局面而言,第三帝国取得了令人眼花缭乱的胜利。作战计划行之有效,环环相扣。反观同盟国方面,却显得混乱不堪,毫无章法。在现代军事技术、理论和训练等领域存在的差距,固然是盟军失败的一个重要因素,但政治上和战略上的失误却更加致命。第三帝国 1939 年 9 月 1 日发动的战争,以闪电战为主要形式,强调战役和战略上的突然性。如果说波兰疏于准备而且国力弱小,最终在苏德两面夹击之下崩溃,有其必然性的话,那为什么在此后 1940 年 5 月和 1941 年 6 月,纳粹军队还能在法国和苏联也实施战术和战略上的突然性呢?难道大家对前车之鉴都视而不见吗?请选取不同角度,分析其中原因。

五、第二次世界大战是人类史上不折不扣的一场"总体战"(Totaler Krieg),参战国总数达 67 国,死亡总人数超过六千万。在这场浩劫中,现代科技却得到了空前的发展。航空航天技术、核技术等尖端领域,都肇端于战争的需要。当参战国的科学家们不断为提升武器的杀伤力而努力时,也在思考科学与伦理间的关系。这种思考长久困扰着很多人。诺贝尔发明了性能稳定的炸药,看到的却是他的发明被应用于战争,于是死后用遗产为人类的和平与发展设立了奖项;德国化学家、诺贝尔化学奖获得者弗里茨·哈贝尔(Fritz Haber,1868 - 1934)在一战时发明了毒气并将其用于战争,还为此感到骄傲,但他的妻子却因此愤而自杀,他自己也在一战后被协约国通缉。1945 年美国研制原子弹成功后,洛斯-阿拉莫斯科学家协会的研究者们在文件中对核武器作为"极具毁灭性的战争手段"十分担忧,坚决主张成立国际原子能使用监督组织,并建议让其他国家也了解获得原子能的秘密。请从不同角度分析科学与伦理、责任间的关系。

六、德国前总理勃兰特在访问波兰时,向波兰二战死难者纪念碑献花圈并双膝下跪致歉。这惊天一跪,翻开了德国历史上崭新的一页。2005 年正是第二次世界大战结束 60 周年之时,德国作为法国的客人,应邀出席了在法国的纪念活动。当年的敌对国,现在能以平和的心态,共同回首那不堪的惨烈往事。请分析并论述这种化干戈为玉帛的现象是如何形成的。

七、人们说德国是"诗人与哲人的国度",拥有康德、黑格尔、马克思等著名思想家的德意
　　志民族,是如何在一个来自奥地利的下士希特勒的带领下,一步步走向罪恶深渊的?
　　他们在希特勒的身上看到了什么"希望"? 当时的人们对纳粹的暴行真的一无所
　　知吗?

八、曾经获得过诺贝尔文学奖的德国作家托马斯·曼(Thomas Mann)在战后发表了一
　　部名为《浮士德博士》(Doktor Faustus)的小说,被称为讲述德国命运的小说。请查
　　阅资料并分析作者是如何看待这场灾难的原因的?

九、德国文学史上有所谓的"流亡文学"(Exilliteratur),所指为何? 有哪些代表作家? 他
　　们流亡他乡的原因都有什么不同? 他们都从哪些角度对纳粹上台作出了反思?

十、请根据自己的兴趣从下列推荐作品中择其一二展开阅读:
　　图书:
　　Bertolt Brecht „Die Geschäfte des Herrn Julius Caesar"
　　Elias Canetti „Masse und Macht"
　　Joachim Fest „Hitler"
　　Ortega y Gasset „Der Aufstand der Massen"
　　Siegfried Lenz „Deutschstunde"
　　Klaus Mann „Der Vulkan"
　　Klaus Mann „Mephisto"
　　Thomas Mann „Doktor Faustus"
　　Thomas Mann „Lotte in Weimar"
　　Erich Maria Remarque „Arc de Triomphe"
　　Erich Maria Remarque „Zeit zu leben und Zeit zu sterben"
　　Joseph Roth „Hundert Tage"
　　Bernhard Schlink „Der Vorleser"
　　Christa Wolf „Kindheitsmuster"

　　电影:
　　„Die Brücke"
　　„Sophie Scholl"
　　„Stalingrad"
　　„Der Untergang"
　　„Unsere Mütter, unsere Väter"

第三单元　第二次世界大战后德国的分裂和统一

　　德国地处中欧，地理位置重要，自古以来就是四战之地。观其历史，分裂战乱的时间远长于统一的时间。就算是历史上绵延八百余年的德意志民族神圣罗马帝国，也只拥有形式上的统一。领主各颁政令，不存在真正意义上的中央政府，以至于皇帝都是由选帝侯推举出来的。在中世纪封建社会中，类似的"选举"并不多见。直到1871年建立的德意志威廉帝国，才形成了现代意义上的德国，即一个真正的政治概念和政治实体。而这个现代德国的诞生，却给人留下了穷兵黩武的印象，因为这是战争催化的产物。确切地说，现代德国是在取得三次王朝战争胜利后，才得以建立的。此后，新兴的德意志威廉帝国不断对当时已经形成的殖民体系和格局发出挑战。这种对"阳光下生存空间"的渴望，给当时的世人，尤其是老牌殖民帝国带来了担心和恐惧。这种担心和恐惧，在后来的第一次和第二次世界大战中，被通过最残忍、最野蛮的方式予以了阐释和印证。

　　1945年初，纳粹德国的东西战线都已崩溃，战败只是时间问题。此时的战局已无悬念，而原先为对德作战而建立起来的同盟国内部却开始发生变化。2月初，苏、美、英在雅尔塔召开会议，给未来几十年的世界格局定了调子。就德国问题而言，与会者主要关心两个方面：其一，对德国进行彻底的改造，使其不再成为战争的温床；其二，德国作为战败国，对战争中同盟国各方承受的巨大损失应如何进行赔偿。正是在这两个问题上，未来的战胜国意见不统一，从而为日后德国的分裂埋下了伏笔。

　　1945年5月，战胜的同盟国把柏林踩在了脚下。大家于是坐在位于波茨坦的前德皇夏宫里，对战败德国的未来命运进行裁决。占领者对德国的未来没有什么具体的规划，只是提到德国应该保持统一，尤其是保持经济的统一（wirtschaftliche Einheit），因为只有这样，德国才有能力对战胜国进行赔偿。此时的德国政府已不复存在，取而代之的是苏、美、英、法四国占领当局（Viermächte-Verwaltung）。于是，分裂的局面在所难免。在领土方面，德国失去了东部的部分国土，奥得河和尼斯河成为德国和波兰的新边界（Oder-Neiße-Linie）。此线以东，原属于德国的领土被划归波兰，而波兰东部及德国的东普鲁士地区则被划归苏联，这条新边界线奠定了今天德国的领土格局。德国剩余的领土及首都柏林又被分为四个占领区，分别由苏、美、英、法四国占领并管辖。对德国人而言，这种四分五裂的局面是他们不想见到、但却必须无条件接受的。

　　然而,德国的这次分裂不仅仅是领土格局的改变,占领国之间错综复杂的利益关系使得局面变得更加复杂。在战后的废墟上,四个占领国对未来德国的态度不尽相同。法国不希望再看到一个强大的德国,因此希望对德国进行全方位的削弱,使之不能东山再起。[25] 1946 年底,法国将萨尔区划归自己的直接管辖范围,同时提议将莱茵河左岸及鲁尔地区从德国划分出来。这样一来,剩下的德国将会失去其作为强国的基础,即以煤钢为主的传统工业基地,也就不再可能成为一种威胁。而英国和美国却对德国的未来有着另外的安排,他们希望自己尽快从战争的阴霾中走出,恢复因战争而大大削弱的国力。于是大战方歇,它们就已开始裁减军队,复员军人并恢复生产。而此时的德国对他们来说却是个不小的累赘。对德国的占领远不是简单的派兵把守,光是那些衣食无着的老百姓就很让占领当局头疼。德国从南到北一片瓦砾,不可能榨出什么油水。相反,占领国还要投入不少人力、物力和财力。因此,英美希望德国能够尽快自力更生,从而减轻占领当局的负担。[26] 于是在 1946 年底,英美两国将各自的占领区整合成一个新的统一经济体(Bizone, Fusion der amerikanischen und britischen Zone zum Vereinigten Wirtschaftsgebiet),这就形成了日后联邦德国的雏形。苏联则有另外的打算,在四年残酷的卫国战争当中,苏联的损失最大。他们迫切希望从德国尽快得到尽可能多的战争赔偿。[27] 于是,他们在德国东部的占领区实施直接管理,这就为日后民主德国的建立奠定了基础。

　　此时,以苏联和美国为首的东西两大对立阵营形成,昔日的盟友变成了今日的对手。德国地处中欧,自然成为这两支力量较量和争夺的竞技场,同时也是它们之间的一个缓冲地带。四国外长进行了多轮会谈,但都没能在德国未来和战争赔偿问题上达成一致。事实上,此时的德国只是对立双方的棋子,其命运完全受不同利益集团的支配,自己没有丝毫发言权。既然如此,德国被意识形态截然对立的两大阵营一分为二,也就不足为奇了。

　　格局已经明朗,于是双方就开始按照自己的意愿,在占领区内对德国进行改造。德国西部地区的主体由英美占领区构成。为了尽快将西欧从战后的废墟中扶持起来,美国国务卿马歇尔于 1947 年 6 月 5 日在哈佛大学讲演时,宣布对西欧国家进行经济援助,这项计划同样也惠及英美占领下的德国西部地区。而且,按照规定应该予以拆除的德国军事工业设施也被保留,这给日后西德工业的复苏和发展创造了有利条件。而东部德国因为

---

[25] 其实早在 1944 年 9 月,美国人摩根索(Henry Morgenthau)为了在将来彻底根除"条顿人的占领欲"和"普鲁士军国主义的温床",曾提出了"摩根索计划"(Morgenthau-Plan)。按计划建议,德国将被划分为南部德国和北部德国,并以农牧业为生。

[26] 早在 1946 年 5 月,美国占领当局就提出,德国应该具有独立生存的能力。参见 Benz, Wolfgang: Die Gründung der Bundesrepublik, von der Bizone zum souveränen Staat. München 1994. S. 52。

[27] 苏联除了要求高达 200 亿美元的战争赔款外,还要求将德国全部工业企业的 80% 完全转让给苏联,这对战后的德国来说是不可能完成的。参见:阿尔诺·卡普勒.德国概况.法兰克福,1998,第 126 页。

属于共产主义阵营,当然被排除在马歇尔计划的援助之外。同时,苏联为尽快弥补战争中的损失,将德国东部地区的工业设备作为战争赔偿,拆卸并运回苏联。这两种不同的做法,对两个德国的发展起到了不同的作用。

几乎与英美的"重建德国"政策同步,德国人自己也开始了重建家园的组织工作。首先是政党组织恢复了活动,德国社会民主党(Sozialdemokratische Partei Deutschlands,缩写为 SPD)和基督教民主联盟(Christlich Demokratische Union Deutschlands,缩写为 CDU)都得到恢复并参与了地方选举。1947 年,德国工会联盟(Deutscher Gewerkschaftsbund,缩写为 DGB)也在比勒费尔德召开了成立大会。同年 6 月,德国在法兰克福以经济委员会(Wirtschaftsrat)为基础,成立了英美占领区内的议会,并暂定法兰克福为首都。此后在 1948 年 2 月,最高法院得以建立。3 月 1 日,德国联邦州银行(Bank deutscher Länder)成立,这就是后来的德意志银行(Deutsche Bank)。由此可见,在德国西部地区,作为一个政治实体的政治、司法、金融和经济框架已经初具规模。

1948 年 6 月 20 日起,英、法、美占领当局开始在德国西部地区进行货币改革,从而使西部地区的金融市场步入正轨。在此之前,德国老百姓的硬通货实际上是美国大兵手上的香烟和尼龙丝袜,除了黑市上低级的易货交易外,没有什么正规的贸易。随着货币改革的进行,新马克代替旧马克,形成了发行和监督新货币的机制,取消了管制经济的规定,进而初步建立了社会市场经济,促进了经济的稳定和增长。而这一切,尤其是西部地区的货币改革,都是在没有与苏联达成谅解的前提下进行的。[28] 双方虽经多次沟通,但除了相互指责和攻击外,未能就任何问题达成一致见解。苏联也随之采取了相应措施,在德国东部地区发行了新货币。东西方的分歧愈演愈烈,而作为双方棋盘上的棋子,德国东西部之间的隔阂也越来越大。

1948 年 6 月 23 日至 24 日,苏联在波兰首都华沙主持召开了八国会议,指责西方政权分裂德国和制造矛盾。作为对西方在英、法、美占领区政策的反击,苏联于 24 日以"技术障碍"(technische Störungen)为由,封锁了外界通往德国首都西占区的水陆通道,将柏林西部封锁起来,希望由此将在柏林西区的英、法、美三方驱逐出柏林。柏林占领区的划分,早在 1944 年就已大致划定,苏联红军 1945 年 4 月底攻占柏林后,英法美三国的占领军相继入驻柏林。1948 年,柏林约有三百二十万人,除去占领军外,苏联管辖的东区人口约有一百一十多万人,而英法美手中的西区有约二百多万人。[29] 苏联以技术障碍为托词封锁的,正是有二百多万居民的柏林英法美占领区。这场封锁被称为"柏林危机"或"柏林封锁"(Berliner Blockade),是东西两大阵营在德国的一次直接交手。

为了保全西柏林这一插入苏占区心脏的孤岛,西方国家建立了"空中走廊"(Luftbrücke)。

---

[28]　1948 年 4 月 20 日到 6 月 8 日,德国的货币专家在不为公众所知的情况下,按照西部占领区当局的授意,开始了货币改革的准备工作。

[29]　统计数字参见 Benz, S. 10。

运输机飞到柏林上空，人们热切盼望

　　柏林西区的三个占领国仔细计算了柏林居民日常生活所需，[30]开始动用所有的运输机，向柏林西区运送物资。[31] 不断上升的运输量满足柏林西区老百姓的生活需求，同时"空中走廊"也成了西方反苏宣传的有力武器。在长达 300 多天的"柏林封锁"中，苏联并没有实现原先将英、法、美驱逐出柏林的意图，反而使自己的国际形象受到损害，于是在 1949 年 5 月 12 日解除了对柏林西区的水陆交通封锁。"柏林危机"虽然结束了，但德国东西部之间的界限和隔阂却更加明显了。

　　东西阵营彼此的强硬态度使得双方在德国问题的处理上背道而驰并愈走愈远。1948年 7 月 1 日，英、法、美驻德国的军事长官在法兰克福召开西占区 11 个州总理参加的会议，向各州总理散发 3 个文件，后被称为"法兰克福文件"（Frankfurter Dokumente），阐明

---

[30]　按照占领当局的估算，每天要向柏林市区内空运 6000 吨物资，才能保证居民的日常生活工作正常运转，而当时最大的运输机 C-54 的运力在 10 吨左右。在长达 300 多天的封锁中，柏林西区共接受了 21 万架次、1700 万吨的物资。参见 Ribbe, Wolfgang und Jürgen Schmädeke: Kleine Berlin-Geschichte. Hrsg. von der Landeszentrale für politische Bildungsarbeit Berlin in Verbindung mit der Historischen Kommission zu Berlin. Berlin 1994，S. 201。

[31]　在柏林危机的初期，如 1948 年 7 月 7 日的运输量为 1000 吨，到 9 月 18 日上升到 896 架次，6987.7 吨；1949 年 1 月 13 日仅美国的运力就达到 755 架次，6678.9 吨，1 月 15 日达到了创纪录的 1398 架次，12940 吨，基本能够满足柏林西区的需求，所以没有发生大规模的社会动荡。统计数字参见 Benz, S. 24。

了西占区宪法的框架构想,并为未来联邦德国的国家机构及其职权范围定下了基本方针。会上还授权各州首脑着手召开立宪会议,制订"基本法"。9月1日,在波恩成立了议会委员会,由基督教民主联盟的阿登纳(Konrad Adenauer)任主席,议会委员会根据"法兰克福文件"精神讨论和制订宪法。9月11日,按照马歇尔计划,英美占领区得到4.14亿美元的贷款,法占区得到1亿美元。这些措施无疑给刚刚起步的德国西部地区的发展提供了有力支持。

在随后的时间里,西方为一个新德国诞生所作的准备,已经紧锣密鼓地展开了。11月,"基本法草案"(Grundgesetz-Entwurf)已经成形并提交讨论。同时,作为政治力量,德国西部未来的几大政党也开始发挥作用。而这一切,都是在和西方三国达成一致和谅解的情况下展开和进行的。"铁幕"以东的苏联,也针锋相对地开始在自己的占领区为另一个德国的建立做筹备工作,德国统一社会党(Sozialistische Einheitspartei Deutschlands,缩写为SED)将成为另一个新德国当然的执政党。[②] 在英、美、法占领区,基本法于5月12日经西方占领区的军事长官批准,又经各州议会通过,于5月23日公布生效,于是德意志联邦共和国(Bundesrepublik Deutschland,缩写为BRD)诞生了。同年10月7日,东部的苏占区相应成立了德意志民主共和国(Deutsche Demokratische Republik,缩写为DDR)。德国从此正式分裂为两个国家,即所谓的联邦德国(西德)和民主德国(东德)。

1949年的德意志联邦共和国尽管拥有一部基本法——宪法,但还不是一个真正意义上的主权国家。西方三国的军政虽然被撤销,但取而代之的是由三国文职高级专员组成的高级专员委员会(Drei Hohe Kommissare),由它来主管德国对外和安全事务,并对联邦德国议会的一切行动有否决权。在国内问题上,德国政府则可以在盟国允许的范围内自行制定法律。新的国家以议会民主制的面貌出现,首都选在波恩(Bonn),国家结构为联邦制,其外交、国防、货币、海关、铁路、航空、邮电等属联邦管理,并给予各州较大的自治权,从而彻底摒弃了曾经给自己和邻国带来多次灾难的中央集权制度。

尽管新国家还没有做到完全自主,但联邦德国却能以全新的面貌出现,并很快被以美国为首的西方世界所接受。1950年,在纽约举行的西方外长会议上,联邦德国的防卫体系被纳入整个欧洲的防卫体系之中。同年,联邦德国还成为欧洲委员会(Europarat)的非正式成员。[③] 到了1951年4月成立欧洲煤钢联营体(Europäische Gemeinschaft für Kohle und Stahl,缩写为EGKS),即欧盟(Europäische Union,缩写为EU)的前身时,联邦德国已经融入西欧的政治和经济生活之中。在接下来的几年中,联邦德国政府以主权国家的姿态处理历史遗留问题,如战争赔偿、国与国关系正常化、和平条约的缔结等。1954年秋,在巴黎召开的西方三国与联邦德国会议上,双方就联邦德国加入北约、结束被占领状态、对西柏林的安全保证等问题进行了磋商并达成协议。翌年5月,联邦德国结束

---

② 1946年4月,德国苏占区的德国共产党和德国社会党合并成为德国统一社会党,并成为日后民主德国唯一的执政党。

③ 德国于1951年5月2日起成为欧洲委员会的正式成员。

了被占领状态,接着又以正式成员国的身份加入北约,成为一个完全意义上的主权国家。与此针锋相对地,民主德国也加入了苏联领导下的华约组织。1955 年 10 月 23 日,在法国管辖的萨尔区进行了全民公决,萨尔区并入联邦德国。[34] 就此,从 1949 年基本法的颁布到 1955 年完全主权的获得,联邦德国走过了漫长且艰辛的 7 年。

德国的分裂对当时的德国百姓有着不同的影响。在战后初期苏联和波兰占领原德国东部地区的过程中,领土的分裂和丧失对当地的普通民众而言,意味着家园的丧失。他们不得不背井离乡,抛下世代积攒的家业,向西逃难,[35] 很多人也因此走上了不归之路。与此相比,1949 年德国分裂为东西德国,这两个新国家的建立,给了劫后余生的人们一个喘息的机会,人们不论被划分在东德还是西德,至少有了一个可以落脚的家园。但另一方面,重新划分的边界,使得许多家庭被人为地割裂开来,其所造成的痛苦至今还是许多文学作品的题材。另外,战败和分裂给德国人的心理也造成了巨大的冲击。两个德国由于分属于两大敌对阵营,并处在斗争的最前沿,将来国家民族的命运都还是个未知数,这种负担是很沉重的。同时,德国曾经是近现代史上的强国和大国,现在却成为别人棋盘上的棋子,需仰他人鼻息生存,这种巨大的反差无疑是痛苦的。

德国人默默地承受着自身战争罪孽的恶果,在以后的日子里,他们凭借着民族勤奋和坚韧的性格,很快从废墟上站了起来,并在分属的两大阵营中成为优等生。但棋子的命运决定了两个德国间的关系随着国际政治格局的变化而变化。在两国成立的初期,他们又分别是两个阵营的马前卒,政治立场取代了手足之情,彼此间的谩骂不绝于耳。但到了20 世纪 70 年代,随着世界局势的缓和,东、西德双方敌视、对峙的态度也有所松动。1972年 5 月 26 日,东、西德政府在柏林签署了第一个国家间条约,即关于运输和交通的总协定。同年 12 月 21 日,西德和东德又签署了"两国关系基础条约"(Grundvertrag zwischen der Bundesrepublik Deutschland und der Deutschen Demokratischen Republik,以下简称"条约"),确定东、西德在平等的基础上建立相互之间正常的睦邻关系,互设常驻代表机构等。翌年 9 月 18 日,两德同时加入联合国。到 20 世纪 80 年代,随着联邦德国自身实力的加强和世界及欧洲局势的发展变化,两国的关系也发生了演变。1984 年 2 月,联邦德国总理科尔(Helmut Kohl)在莫斯科会晤民主德国统一社会党总书记昂纳克(Erich Honecker)并发表声明,强调两个德国的和平共处对欧洲发展起着有利作用。在随后的1985 年 3 月,科尔和昂纳克再次在莫斯科会晤,双方表示愿在 1972 年的"条约"基础上发展双边关系,承诺不在德国的土地上再次爆发战争。

而这个时候,世界政局正酝酿着新的变化。1985 年,戈尔巴乔夫(Michail Gorbatschow)成为新的苏共总书记,开始推行他的"新思维",两个德国的关系在此背景下有了进一步的改善和升温。1987 年 9 月,民主德国领导人昂纳克首次访问联邦德国,在

---

[34] 尽管公民表决已经完成,但萨尔州直到 1957 年 1 月 1 日才正式成为联邦德国的一个行政州。
[35] 战后约有七百多万德国人被驱逐出原先生活的地方,向西方逃难。统计数字参见:阿尔诺·卡普勒,第 127 页。

波恩受到了隆重的接待。翌年9月14日，东、西德再次达成包括过境、扩建高速公路等的协议，进一步发展相互交通往来。就此而言，两个互相承认的德国主要还是考虑共存与共荣的问题，而德国的统一似乎还遥不可及。谁都不曾想到，当时间进入到1989年时，两个德国的局面会发生翻天覆地的变化。

转机是从苏联内部开始的。当戈尔巴乔夫的"新思维"给苏联的政局带来巨大的动荡时，其影响也波及东欧诸国。此时的苏共不再为东欧诸国的执政党提供保护和支持，于是便发生了多米诺效应般的社会剧变。民主德国的变化首先体现在对本国公民出国的限制上，民主德国政府宣布从4月1日起放宽居民去联邦德国旅游的条件。随后匈牙利也放宽边界限制，民主德国大批公民取道匈牙利和奥地利涌入联邦德国。与此同时，莱比锡等大城市爆发了大规模的群众游行示威，要求"开放边界"，实行"民主改革"。⑯ 10月18日，回天乏术的民主德国领导人昂纳克被迫辞职。此后，民主德国最高领导层于11月9日下令开放了包括"柏林墙"在内的两德边界，允许民主德国公民只凭身份证即可前往西柏林和联邦德国。一时间，民主德国的大量居民涌向西柏林和联邦德国境内。⑰ 在这场突如其来的剧变中，德国人突然看见了统一的曙光，联邦德国总理科尔抓住时机，于11月28日提出关于统一德国的"十点计划"，提出分步骤来统一德国。但包括民主德国领导人在内的其他相关各国政要，都认为这个计划不可行或不合实际，苏、美、英、法四大国也大多认为"为时过早"。可是政局的变化远远超过人们的预计。民主德国的经济和社会形势不断恶化，群众和一些新成立的党派要求统一的呼声也越来越高。12月1日，民主德国人民议院决定废除宪法中统一社会党作为执政党的条款。⑱ 与此同时，要求统一的群众游行示威此起彼伏。面对这种形势，民主德国领导人在访苏请求征得戈尔巴乔夫同意后，于2月1日提出统一德国的四阶段方案。至此，两个德国都把统一问题提上了议事日程。

英、法、美、苏四国没有阻挠德国的统一进程，他们意识到这是大势所趋，于是调整了各自的对德统一政策。1990年初，四大国外长和东、西德外长在渥太华共同制定了"2＋4方案"，认可了"德国人有权统一"，并承认"德国命运应当首先由德国人自己决定"的原则。就此，德国的统一在内部和外部都不再存在障碍，统一的步伐加快了。如同德国的分裂一样，重新统一也是从货币改革开始的。1990年4月，两德政府就实现货币联盟达成谅解。5月18日，双方财政部长签署了"关于建立货币、经济、社会联盟的国家条约"。条约规定，民主德国应按照联邦德国的经济模式进行改制，实行社会市场经济，同时，在民主德国境内实行西德马克和东德马克的兑换，东德马克停止流通。条约的签订和生效，标志着民

---

⑯　按照当时民主德国内务部的统计，仅10月下旬的几天中，在民主德国境内就爆发了几百起游行示威活动，参加人数达数十万。参见 Glaser, Hermann: Deu-tsche Kultur, ein historischer Überblick von 1945 bis zur Gegenwart. Hrsg. von Bundeszentrale für politische Bildung. Bonn 1997，S. 424。

⑰　据联邦德国的统计，1989年，有25000名民主德国居民通过开放的匈牙利边境前往联邦德国，而通过波兰和捷克边境进入联邦德国的民主德国人数达到14000人。统计数字参见 Glaser, S. 425。

⑱　1989年12月16日，德国统一社会党改名为"德国统一社会党—民主社会主义党"，1990年又改名为"民主社会主义党"。

主德国从此放弃国家经济和财政主权，为日后按照联邦德国的意图完成两德统一迈出了决定性的一步。

在政治上，1990年8月31日，两德政府签署了实现政治统一的国家条约。其中条约规定：民主德国在行政区划上恢复5个州的建制；统一后的德国使用德意志联邦共和国的国名、国旗、国歌和国徽，首都设在柏林；原联邦德国的基本法为统一后的德国宪法，联邦德国所有国内法和所签订的全部双边和多边国际条约、协定以及欧共体的有关法律和条约，从统一之日起都自动延伸到民主德国地区。德国的统一不是一个简单的国家内政问题，它涉及多方利益。为了消除别国对德国统一的顾虑，联邦德国政要多次向有关各国做出保证，统一后的德国是欧洲大家庭的一员，不谋求对边界现状的改变，并和欧洲有着共同的利益和未来。两德与四大战胜国在1990年10月前举行了四次"2+4"外长会议，主要讨论了德国统一后的联盟归属、德波边界、外国驻军、柏林地位以及四大国对德国的权利与责任等问题。10月1日，四大国外长在纽约发表联合宣言，宣布从10月3日两德统一之日起中止四大国对德国的权利和责任。10月3日，两德统一条约正式实施。分裂了四十多年的德国重新实现了统一。

两德的重新统一是在令人眼花缭乱的速度中进行的，其进度之快，令所有的人始料未及。今天，世界各国的游客可以自由漫步在柏林的街道上，当年象征分裂的柏林墙成了向游客开放的旅游点，人们还可以与穿着当年四国占领军军服的人合影，冷战的阴影消失在游客的闪光灯中。当德国重新统一的欢呼声渐渐远去后，德国人静下心来思考和面对统一所带来的诸多新问题。他们在不同社会制度下生活四十多年所形成的隔阂，远不是几个协定能够消除的。巨大的差异不仅体现在经济和社会层面，而且也深刻地影响着人们的心理。随着时间的推移，统一的喜悦越来越多地被随之而来的困扰所替代。一直到今天，德国东西部之间的差异还是存在的，人与人之间的偏见与隔阂并没有完全消除。就此而言，德国人心灵的统一之旅还远未结束。

练习、调研与思考：

一、翻译下面两首小诗。

Die Mauer (zum 3. Oktober 1990)

Rainer Kunze

Original	Übersetzung
Als wir sie schleiften, ahnten wir nicht,	
wie hoch sie ist	
in uns	
Wir hatten uns gewöhnt	
an ihren horizont	
Und an die windstille	
In ihrem schatten warfen	
Alle keinen schatten	
Nun stehen wir	
Entblößt jeder entschuldigung.	

Die überstandene Wende

Heinz Czechowski

Original	Übersetzung
Was hinter uns liegt,	
Wissen wir. Was vor uns liegt,	
Wird uns unbekannt bleiben,	
Bis wir es	
Hinter uns haben.	

二、德国在第二次世界大战后分裂成为东西德国，这与冷战有什么关系？柏林危机是如何形成的？为什么在柏林市中心要修一堵柏林墙？这道墙起到了什么实际作用，有何象征意义？

三、第一次和第二次世界大战后，在德国分别成立魏玛共和国、联邦德国和民主德国三个共和国。三者有何异同？为什么在相似的历史背景下，三个共和国的命运完全不同？

四、德国的分裂和重新统一是现当代德国文学的重要题材。请查找相关题材的作家和文学作品，对比新老作家在对待这一题目上的异同。

五、德国虽然重新统一，但东西方的隔阂并未完全消失。请查找资料并分析重新统一给德国带来了哪些问题。

六、虽说是东西两个德国的统一，但实际上德意志民主共和国被德意志联邦共和国取而代之。甚至连民主德国曾经的政府首脑如昂纳克都难免牢狱之灾。请简述民主德国的历史，并分析其消失的原因。

七、请根据自己的兴趣从下列推荐作品中择其一二展开阅读：

图书：

Thomas Brussig „Helden wie wir"

Fabrizio Cambi（Herausgeber）„Gedächtnis und Identität：Die deutsche Literatur nach der Vereinigung"

Günter Grass „Ein weites Feld"

Hans-Jörg Lutze „Holzers Wende"

Peter Richter „Blühende Landschaft"

Eugen Ruge „In Zeiten des ablehnenden Lichts"

Christa Wolf „Der geteilte Himmel"

德意志联邦共和国驻北京大使馆《过渡时期的德国》

刘芳本、叶本度《德国情——统一后的德国》

世界知识出版社《德国统一纵横》

电影：

„Good Bye Lenin!"

第四单元 普鲁士

　　提及普鲁士(Preußen)与普鲁士精神(Preußentum，Preußischer Geist)，人们一定会有多种解读。前者往往使人想到铁血宰相俾斯麦时代的普鲁士国家，而对于后者，人们则惯于将之与普鲁士军国主义(Preußischer Militarismus)在人类历史上留下的黑暗篇章相联系。[39] 其实就普鲁士本义而言，仅指一个地理概念，它指的是今日立陶宛以南、波兰东北部维斯瓦河河口以西、以但泽为中心的西普鲁士地区，以及以柯尼希堡(现为俄罗斯的加里宁格勒[40])为首府、面积为 36996 平方公里、原属东普鲁士地区的领土。其原始居民为波罗的海沿岸的古普鲁士人，与拉脱维亚人和立陶宛人属同一种族。在这片土地上曾形成过不同政权，这片土地亦曾隶属于不同强权的势力范围。至于其成为欧洲政治乃至世界历史上重要的一员，则是约 300 多年以来的事。

　　说起普鲁士及普鲁士精神的起源，就不得不提到条顿骑士团[41]，即德意志骑士团(Deutscher Orden)的前身。此骑士团本来是 1190 年第三次十字军东征时，在巴勒斯坦的阿卡建立的一个医院慈善团体。它的成员不同于其他一些由骑士组成的军事骑士团，[42]主要来自市民阶层。12 世纪末 13 世纪初以后，它才逐渐演变为军事组织，参与了对古普鲁士人的镇压，并在德意志民族神圣罗马帝国的许可与支持下，在当地建立起了一个骑士团国家(Der Staat des Deutschen Ordens)。德意志骑士团对普鲁士的影响始于其历

㊟ 丁建弘，李霞.德国文化：普鲁士精神和文化.上海：上海社会科学院出版社，2003，第 7 页。在该书中，作者指出了普鲁士精神中所带有的对立性，即"非人民性的、专制性的、反动性的"一面和"人民性的、民主性的、进步性的"一面。

㊵ 即德国哲学家康德的故乡柯尼希堡(Königberg)。二战德国战败后，该地区作为东普鲁士的一部分划分给当时的苏联。苏联解体后成为与俄罗斯领土不相连接的一块飞地。

㊶ 条顿骑士团的德文全称是 Orden der Brüder vom Deutschen Haus St. Mariens in Jerusalem (耶路撒冷德意志圣玛丽医院骑士团)，它的拉丁文名称是 Ordo Teutonicus (缩写为 OT)。服装为白底黑十字的团服。条顿骑士团的口号是"帮助、救治、守卫"(Helfen，Heilen，Wehren)。1809 年，骑士团被摧毁德意志民族神圣罗马帝国的拿破仑明令禁止。但奥地利皇帝又于 1834 年重建骑士团，使其成为一个宗教慈善机构。1929 年，条顿骑士团被改组为一个纯宗教的骑士团，其名称也由 OT 变为 DO(德意志骑士团，Deutscher Orden)。

㊷ 同为三大骑士团的另外两个较其历史更长的圣殿骑士团和医院骑士团则从建立伊始就是军事骑士团。

史上对东欧的殖民占领。新移民在相对荒蛮敌对的环境中建立起了新家园,这本身就是一个充满冒险的过程。而有组织、有纪律的移民团体,则给在恶劣生存环境中挣扎的人们提供了唯一的保障。[43] 如果要找寻普鲁士军事色彩的根源,则可以追溯到这个艰难血腥的创业时期。

在对东方的殖民过程中,条顿骑士团并非唯一的开拓者。此前查理大帝就曾为了向东经营,建立了诸多用于支援对蛮族异教徒征战的根据地(Mark),这其中就有日后被称为"真正的普鲁士土地"的勃兰登堡边疆区(Mark Brandenburg)。1411 年,卢森堡家族的勃兰登堡伯爵死后无嗣,其统治权落入了来自施瓦本地区的霍亨索伦家族(Hohenzollern),此即日后建立德意志威廉帝国的先祖。

16 世纪初,德意志骑士团在与周边国家的争霸中败北,面临内外交困的局面,几乎难以为继,而转机也恰在此时出现。1525 年,出身霍亨索伦家族,同时又是德意志骑士团总团长(Hochmeister)的阿尔布雷希特伯爵(Markgraf Albrecht von Brandenburg-Ansbach)结识了宗教改革家马丁·路德,受其感召皈依新教。虽然今天我们对路德和阿尔布雷希特伯爵之间的交往无从考证,[44]但随后阿尔布雷希特与已接受新教的波兰国王签订协议,放弃了骑士团总团长的职位,将骑士团国的领地置于波兰国王的保护之下,自己则摇身一变成为了波兰王国的阿尔布雷希特公爵,由此使普鲁士成为大公国(Herzogtum)。

普鲁士大公国初期的经济实力不强,尤其在易北河以东地区,它主要依赖的是以容克(Junker)[45]地主为主导的庄园农业经济。此时的欧洲并非太平盛世,17 世纪的三十年战争(Der Dreißigjährige Krieg, 1618 – 1648)中,普鲁士的领土几乎被战火化为灰烬,人口损失达50％以上。[46] 然而这场旷日持久的残酷战争却催生出了普鲁士的第一支职业军队。1660 年左右,勃兰登堡选帝侯拥有了自己的一支常备军。这支军队规模不大,但作为国家机器的组成部分起着重要作用。军队的领导人同时也是普鲁士公国枢密院的成员,直接参与政治决策,这便是普鲁士参谋本部(Generalstab)的前身。普鲁士的这支平时约为 7000 人[47]的常备军与三十年战争中靠烧杀掳掠维持生存的军队不同,它拥有严明的

---

[43]　上文提到的普鲁士骑士团国此时是德意志民族神圣罗马帝国边疆区的殖民地,帝国本身对其并没有多少有效的行政管理。新移民与殖民者在东扩过程中,建立了大量军事防御要塞和新移民村镇,这些城镇完全是比照西欧城镇建立的。以这些城堡村镇为根据地,殖民者的势力范围像水中的涟漪一样在古普鲁士的土地上扩展开来,而这一幕又在几百年后北美殖民地的扩张中重演。

[44]　另有一说:"1523 年 9 月,阿尔布雷希特途经维滕堡时拜访了马丁·路德,后者当面提出建议:把骑士团国家世俗化,在 1525 年便成为一个世袭的公国。"参见:丁建弘,李霞,第 25 页。

[45]　容克地主阶层构成了普鲁士贵族的主体,而容克(der Junker, das Junkertum)一词的本义是指出身贵族家庭、在中世纪经常作为骑士侍从的贵族子弟,也即候补军官生(Fahnenjunker)和陆军或空军的候补军官(Fähnrich)的前身。1848 年革命后,容克在自由主义者口中专指普鲁士贵族,进而成为保守反动势力的代表称谓。

[46]　参见 Koch, Hannsjoachim W.: Geschichte Preußens. München 1980, S. 70.

[47]　由于忌惮邻国的反应和受自身财力限制,勃兰登堡普鲁士的这支常备军和平时期维持在 7000 人左右,战时扩充为 15000 余人,最多不超过 30000 人。参见 Koch, S. 93.

弗里德里希一世

弗里德里希·威廉一世

军纪，严禁侵犯百姓利益。其成员也不再是捞一把就走的自由骑士，而是将自己的命运与国家联系在一起的职业军人。这些军人并非一定是出身高贵的贵族，例如最受人敬畏的格奥尔格·冯·德夫林格尔(Georg von Derfflinger)元帅据说就是奥地利农民或裁缝之子。⑱ 这些职业军人忠于职责，忠于国家，视军人荣誉为生命，加之历史上条顿骑士团的传统，进而形成了一个世代为军的军官团(Offizierskorp)，同时也为日后普鲁士的发达和普鲁士精神的确立奠定了基础。由此可见，普鲁士与军国主义之间的联系的确由来已久。

国力的增强使得普鲁士不再甘居人下。1701 年，大公弗里德里希三世自行加冕成为普鲁士王国的国王弗里德里希一世(Friedrich I.)。不过，若是把普鲁士发达强盛的原因简单归结于军国主义则未免过于武断，因为普鲁士的统治者也明白，单靠武力是无法统治天下的。统治者需要行之有效的统治体系，而这一体系是靠由人组成且上行下效的官僚集团来维持的。为了培养自觉与高效的官员，国王弗里德里希一世创办了哈勒大学(Universität Halle)，随后又创建了普鲁士皇家科学院(Königlich-Preußische Akademie der Wissenschaften)。大哲学家如莱布尼茨就曾供职于此。无论出于何种目的，普鲁士的教育体系在当时诸公国中都堪称先进。⑲ 系统的教育在造就官员的同时，也成就了普鲁士精神的核心：尽职(Pflicht)、服务于国家(Dienst am Staat)和守纪(Disziplin)。后来有"士兵国王"(Soldatenkönig)之称的弗里德里希·威廉一世(Friedrich Wilhelm I.)⑳把普鲁士改造成为一个军事化的中央集权的封建制国家。这个国家由三大支柱支撑着，即有着很强承受力的农业、强有力的军事制度和行之有效的官僚体系。到了 1740 年，普鲁士已经成为一个高效运转、国

---

⑱　1674 年，这支普鲁士新军在德夫林格尔带领下，于费尔拜林(Fehrbellin)战役中打败了瑞典人。在这场战争史上无足轻重的战役中，普鲁士新军将其组织性和纪律性的优势转化为机动性，转战于数百公里的战线上，取得了骄人的战绩，树立了威望，成就了其善战之名。

⑲　从 1717 年开始，普鲁士公国就开始普及小学教育。众多的新学校面向大众开放，学校教育为许多平民子弟提供了进身之阶。

⑳　此王一生待人待己都极为苛俭，几乎将所有的精力与财力都用于建设一支训练有素的军队。

力强盛的国家。㊶ 军事化和虔信主义(Pietismus)㊷则成为普鲁士区别于其他国家的特殊标记,而战争也被其统治者看成是领土扩张且有利可图的手段。这里需要指出的是,普鲁士的军事化是一种特殊的社会组织形式,并非一定要与穷兵黩武或高压统治画上等号。人们日后常说起的德国人的美德,如日常生活中的勤劳能干、乐于劳动、准点守时、真诚率直、守信可靠等,都与普鲁士历史上的军事色彩不无关系。

带有浓厚军事色彩的普鲁士在18世纪后期遇到它的劲敌——拿破仑的法国,而后者曾多次摧毁过前者引以为傲的军队。拿破仑大军东进的步伐唤醒了德国人的民族意识,德意志民众看到的是敢于任事并承担责任的普鲁士。当拿破仑在滑铁卢被英普联军击败时,在反法同盟中起过关键作用的普鲁士王国的地位,在德意志诸国中已经超越了哈布斯堡家族统治的奥地利帝国,这个王国将在未来建立德意志帝国的进程中占尽先机。

在对法战争的同时,普鲁士宰相卡尔·施泰因在国内推行了多方面改革。他看到了社会下层在法国革命中所爆发出来的巨大力量,也看到了社会不公所可能造成的巨大破坏力。因此他认为,统治者应该注意与民众的

卡尔·施泰因

关系。其实早在弗里德里希一世给其继承者留下的私人遗嘱中就一再明确指出:统治者应轻徭薄赋,多用封赏而不是惩罚。他还告诫后人,所谓贵族仅是国家的第一公仆(nur erster Diener des Staates)。人民的福祉才是统治者最应该放在心上的,因为人民的福祉与统治者自身的福祉休戚相关。这种人文启蒙思想带来了从上至下的改革,在政治上从一定程度上解放了农民,使其拥有同市民一样的权利。但在赋予人民权利的同时,统治者也更进一步强化了人民对国家的义务。

教育改革同样也对普鲁士至关重要。施泰因提名推荐威廉·冯·洪堡负责国内的教育文化工作,而后者则进一步完善了原有的小学普及教育,实施中等学校教育改革,将教育机构分为三个递进式的等级:小学(Grundschule)、中等学校(Höhere Schule)和大学(Universität)。其中,小学为公民提供基本的教育,使受教育者成为有责任心的合格公民。中学则提供进一步深造发展所需的知识。而大学则是产生具有创造力知识的场所。洪堡对中小学校的发展未作苛求,但在对教师的选择上却要求极严。此前从教的教师多

㊶ 1740年左右,普鲁士的人口在欧洲居第12位,军事力量居第四位,而其战斗力在当时已被公认为第一。参见 Koch, S. 149.

㊷ 虔信派是德国基督教路德教会中的一派,因主要领袖施佩纳(Philipp Jakob Spener,1635-1705)等人组织虔敬团而得名。认为不在于秉持死板的信条形式,而在于日常生活中表现出"内心的虔诚"。提倡精读《圣经》,弃绝跳舞、看戏等世俗娱乐。17世纪70年代后在德国盛极一时,影响及于英国、北美等地教会。

威廉·冯·洪堡

是退役的中下级军官，为此洪堡建立了大量教师培训班式的高级中学用以培养教师，这种培训班即日后的文理中学③（Gymnasium）。对教育体制真正划时代的冲击，是洪堡对大学的改革。此前大学及大学生的名声并不好。对国家来说，大学是培养官僚的机构，对学生而言，则是待业求职之地。④ 从当时的许多文学作品中——如伦茨（Jakob Michael Reinhold Lenz）的戏剧《家庭教师》（Der Hofmeister）——人们可以看到当时不少大学生都是终日无所事事、游手好闲之辈。在此种情况下，洪堡按照自己的理念建立了柏林弗里德里希·威廉大学（Friedrich Wilhelm Universität zu Berlin），其首任校长是哲学家费希特，另一位在此任教的哲学家是黑格尔。他同时还强调，大学的发展离不开国家的资助，但国家绝不能因此而干涉大学的教学与研究。在 19 世纪，普鲁士的大学已经远远走在其他国家的大学前面，成为教学与研究的重镇。发达的科教文化给普鲁士带来了强大的动力与活力，也给普鲁士精神带来了科学人文的色彩。

格哈德·冯·沙恩霍斯特

军事方面，在饱尝了拿破仑军队带来的苦果和屈辱后，普鲁士在格哈德·冯·沙恩霍斯特（Gerhard von Scharnhorst）的带领下开始了改革。他充分认识到，北美独立战争以及拿破仑法兰西帝国军队胜利的基础是士兵及民众将自身命运与国家命运相结合而产生的战斗力。他鼓励军功，打破社会等级制度，从而使许多优秀平民子弟在军官团中得以晋升。他认为，军队应作为价值体系的代表受到国民的尊崇，并在政治与社会中起到关键作用。在他的军事改革中，与德意志民族主义紧密联系的军事教育也占有举足轻重的地位。正是在这种教育背景下形成并完善的普鲁士精神，具有浓厚的且常为后人诟病的军国主义色彩，不过，这种色彩却在以后的纳粹统治时期备受推崇。沙恩霍斯特的学生克劳塞维茨（Karl von Clausewitz）不但继承

③　有人将 Gymnasium 翻译为重点中学，其实两者并不相同，区别之一是，德国文理中学毕业后便具有入读大学的资格，无须参加高校入学考试。

④　这种情况不仅限于德国。亚当·斯密就曾说当时英格兰的大学是懒惰的避难所。而受歌德之邀于 1802 年赴魏玛任职的哲学家谢林也一再强调当时的大学教育急需改革。另外，酗酒、斗殴、决斗等现象也常见于当时的大学生活。参见 Press, Volker: Kriege und Krisen, Deutschland 1600-1715. In: Neue Deu-tsche Geschichte. Band 5. Hrsg. von Peter Moraw, Volker Press, Wolfgang Schieder. München 1991, S. 312.

和总结了老师的军国主义思想，认为"战争乃是政治的继续"，而且以《论战争》(Vom Kriege)一书奠定了他作为西方军事理论大家的地位，这本书同时也是对普鲁士军国主义思想的理论总结。[55] 由此可见，此时的普鲁士已从政治、社会、教育和军事等诸方面成功地完成了近代化的转型，并对工业革命的降临完全做好了准备。武装的牙齿加上武装的头脑，使得普鲁士成为能与英国、俄国和奥地利并肩而立的强权。

尽管此时的普鲁士领土还是狭长的东、西普鲁士两大部分，[56]但在 1815 年 6 月 8 日成立的德意志联盟(Der Deutsche Bund)中，其作为德意志国家领头羊的地位已经得到确认。对内，普鲁士国王弗里德里希·威廉三世(Friedrich Wilhelm III.)许诺颁布宪法，从而赢得了广大新兴市民阶层的拥戴；对外，奥地利国王、俄国沙皇和普鲁士国王于同年 9 月 26 日成立的"神圣同盟"(Die Heilige Allianz)，成为保守势力的卫道士。

弗里德里希·威廉三世

普鲁士作为保守势力的代表，虽然对自由派和革命派的镇压不遗余力，[57]但其有效的行政手段却为日后德国的统一奠定了良好的基础。军事方面，普鲁士不但拥有了 136000 人的一支常备军和 163000 人的地方武装，而且义务兵役制也在整个王国普及开来。[58] 经济方面，随着生产的扩大化，成立了大量跨地域的工业行会组织，如成立于 1816 年的"德国工厂主行会"(Deutscher Fabrikantenverein)，1819 年的"德国贸易与手工业行会"(Deutscher Handels- und Gewerberverein)等。这些行会出于自身利益考虑，强烈呼吁统一德国各公国间的关税，排除人为造成的物流障碍。1834 年 1 月 1 日，"德意志关税同盟"(der Deutsche Zoll-verein)开始生效，这实质性地促进了交通基础建设的发展，[59]使具有竞争力的经济体

---

[55] 克劳塞维茨对战争做出了四点总结：一、符合新型战争形式的军队结构、武器与装备。二、建立战时征召机制，取消体罚，建立行之有效的军事训练机构，鼓舞士气。三、选贤任能，淘汰老弱守旧分子。四、按照现代战争需求进行训练。参见 Koch, S. 261.

[56] 此时的黑森和汉诺威还未被普鲁士吞并，因此普鲁士的领土一分为二。

[57] 针对当时自由主义思潮，普鲁士加大了新闻检查的力度，并镇压了多起学生抗议或起义活动。据统计，普鲁士在 1833 年至 1835 年间共逮捕审判了 204 名大学生并判处其中 39 人死刑。而所谓"神圣同盟"作为保守势力的核心，却远不如普鲁士手段狠辣。奥地利帝国的首相梅特涅曾指出，所谓"神圣同盟"拥有的只是象征力量，在实际政治活动中根本没有起到任何作用，或其作用根本无人关注。统计数字参见 Koch, S. 317.

[58] 统计数字参见 Koch, S. 311.

[59] 1816 年普鲁士境内公路总长为 3162 公里，而 1848 年则为 11852 公里。1838 年，普鲁士建成第一条柏林与波茨坦间的铁路，到 1848 年，普鲁士拥有的铁路总长为 2363 公里。统计数字参见 Koch, S. 311.

弗里德里希·威廉四世

得以形成，进而极大地充实了普鲁士的工业实力。[60] 此条约不同于行会公约，是主权国家间的协议。普鲁士在条约中所起的主导作用，使德国向统一迈进了实质性的一步。

1806 年德意志民族神圣罗马帝国解体后，整个德意志地区处于群龙无首的状态。到了弗里德里希·威廉四世（Friedrich Wilhelm IV.）时期，强大的普鲁士开始考虑对整个德意志地区的领导权问题。而此时，国内新兴的资产阶级与自由主义思潮相结合，民主的呼声日益高涨。1841 年，柯尼希堡的医生约翰·雅各比（Johann Jacoby）书写了题为"一个东普鲁士人回答的四个问题"（Vier Fragen, beantwortet von einem Ostpreußen）的传单，公开要求人民拥有参政的权利。这一呼声来自支持他的莱茵地区新兴工业资本家集团。此种新兴利益团体拥有自己的代言人——媒体，即《莱茵政治、贸易与手工业报》（Rheinische Zeitung für Politik, Handel und Gewerbe），也即马克思当主编的《莱茵通讯报》。尽管弗里德里希·威廉四世的统治较为开明宽松，但资产阶级和无产阶级的政治诉求并未得到满足。社会矛盾的激化以及此前并不为人所熟知的经济危机导致了 1848 年的三月革命。一向忠诚守法的臣民突然向自己的国王发难，这在普鲁士的历史上还是第一次。在动用武力镇压的同时，普王接受了部长阿尼姆（Heinrich von Arnim）的建议，将公众的注意力转移到了德国统一的问题上来。1848 年 3 月 21 日，他佩带黑红金三色绶带面对柏林的民兵、大学生和议员发表讲演，并许诺致力于德意志的统一事业。也正是在这次讲演中，普王说出了那句名言："从今以后，普鲁士将变为德国。"（Preußen geht fortan in Deutschland auf.）不过，革命的浪潮很快退去，在政治上受挫且无甚建树的市民阶层将精力集中于经济的发展，为普鲁士的统一大业奠定了更为坚实的物质基础。[61] 在强有力的经济基础上，普鲁士终于迈出了统一德国的第一步。1849 年，普鲁士与北德诸国签订条约，成立了普鲁士领导下的德意志联邦并召开了联合国会。

---

[60]　1779 年，瓦特蒸汽机已经在普鲁士得到应用。1830 年普鲁士拥有 245 台蒸汽机，共 4485 马力。到 1849 年，普鲁士拥有 1445 台蒸汽机共 67149 马力。与此相应的是焦炭的产量也快速增长，从 1816 年的 113689 吨增长到 1844 年的 408377 吨。德国著名的钢铁企业克虏伯（Krupp）公司的创始人阿尔弗雷德·克虏伯（Alfred Krupp）正是在这种背景下踏上了成功之路。统计数字参见 Koch, S. 319 ff.

[61]　普鲁士的各项经济指标在随后的 20 余年中得到了巨大的发展。1866 年普鲁士境内拥有 6669 台蒸汽机，功率达 137377 马力；1870 年铁路总长为 11523 公里。机械化生产已经完全代替了手工业生产。19 世纪因此也被称为钢铁时代（Das Eiserne Zeitalter）。统计数字参见 Koch, S. 346 ff.

弗里德里希·威廉四世的继承者是日后成为德意志帝国皇帝的威廉一世。他在即位前的 1849 年就曾说过："要统治德国，就要占领德国。（Wer Deutschland regieren will, muss es sich erobern.）"这位王位继承者无论是在照片上还是在肖像画中，从来都是一身戎装。因为在他眼中，军队不仅应该是训练有素的战争机器，而且还应该给德意志民族做出榜样，成为整个民族的学校。由此我们可以更好地理解，为什么他会选中日后被称为铁血宰相的俾斯麦入阁主政。

此时的意大利经过不懈的努力，终于取得了独立与统一。这一艰难的进程加上此前北美殖民地的独立战争，都向普鲁士清楚地表明，在当时欧洲的政治格局下，一个民族的统一只能用战争手段才能实现。而意大利的成功统一又极大地鼓舞了俾斯麦通过武力完成统一大业的信心。正是在这种背景之下，俾斯麦在 1862 年 9 月 30 日召开的预算委员会会议上提到了那句名言："当代的重大问题不是通过演说与多数人的议决所能解决的……要解决问题，还得靠铁和血。（Nicht durch Reden und Majoritätsbeschlüsse werden die großen Fragen der Zeit ent-schieden，... sondern durch Eisen und Blut.）"

普鲁士领导的德国统一在内政外交上都面临着阻力，化解阻力的手段就是日后为人所知的三次王朝战争。1864 年，出于共同利益的考量，貌合神离的普奥两国暂时结成了同盟对丹麦宣战，夺得了石勒苏益格-荷尔斯泰因地区。而两年后的 1866 年，普奥两国又再次为这一地区大打出手。普鲁士用军事胜利将奥地利排除在德国统一进程之外，结束了所谓大小德意志方案之争。接连两场完胜使俾斯麦一跃而成为可担大任的民族英雄，连原先的对头——自由主义者都拜倒在铁血宰相的脚下。当然，统一强大的德国绝不是件令邻国高兴的事，更何况它还是以普鲁士为首的一个新兴强权。被德国人戏称为"德国分裂的保护神"（Schutzengel der deutschen Uneinigkeit）的拿破仑三世（Napoleon III.）本是个志大才疏的君王，但这时他却认为自己决不能对普鲁士的日益强大坐视不管。1870 年 7 月 19 日，西班牙王位继承者问题引发的一系列危机，再加上所谓的"埃姆斯急电"事件（Emser Depesche），[62]令法国对普鲁士宣战。法国人对战局臆测的一厢情愿再次成就了普鲁士的善战之名。于是，不到两个月之后的 9 月 2 日，拿破仑三世便成了阶下囚。历史走到这一步，德国统一已经是不可避免的了。尽管南德诸邦中的符腾堡和巴伐利亚享有军事和税收等方面的特权，使"统一"一说并不完全确实，但普鲁士国王还是于 1871 年 1 月 18 日在凡尔赛宫的镜厅加冕为德意志帝国皇帝，即威廉一世。就此，随着德意志第二帝国的正式建立，普鲁士登上了其历史的辉煌顶点。

1871 年后的德意志帝国，其实是俾斯麦领导的普鲁士的扩大版。新成立的国家在这

---

[62] 法国驻柏林代办贝内德蒂伯爵按照当时法国外长的命令，要求正在埃姆斯温泉疗养的普王发表声明放弃霍亨索伦家族对西班牙王位的继承权，遭到拒绝。俾斯麦公开了经他缩短了的普王电报，极大地刺激和伤害了法国人的民族自尊心。

威廉一世

位保守的普鲁士容克贵族领导下,赢得了列强的尊敬。帝国建立初期,迅速完成的城市化与工业化使得德意志帝国在工业生产总量上仅次于美国,跃居世界第二位。[63] 这种巨大的进步得益于工业化中起着主导作用的大康采恩集团和国家资本,从而形成了普鲁士国家资本主义(Staatskapitalismus)。这种情况导致的结果是,德国的工业革命并没有产生一个自由主义占主导地位的市民社会。同时,推动和决定社会、经济以及政治发展的力量来自国家本身,而非完全的人民诉求。军国主义思想加上国家实力,如果表现在德国的对外政策上,就成为令邻国恐惧的"条顿人的侵略性"(Teutonische Aggressivität)。这种侵略性最好的例子就是德国发动的第一次世界大战。

第一次世界大战的结果是德意志帝国以及普鲁士王国的灭亡,但普鲁士的历史并未就此终结。根据此后的魏玛宪法,普鲁士成了德国的一个邦。1933 年 1 月 30 日希特勒纳粹党上台,随即废除德国的邦联制度,普鲁士仅保留行政单位。二战结束后,同盟国认定普鲁士是军国主义及其暴行的根源,于是在 1947 年 2 月 25 日,根据同盟国对德军事管制最高委员会第 46 号令,正式废除了普鲁士建制。[64] 原普鲁士邦领土分别被并入波兰和苏联,以及英、法、美、苏四国占领区,原普鲁士邦政府的财产由盟国和苏联共同瓜分。从此,普鲁士作为邦国的历史寿终正寝。1989 年东欧剧变后,分裂的两德重新统一,但德国并未恢复普鲁士的建制。

今天的人们对普鲁士及普鲁士精神的评价或褒或贬,它的影响远未消失。普鲁士被认为是"开拓精神,新教清教徒式的道德体系,伦理哲学和科学技术的理性以及极端军国主义的混合体"。[65] 无论如何阐释,普鲁士作为德国历史和文化史链条上的重要一环,都不应被忘记,人们也不应当简单地把它与军国主义画上等号。2001 年,在普鲁士第一位国王加冕 300 周年之际,柏林举办了普鲁士历史展。大量的实物全面地介绍了这段日益被人淡忘的过去,使之不被湮没在浩瀚的历史尘埃之中,这也许就是当今人们对普鲁士再认识的见证吧。

---

[63] 参见 Raff, Diether: Deutsche Geschichte vom Alten Reich zur Zweiten Republik. München 1985. S. 179.

[64] 第 46 号令规定:"Der Staat Preußen, seine Zentralregierung und alle nachgeordneten Behörden werden hiermit aufgelöst." 参见 Clark, Christopher: Preußen. Aufstieg und Niedergang. 1699 – 1947. München 2007. S. 15.

[65] 参见 MD Berlin (Hg.): Preußen-Jahrbuch, ein Almanach. Berlin 2000. S. 5.

普鲁士王国/德意志帝国(霍亨索伦王朝)世系表

国王/皇帝	生卒年份	在位年份	备注
弗里德里希一世	1657 – 1713	1701 – 1713	普鲁士国王
弗里德里希·威廉一世	1688 – 1740	1713 – 1740	"士兵国王"
弗里德里希二世	1712 – 1786	1740 – 1786	"腓特烈大王"、三次西里西亚战争
弗里德里希·威廉二世	1744 – 1797	1786 – 1797	瓜分波兰(第二次和第三次)
弗里德里希·威廉三世	1770 – 1840	1797 – 1840	拿破仑战争
弗里德里希·威廉四世	1795 – 1861	1840 – 1861	
威廉一世	1797 – 1888	1861 – 1888	德意志帝国皇帝,普法战争
弗里德里希三世	1831 – 1888	1888	
威廉二世	1859 – 1941	1888 – 1918	第一次世界大战

🔵 练习、调研与思考：

一、请查阅《格林德语词典》和《杜登词源词典》中关于"Preußen"一词以及相关词语的解释，在地图上勾勒出普鲁士在历史上的发展变迁。

二、海因里希·曼（Heinrich Mann）的小说《臣仆》（Der Untertan）中，描述了一个典型普鲁士社会官僚的形象。请分析产生这一角色的历史背景。

三、请翻译下边英国历史学家托马斯·巴宾顿·麦考莱（Thomas Babington Macaulay）对普鲁士国王弗里德里希和普鲁士的描述。

> Er regierte sein Königreich, wie er eine belagerte Stadt behandelt haben würde, sich nicht darum kümmernd, in welchem Ausmaß Besitz zerstört oder der Lauf des bürgerlichen Lebens beeinträchtigt wurde, um nur Fortschritte gegen den Feind erzielen zu können. So lange noch ein Mann in Preußen da war, konnte dieser Mann ein Gewehr tragen; so lange noch ein Pferd vorhanden war, konnte dieses Pferd Geschütze ziehen. Das Geld entwertete; die Staatsbeamten wurden nicht mehr bezahlt; in einigen Provinzen hörte die Staatsverwaltung überhaupt zu bestehen auf. Aber es gab noch immer Roggenbrot und Kartoffeln; es war noch immer Blei da und Schießpulver; und so lange die Mittel der Erhaltung und der Zerstörung des Lebens noch vorhanden waren, war Friedrich ent-schlossen, bis zum äußersten zu kämpfen.
>
> (Aus：Friedrich der Große.)

四、德语文学史中的比德迈耶时期（Biedermeier）与普鲁士的哪一段历史有关？请举例说明。

五、请阅读冯塔纳的小说《艾菲·布里斯特》，分析作品中男主人公殷士台顿是否可以作为普鲁士社会和文化的代表？

六、普鲁士国王弗里德里希于 1745—1747 年建造的无忧宫(Sanssouci)今天已经成为旅游胜地。宫殿旁边有一座不甚起眼的大风车,按照当时普鲁士皇家的说法,它象征着德国法制,给德国人民带来了对国家法律的信心。请查找资料并描述这座带有传奇色彩的大风车的典故,并以此为例解释什么是"开明集权主义"。

七、第二次世界大战中,同盟国认为普鲁士是德国军国主义的发源地、德国军官团和容克贵族的大本营,是德国专制思想及侵略思想的策源地,必须予以消灭。美国总统罗斯福在德黑兰会议上曾表示"要让普鲁士尽可能地缩小和削弱",丘吉尔则认为"普鲁士——这个德国军国主义的罪恶核心必须同德国的其余部分分离开来"。因此,雅尔塔会议和波茨坦会议确立了将东普鲁士并入波兰和苏联,以及在战后的德国废除普鲁士建制的原则性意见。你认同这一看法吗?

八、二战结束后,占领国当局完全解除了德国的武装,推动非军国主义化和民主化进程。他们把希特勒精神与普鲁士精神相提并论,认为从弗里德里希一世到希特勒时代贯穿着一条暴力帝国主义的路线。你同意这种看法吗?

九、法国大革命初期的重要政治家米拉波伯爵(Comte de Mirabeau)曾在 1786—1787 年间被政府派遣到柏林执行秘密外交任务,他研究了普鲁士的极权主义、官僚机构和军事部署情况,写了一份很深入的报告。他曾经说过:"Anderswo in Europa verfügten die Staaten über eine Armee, in Preußen dagegen verfügte die Armee über den Staat."你如何理解这句话?

十、请根据自己的兴趣从下列推荐书目中择其一二展开阅读:
Theodor Fontane „Effi Briest"
Theodor Fontane „Wanderungen durch die Mark Brandenburg"
Jakob Michael Reinhold Lenz „Die Soldaten"
Heinrich Mann „Der Untertan"
Arthur Schnitzler „Leutnant Gustl"

第五单元　哈布斯堡王朝和哈布斯堡神话

　　奥地利哈布斯堡王朝是欧洲历史悠久的统治王朝之一，在众多历史大事件中曾起到举足轻重的作用。1918年，第一次世界大战落下帷幕，经历了血雨腥风的古老帝国回天乏术，在一片动荡与混乱中走到了终点，成为过去。有意思的是，没落的哈布斯堡王朝不同于其他行将就木或已经灰飞烟灭的政权，它被后人描述成一个令人留恋的美好时代：阿尔卑斯山旖旎的风光、新年音乐会上施特劳斯的华丽乐章、曾经的音乐与艺术之都维也纳、电影中的"茜茜公主"等，不一而足。这些美好景象汇聚于一处，便构成了经常见诸奥地利文化，尤其是文学史中的概念——"哈布斯堡神话"。此二者互为依托，让人分不清什么是历史，什么是人为的神话。本篇想勾勒的就是这二者间的关系和关系的形成。

　　哈布斯堡本来是欧洲的一个贵族家族，其先祖源自瑞士北部的阿尔高州（Aargau），1020年筑起哈布斯堡城堡（Die Burg Habsburg），并逐渐将势力扩展到今天的奥地利和德国南部。此后的数百年间，哈布斯堡家族统治着奥地利、捷克和匈牙利的广阔疆域，甚至在相当长的时间内，德意志民族神圣罗马帝国的皇帝都来自哈布斯堡家族。另外，在16和17世纪，其家族成员还是西班牙和葡萄牙的国王，并由此间接影响着其在美洲、非洲和亚洲的殖民地。1740年卡尔六世死后，家族没有男性子嗣，长女玛丽亚·特蕾西亚（Maria Theresia）和丈夫弗朗茨（Franz I. Stephan von Lothringen）继承王位，自此揭开奥地利史上哈布斯堡-洛林王朝（Dynastie Habsburg-Lothringen）的一页。其后裔于1804年建立奥地利帝国，一直延续至1918年战败解体。今天我们所说的、也是本章要讲述的哈布斯堡王朝，指的就是这个哈布斯堡-洛林王朝。

玛丽亚·特蕾西亚

哈布斯堡-洛林王朝，即日后以偏概全的奥匈帝国的真身，在建立之初所经历的风雨便注定要为日后的哈布斯堡神话提供最佳素材：其实际掌权者是一位强势的年轻女性。玛丽亚·特蕾西亚很快有机会展露自己的政治才华，在王位斗争、对石勒苏益格地区的争夺和随后的七年战争（Siebenjähriger Krieg 1756－1763）中，她凭借娴熟的政治手腕，不但稳固了自己的统治地位，还使帝国获得了好处并扩大了疆域。[66] 18 世纪下半叶，她的帝国成为西方政治生活中日益重要的一个因素。而这一段创业的坎坷和成功，无疑成为日后人们对先辈歌功颂德时不可或缺的主题，让人莫不佩服这位女性的能力和魅力。

帝国疆域的拓展为日后老大帝国的局面奠定了物质基础，而帝国内部的变化才是本质性的。在 1740 年至 1792 年的半个世纪中，特蕾西亚和她的两个儿子约瑟夫二世（Joseph II.）及莱奥波德三世（Leopold III.）对哈布斯堡王朝进行了彻底的现代化和中央集权化改革，这一时期被称为"开明极权主义"（aufgeklärter Absolutismus）。统治者的治国理念要比其前辈开明而理性，其最重要的目标是国家和人民的福祉，这在 18 世纪下半叶的欧洲绝对算是摩登思想了。在治国方略上，特蕾西亚致力于推行政令畅通的中央集权制，使得传统意义上的极权统治得以改良，进而形成了系统且绵密的统治网络，能够对臣民进行有效的监督统治。由此可见，"开明极权主义"中的"开明"是为"集权"所服务的，与我们今日对开明的理解完全不同，特蕾西亚的手段和手腕更为她的"开明"作了最好的注脚。

由特蕾西亚建立推行且行之有效的统治体系，使她得以对帝国进行现代意义上的极权统治（Zentralisierung der Verwaltung），这一体系体现并运作于行政、军事、司法、教育等所有重要方面，此即后世官僚体系（Bürokratie）的前身。由此可见，这位奥地利历史上炙手可热的女性实在不愧为值得让人大书特书并为之骄傲的人物。[67] 于是，我们在今天的奥地利到处都能看见特蕾西亚的雕像和以她名字命名的街道广场。在日后奥地利的文学作品中，对官僚体制的描述是标志性的，它成了老帝国的名片，毁兮誉兮，但却不能视而不见。

1789 年爆发于巴黎的法国革命，给哈布斯堡王朝带来了巨大的冲击。首先，同拿破仑的战争给帝国带来了巨大的损失，奥地利军队的战绩乏善可陈，其战果就是丧师失地。[68] 其次，法国的新思想给四平八稳、按部就班的奥地利带来了巨大的震动，这里不能

---

[66]　本来玛丽亚·特蕾西亚和丈夫弗朗茨的婚姻就使王朝的疆域大为拓展，并保持了对多瑙河流域的控制，其后的 1772 年，哈布斯堡-洛林王朝又获得了加里西亚（Galizien）和罗多梅里（Lodomerien），1775 年纳入了布科维纳（Bukowina）。

[67]　玛丽亚·特蕾西亚在奥地利史家笔下早就被理想化，被套上了多民族大帝国的国母、父辈遗产的捍卫者、充满活力的改革家等光环。19 世纪奥地利国家档案馆馆长阿尔费雷德·冯·阿略特（Alfred von Arueth）就出版了一部长达十卷本的《玛丽亚·特蕾西亚传》，为其歌功颂德，这本书的影响一直延续至今。参见：Hochedlinger, Michael: Abschied vom Klischee. Für eine Neubewertung der Habsburgermonarchie in der Frühen Neuzeit. In: Österreich in Europa, herausgegeben von Thomas Angerer. Wiener Zeitschrift zur Geschichte der Neuzeit. Innsbruck 2001. S. 16.

[68]　拿破仑曾于 1805 和 1809 年两次占领维也纳。

不提到民族主义(Nationalismus)和自由主义(Liberalismus)思想的影响。对哈布斯堡王朝这样由不同信仰的多民族族群组成的中欧帝国而言，前者民族主义无疑给分裂思想提供了温床，而后者自由主义又与中央集权制的政体格格不入。统治者看到了这两种思想的颠覆性威胁，对其的打压也可谓不遗余力。1806 年，德意志民族神圣罗马帝国被拿破仑的武功所埋葬，[69]哈布斯堡王朝不得不降格为奥地利帝国。

　　看似不可战胜的拿破仑，最终还是被放逐到远离文明的小岛上。哈布斯堡王朝经此磨难，更加看重极权统治的必要性，因而对其从多方面进行了加强，许多约瑟夫二世所推行的改革被搁置。在反拿破仑战争后的维也纳会议(Der Wiener Kongress)上，列强重新建立了欧洲政治秩序，而哈布斯堡王朝的首相梅特涅无疑是此次会议中最耀眼的明星。这位被称为"欧洲的马车夫"(Kutscher Europas)、并被马克思在《共产党宣言》中提及的复辟保守派领袖，令哈布斯堡王朝在领土和政治格局上获得了有利地位。其所谓梅特涅体系(System Metternich)以及形成于维也纳会议的神圣同盟(die Heilige Allianz)的高压统治，使奥地利帝国和沙皇俄国承担起了欧洲宪兵的角色，起到了稳定政局的作用。但同时，它又使帝国本身错失了一次现代化革新的良机，并因此为后世所诟病。

弗朗茨·约瑟夫

梅特涅的高压统治持续到 1848 年的革命。文化生活虽受监督压抑之苦，却并不影响其本身结出累累硕果。通过此时期前后奥地利音乐界几个响亮的名字，就可以管窥帝国文化界的盛况：莫扎特(Wolfgang Amadeus Mozart)、海顿(Joseph Haydn)和他的学生贝多芬(Ludwig van Beethoven)、舒伯特(Franz Schubert)、施特劳斯(Johann Strauß)，等等。其中前三者是音乐史上所谓维也纳古典时期(Die Wiener Klassik)的三位巨匠。就凭这些名字，奥地利首都维也纳作为音乐之都是当之无愧的。而音乐的魅力为奥地利成就了其政治所不能企及的声望，并将其理想化为一个唯美的家园。

　　1848 年的革命，再次动摇了哈布斯堡王朝的统治。首相梅特涅逃往了英国。缺乏执政能力的皇帝费迪南德被迫退位，而接替他的是年仅十八岁的弗朗茨·约瑟夫一世。这位皇帝前后执政长达 68 年之久，与其政绩相比，他的名气要更为响亮。而他的名气又与另外两个人相关联：一个是他来自巴伐利亚

---

[69]　1806 年弗朗茨二世(Franz II.)卸下了德意志民族神圣罗马帝国的皇冠，从而给这段历史画上了句号。但他的这一行为却与当时法理多有抵触，一直为人诟病，因为这完全是他的个人行为，既没有通知帝国议会，也没有与帝国其他选帝侯进行沟通。

的妻子，人称"茜茜公主"（Sissi）的伊丽莎白（Elisabeth）；另一个是老骑兵元帅拉德茨基（Johann Joseph Wenzel Anton Franz Karl Graf Radetzky von Radetz）。前者因其美貌和后世的一部电影芳名永驻，后者则因为老施特劳斯 1848 年的一首"拉德茨基进行曲"（Radetzkymarsch）而得以广为人知。19 世纪中期后，帝国本身的文治武功和同时期的欧洲强国相比，显得颇有些黯然失色。但正是这个拉德茨基，凭着帝国军事史上虽不算辉煌、但却少见的军事胜利，激发了音乐家的创作灵感，成就了日后维也纳新年音乐会中不可或缺的旋律。仅此一例，便可看出奥地利人在创造神话时的热情和天赋。

茜茜公主

　　年轻的皇帝接手的是个烂摊子。广大的疆域带来的并不是强盛，而是多民族共处与融合的问题。他在经历了自下而上的革命之后，推行了新极权主义（der Neoabsolutismus）的政治方针。他的统治建立在军队、官僚和天主教这三大支柱上，使得国内不同利益集团间的关系得以维持平衡。如同一个走钢丝的演员，皇帝的工作就是让各方受到平衡照顾，使可能产生的矛盾被消除于无形之中。这种中间人的角色被他发挥到极致，并在相当程度上取得成功，从而使这位皇帝受到来自各方面的推崇，其形象也得以偶像化。

　　然而在表面的风和日丽下，已经涌动着日后造成帝国分裂的主要原因之一——民族主义思潮。对帝国的认可和忠诚是哈布斯堡王朝三位一体统治的核心和前提，但日益高涨的民族情绪，必然影响到多民族、且往往是靠皇帝自身魅力和政治平衡得以维系的国家结构。试问，一个有着强烈本民族意识的匈牙利军官，如何为奥地利皇帝镇压发生在自己国家的农民起义呢？

　　同时在对外关系，尤其是在与同宗的普鲁士的关系上，哈布斯堡王朝也面临着巨大的挑战。自从 1806 年德意志民族神圣罗马帝国解体后，新的普奥两国都面临着所谓大德意志、小德意志的问题。合二为一在当时已经不可能，[70]但如果不统一成一个像以前那样的大帝国，又由谁来担当领导职责呢？就传统势力而言，哈布斯堡王朝显然比霍亨索伦王朝更具领导资格。但在工业化中得以飞速发展的普鲁士，又岂是甘居人下之辈？更何况此时的普鲁士还有铁血宰相俾斯麦的辅政！

　　可此时的哈布斯堡王朝没把同宗的邻居放在眼里，两者间合作与矛盾不断，于 1866 年爆发了普奥战争。这场战争属于德国历史上的三场王朝战争之一，普鲁士获得全胜，取

---

⑦　1806 年，哈布斯堡家族作为德意志民族神圣罗马帝国皇帝的弗朗茨二世自动放弃帝位，成了奥地利帝国的皇帝弗朗茨一世（Franz I.），这使得哈布斯堡在后来争取德国领导权时处于被动的地位。另外，多民族的奥匈帝国也很难在民族主义的潮流中代表德意志民族。

得了中欧的主导权，并最终结束了大、小德意志之争，将奥地利排除在德国之外。战争的失败导致奥地利国内政局出现危机，来自匈牙利和自由党人的压力，使得皇帝弗朗茨·约瑟夫一世疲于应付，只好靠他一贯擅长的平衡术重新安排一切。而这种重新安排的结果就是起始于 1867 年的奥匈帝国（Die österreichisch-ungarische Monarchie），也即所谓双重王朝（Doppelmonarchie）。约瑟夫既是奥匈帝国的皇帝，同时又是匈牙利王国的国王。而奥匈两国拥有共同的外交、军队和金融系统，并按比例分担帝国的财政预算。[7]

这种跷跷板式的政治平衡术暂时缓和了帝国内部的危机，使得奥匈帝国在各个领域有了一个相对平稳的发展空间。此时科学与经济的发展使整个欧洲在 19 世纪蒸蒸日上，变得空前强大，而哈布斯堡王朝也踩着"现代化"的时代节奏，在 19 世纪末和 20 世纪初时，将自己推向了历史上的最高潮。维也纳的重新规划和建设，给人们留下了深刻的印象，时至今日，人们还惊叹于其建筑的精美和宏大。这一高潮还集中体现于一战前的文化领域：文学史上有"维也纳现代派"（die Wiener Moderne）中的众多文学名家，哲学领域的维特根斯坦，心理学大师弗洛伊德，画家克利姆特（Gustav Klimt），音乐界有华尔兹之王之称的小施特劳斯（Johann Strauß）——他的《蓝色多瑙河》（An der schönen blauen Donau）几乎成了奥地利的非正式国歌。其他诸如医学、自然科学领域也都人才辈出。而这一人文荟萃的中心，就是欧洲最古老的大学之一——维也纳大学。

文化科学领域的灿烂光辉却无法使奥匈帝国摆脱内困外扰。到了一战前夕，帝国内部的各种矛盾完全公开化，而外部环境也在不断恶化。哈布斯堡王朝就像它的皇帝，成了颤颤巍巍的老者，来日无多。1914 年 6 月 28 日，帝国皇储被刺杀于萨拉热窝街头。巴尔干作为奥匈帝国传统的势力范围，现在却成了点燃第一次世界大战的火药桶。战争的进程对交战国各方都是痛苦不堪且毫无意义的杀戮。1916 年，奥匈帝国得以勉强维系的精神支柱——老皇帝弗朗茨·约瑟夫一世——去世，帝国的崩溃和分裂就只是时间问题了。1918 年 11 月，德奥战败投降。而此前帝国已经分崩离析，形成了许多新的民族国家，如克罗地亚、斯洛文尼亚、波兰、捷克、斯洛伐克等。11 月 11 日，奥匈帝国最后一个皇帝卡尔（Karl）退位。12 日，奥地利共和国宣告成立。哈布斯堡王朝的统治就此画上了句号。曾几何时，这个将双头鹰画在国徽上的帝国，拥有欧洲最为广大的疆域，并能骄傲地向世人宣称，当帝国西方的太阳落下时，东方的太阳已然升起。可那傲视东西方的双头鹰，最终也没能逃脱分崩离析的命运。

帝国的崩溃留下的只有绝望和困苦。一战后奥地利的街头到处游荡着无家可归或有家不能归的退伍军人和失业者。从战前一派繁华景象突然落魄到衣食无着，这样的反差必然会唤起人们对往昔的怀念。而这种怀旧思潮的寄托，无疑就是那个昔日多瑙河流域

---

[7]　按当时的规定，奥地利承担 70%、匈牙利承担 30% 的国家财政预算。每十年双方代表应重新商讨预算的支付比例。Vocelka, Karl: Geschichte Österreichs, Kultur-Gesellschaft-Politik. München 2002. S. 215.

的庞大帝国。于是,在众多以奥匈帝国为背景的现当代文学作品中,哈布斯堡王朝被描述成政治清明强大,人民生活富足和睦,疆域广大的童话世界。文人惯用憧憬伤感的语气回忆那逝去的年代,一往情深地为哈布斯堡神话添枝加叶,从而形成了一幅与史实大有出入的画面。

两次世界大战之间的欧洲充满着血腥和暴力。从一战后初期的革命,到希特勒夺权当政,直至最后二战爆发,生当此时的人绝望痛苦,向往一个乌托邦似的宁静家园。作家茨威格(Stefan Zweig)在《昨天的世界》(Die Welt von Gestern)中就曾写道:"……那是个让人有安全感的黄金时代。在我们几乎有着千年历史的奥地利帝国,一切看起来都恒久长远,国家本身就是稳固的保证……每个人都知道自己拥有什么,能得到什么,什么能做,什么不能做。所有的一切都中规中矩、有条有理。"[72]还有什么比生活在这样一个宁静安逸的国度更令挣扎于困苦中的人憧憬的呢? 于是在作家的笔下和读者的心中,一个理想化了的哈布斯堡便跃然纸上。

亘古不变,四平八稳,在这个理想化了的哈布斯堡神话中,人的精神性格,也与现实中的尔虞我诈形成了鲜明的对比。这里看不见意识形态和民族种族斗争中的你死我活。人们奉公守法,有尊严并按传统的道德规范生活。祥和安恬的气氛是美好生活的保证,也是时代的精神。而那个奥匈帝国的老皇帝约瑟夫一世则是这世外桃源的保证和代表。还是在茨威格的回忆中,人们可以读到:"奥匈帝国,那是个由一位白发苍苍的老皇帝统治、由上了年纪的相国们管理着的国家;它没有野心,唯一所希望的就是能在欧洲大地上,抵御所有激进变革的冲击而完好无损。"[73]此时代的其他作家和文人,如韦弗尔(Franz Werfel)、罗特(Joseph Roth)、穆西尔(Robert Musil),多德雷尔(Franz Carl Heimito Ritter von Doderer),在他们的笔下都可以看到类似的描述。尽管这些描写受到左翼文人的攻击,认为是复辟分子的哀嚎,但在当时却赢得了一大批的读者,从而形成了奥地利文学史上的一朵奇葩。抛开文学创作与历史事实间的矛盾和冲突,这些人以怀旧伤感的笔触,将破败的奥匈帝国营造成一部神话。

此时,建立在奥匈帝国废墟上的奥地利第一共和国,正处在风雨飘摇之中。曾经横亘东西的大帝国,突然间变成了偏居一隅的内陆小国,其国家赖以维系的工农业基地丧失殆尽。现实中更迭频繁的政府和混乱不堪的政局令老百姓苦不堪言,从而使人们对这一新生的共和国没有认同感。在这种情况下,新政府迫切需要一种凝聚力,使新奥地利人从物质与精神的贫乏所造成的困境与绝望中解脱出来。这种凝聚力的一个重要源泉——民族主义,是建立在对过去历史和文化的认同和自豪上。而这种历史文化的高潮,则恰恰来源于在哈布斯堡家族统治下的奥匈帝国。于是这就形成了一个有趣的现象:一方面,新政府颁布法令,禁止哈布斯堡家族的继承人回国,以防其复辟并颠覆现有政府;另一方面,帝

---

[72] Zweig, Stefan: Die Welt von Gestern. Gütersloh, 1960. S. 14.

[73] Zweig, S. 14.

国时期光辉灿烂的文化历史受到推崇,成为新国民为之自豪骄傲的源泉。既如此,哈布斯堡家族固然受到排斥,但哈布斯堡神话反而得以宣扬。

在所谓哈布斯堡神话的创作中,许多曾生活于奥匈帝国时代的犹太知识分子,起到了举足轻重的作用。这一现象和犹太人在当时所处境地有着密切的关系。奥匈帝国虽然不是一个民主仁爱的政府,但其广阔的疆域,为四海为家的犹太人提供了避风港,使得他们能在各种天灾人祸中得以生存。一战后在欧洲形成了众多的民族国家,但犹太人以宗教为纽带,并没有民族认同感。在新兴的国家中,他们被排除在民族认同之外,从而成了不受欢迎的"外来人",尽管他们已经在这片土地上生活了世世代代。而曾经的老皇帝弗朗茨·约瑟夫一世的帝国是个多民族融合的共同体,虽然在历史上也曾发生多次针对犹太人的暴行,但并没有剥夺犹太人生存的空间。

狭隘的民族主义在一战后甚嚣尘上,这种缺乏理智和人文情怀的意识形态,成了人与人以及国与国之间隔阂敌视的一个主要原因。许多奥地利文人与此针锋相对,宣扬一种跨越狭隘种族民族界限的传统文化精神。正是在这种背景下,奥地利人胡戈·冯·霍夫曼斯塔尔(Hugo von Hofmannsthal)、马克斯·赖因哈特(Max Reinhardt)和里夏德·施特劳斯(Richard Strauss)等筹办了萨尔茨堡音乐节这样的文化盛会。文人用音乐和戏剧,向国人和世人展示什么才是真正的奥地利民族精神,它应该能唤起人们对美的追求和向往,而不是为彼此的倾轧提供借口。

时间步入 20 世纪 30 年代,法西斯成了欧洲政治生活中的一股可怕力量。第二次世界大战爆发前,欧洲各国在对待纳粹的问题上一直无甚作为。受到纳粹种族排犹主义威胁和迫害的犹太人首当其冲,成为第一批牺牲品,他们抗争的愿望自然也比他人强烈。在这一批人中,奥地利犹太作家约瑟夫·罗特无疑是颇具代表性的一位。他把复兴哈布斯堡王朝当成了对抗法西斯的一种秘密武器,认为奥匈帝国是一个多民族、多种族、多文化和睦共存的范例,如能将其复兴,则是对法西斯极端思想的有力打击。这种观点在今天看来多少有点不可思议,但在当时还有其合理性。而其表现在文学创作中,就成了哈布斯堡神话的代表作《拉德茨基进行曲》。这部以施特劳斯那首家喻户晓的乐曲为背景音乐的小说,叙述了特罗塔一家三代在没落奥匈帝国时期的故事,成了哈布斯堡文学神话的绝唱。

从 1938 年到 1945 年,奥地利遭纳粹德国吞并。建立在战后废墟上的奥地利第二共和国,地处东西方冷战冲突的前沿。在这种剑拔弩张的对立局势中,中立国奥地利奉行不结盟政策,致力于经济与文化的发展。通过重新弘扬因战乱而遭荒废的传统文化并使之焕发新的生命,营造与中立国地位相符的气氛,将自己塑造成一个与世无争、安宁祥和的国度。在这种背景下,文化领域的发展重新取材于历史中的辉煌,给人们呈现出了一幅和谐美好的图画。

所以,战后新奥地利的首要任务是全方位地与德国划清界限。在这种背景之下,文化和生活中彰显出的特性无疑最具说服力,维也纳新年音乐会、萨尔茨堡音乐节等文化活动被重新唤醒。对此,战后奥地利临时政府在重建中表现出了强烈的实用主义精神,立刻着手重建歌剧院,在供给电影院和剧院的特殊用电量方面提供便利。就在战事结束后没几个月的 1945 年至 1946 年的严冬,盟国对奥委员会的四国成员,已经可以在典雅的歌剧院中欣赏莫扎特的《费加罗的婚礼》,或在音乐厅聆听维也纳交响乐团的演奏。此后,1955年上映的由罗密·施耐德主演的电影《茜茜公主》(Sissi),将历史上一段并不美满的政治联姻演绎得如童话般温馨,在奥地利掀起了一股茜茜热,并成了每年新年时电视台必定重播的节目。自 1959 年开始由电视转播的维也纳新年音乐会(于金色大厅举行),其影响已经远远跨出国界,成为世界音乐文化领域的盛典。而其所选定的施特劳斯家族的曲目,则正是奥匈帝国时期的产物。就此而言,战后的奥地利对自身传统文化的定义,正是基于老帝国时期文化领域的辉煌成就,从而间接肯定并传播了哈布斯堡神话。在世人的心目中,哈布斯堡似乎成了奥地利传统文化的代名词。今天的游客如果来到奥地利小城巴特伊舍尔(Bad Ischel),必然会以为时光错位,仿佛又回到了哈布斯堡王朝时期,那个时代的印记会使人有恍若隔世的感觉。

金色大厅

2011 年 7 月 4 日,奥托·冯·哈布斯堡(Otto von Habsburg)于 99 岁高龄时去世,哈布斯堡王朝的传承就此正式终结。7 月 6 日,在维也纳老城按传统举行了棺椁的安放仪式。在约万名悼念者的陪同和护送下,奥托的棺椁被送往家族墓地(Kapuzinergruft)安放。这一幕,尤其是护送棺椁的队伍进入家族墓地前的叩门仪式(Anklopf-Zeremonie)⑭,带给世人的并非悲古伤今,而是给各国旅游者献上的大戏。古往今来,统治者都会出于各种实际考量,编织有关自己文治武功的神话故事。但一个没落帝国在消亡后,却在文化领域形成神话效应,且得以在后世继续发扬光大,这种现象却不多见。时至今日,哈布斯堡王朝的统治早已消失在历史的尘埃中,但哈布斯堡的神话却依然以各种形式展现于世人面前。这使我们在接触和了解奥地利文化的过程中,往往从一开始就沉浸于那些令人为之倾倒的细节中,而无暇他顾。

---

⑭　叩门仪式是哈布斯堡皇族葬礼上特有的仪式。当护送棺椁的队伍来到家族墓地大门前时,一位深受哈布斯堡家族信赖的人用手杖叩响关闭的大门。大门里传出的声音问道:"谁要进来?"(Wer begehrt Einlass?)门外朗声答道:"奥托·冯·哈布斯堡,奥匈帝国皇储……"在紧闭的大门前念完众多世袭头衔需2分多钟。但大门依然紧闭,只传出一个声音:"我们不认识他!"(Wir kennen ihn nicht!)于是门外的人再次用手杖叩响大门。里边依旧应道:"谁要进来?"门外的人高声回答:"奥托·冯·哈布斯堡博士,前欧洲议会……"接着是死者生前担任的众多职务的头衔。可大门还是紧闭不开,里边答道:"这人我们不认识!"于是门外的人需第三次用手杖叩门,得到的回应还是"谁要进来?"。外边的人用类似祈求的声音说:"奥托,一位死去的有罪之人。"(Otto-ein sterblicher sündiger Mensch!)这次里边应道:"那他进来吧!"(So komme er herein!)于是大门洞开,行礼如仪,迎入棺椁。

● **练习、调研与思考：**

一、玛丽亚·特蕾西亚作为开明君主强调要爱惜民力。她曾在给女儿的信中写道："Wir leben in dieser Welt，um unseren Mitmenschen Gutes zu tun. Eure Aufgabe ist von höchster Verantwortung，denn wir sind nicht für uns selbst da oder gar nur um uns zu amüsieren." 请将这段话翻译成中文，查找资料并分析这种所谓"开明极权主义"的历史背景和作用。

二、20 世纪初，东方的清王朝和西方的哈布斯堡王朝相继灭亡。与 1911 年崩溃的清帝国相比，1918 年战败解体的奥匈帝国的结局更为悲惨。但有趣的是，在许多犹太作家的笔下，哈布斯堡王朝被描述得祥和安宁，这给奥地利文学中所谓"哈布斯堡神话"做了最好的注释。反观中国，旧时代在文学作品的描述中往往充斥着苦难。这两种不同的视角形成了鲜明的对比，请举例分析造成此种差异的原因及其在文学上的表现手法。

三、请翻译下面两段茨威格自传体小说《昨天的世界》中的片段。

> Wenn ich versuche, für die Zeit vor dem ersten Weltkriege, in der ich aufgewachsen bin, eine handliche Formel zu finden, so hoffe ich am prägnantesten zu sein, wenn ich sage: es war das goldene Zeitalter der Sicherheit. Alles in unserer fast tausendjährigen österreichischen Monarchie schien auf Dauer gegründet und der Staat selbst der oberste Garant dieser Beständigkeit. Die Rechte, die er seinen Bürgern gewährte, waren verbrieft vom Parlament, der frei gewählten Vertretung des Volkes, und jede Pflicht genau begrenzt. Unsere Währung, die österreichische Krone, lief in blanken Goldstücken um und verbürgte damit ihre Unwandelbarkeit. Jeder wußte, wieviel er besaß oder wieviel ihm zukam, was erlaubt und was verboten war. Alles hatte seine Norm, sein bestimmtes Maß und Gewicht.

Dieses Gefühl der Sicherheit war der anstrebenswerteste Besitz von Millionen, das gemeinsame Lebensideal. Nur mit dieser Sicherheit galt das Leben als lebenswert, und immer weitere Kreise begehrten ihren Teil an diesem kostbaren Gut. Erst waren es nur die Besitzenden, die sich dieses Vorzugs erfreuten, allmählich aber drängten die breiten Massen heran; das Jahrhundert der Sicherheit wurde das goldene Zeitalter des Versicherungswesens.

(Aus：Die Welt von Gestern)

四、《昨天的世界》的副标题为"一个欧洲人的回忆"。茨威格本人是奥地利犹太人,为什么副标题写的却是"欧洲人"? 为什么茨威格一再强调"Sicherheit"这一概念?

五、如果请你在奥地利文学中查找属于"哈布斯堡神话"的描述,你打算从哪些作家的作品入手? 请分析作家笔下的"哈布斯堡神话"有哪些特点,寄托了作家的哪些情怀?

六、请根据自己的兴趣从下列推荐书目中择其一二展开阅读:

图书：

Claudio Magris „Der habsburgische Mythos in der modernen österreichischen Literatur"

Joseph Roth „Radetzkymarsch"

Robert Musil „Der Mann ohne Eigenschaften"

Stefan Zweig „Die Welt von Gestern"

电影：

《茜茜公主》

奥地利人对于奥地利共和国的接受和认同

奥地利地处中欧，人口八百多万，是个实行联邦制的共和国。在其历史上，一共出现过两个共和国，一个是第一次世界大战后建立的第一共和国（die Erste Republik），另一个就是第二次世界大战后建立并延续至今的第二共和国，也就是我们现在所说的奥地利共和国（die Österreichische Republik）。一战结束后，哈布斯堡家族（Habsburger）统治的奥匈帝国（die österreichisch-ungarische Monarchie）分裂。⑤ 按领土面积计算，新成立的奥地利共和国只占原先帝国中很小的一部分，当年幅员辽阔的多民族、多文化大帝国一夜之间便成了偏居一隅的内陆小国。这一巨大的变化和差异对奥地利人造成了难以想象的冲击，从而使当时的奥地利人对作为民族国家（Nationalstaat）的奥地利共和国有着一个相当长的接受和认同过程。

这条接受和认同之路之所以不平坦，主要存在两个方面的困难。首先是人们对奥地利这一概念的认同，其次是人们对奥地利共和国这一新兴民族国家的认同。说到第一个问题，人们不禁要问，难道奥地利人对自己奥地利人的身份还能不认同吗？问题看似简单，实际上却复杂得多。德奥两国有着相同的语言和相近的文化，两国在历史上曾属于一个整体，即属于德意志民族神圣罗马帝国。很长时间里，这个帝国的皇帝都出自奥地利的哈布斯堡家族。由于因循传统的理念，很多奥地利人在心理上并没有把德国和奥地利分开，而是把奥地利看成作为整体的"德意志"⑥的一部分。这种观念虽然因 1866 年的普奥战争和其后俾斯麦建立的北德意志联邦受到冲击和否定，但是第一次世界大战又将两者紧密联系在一起。且不论战时结成的同盟，就是在战后，两国也面临着同样的问题：德奥两国的统治家族——霍亨索伦和哈布斯堡——相继淡出了政治舞台，这两个战败国如今都必须面对战败的后果。在一战后的混乱中，两个新成立的德意志国家——魏玛共和国和奥地利（第一）共和国——都没有给在困苦中挣扎的人们带来希望。如此说来，这对难

---

⑤ 到 1919 年，从前奥匈帝国分裂出去并成立的新国家有捷克、斯洛伐克、塞尔维亚、克罗地亚、波斯尼亚和斯洛文尼亚。

⑥ deutsch 这一概念翻译成中文，既能被理解为德国的，也可被理解为德意志的，但两者的含义存在差别。

兄难弟越走越近也是合情合理的。1920 年,当时奥地利第一共和国的国务秘书鲁斯
(Hans von Loewenfeld-Russ)在给朋友的信中强调,他始终都是一个优秀的德意志人,但
因所受教育、出生地、传统及至今的生活和工作,他认为自己同时也是一个"德意志奥地利
人"。⑰ 国家政要对新兴的奥地利的认同尚且如此,普通人又能对奥地利这一概念产生多
大的归属感呢? 答案显然是否定的。

　　一战后奥地利共和国的建立并非出于人们对君主制的排斥,而是在一片混乱中被动
地进行的,所以这一过程并没有经过充分的规划和协商。许多人并不看好这个建立在战
后废墟上的共和国,认为它是多方妥协的产物,不是人民的向往和需要。且不说保守派和
保皇党人对共和的反对态度,就连普通老百姓也对新共和国不抱任何希望。战后混乱的
社会、普遍的失业和贫穷以及动荡的政局似乎更证明了,人们对共和国的担心不是多余
的。对很多普通人来说,奥匈帝国剩下的这一小部分——奥地利,只是个德语区,没有多
少单独存在的意义和可能。德国虽然因战败而失去了海外领地和东部的一些领土,但取
而代之的魏玛共和国本身还是个整体,终究有东山再起的一天。在战后普遍的混乱和绝
望中,向德国靠拢是一种基于现实的、可以理解的愿望。于是,当我们今天回头去看一战
后初期的奥地利第一共和国时,就会发现,这个新成立的共和国首先被当时的人们理解为
一个德意志国家(Deutscher Staat)。奥地利这一概念并没有被真正接受,更提不上深入
人心和受到拥戴。

　　在对奥地利的认同感上,工会和参与政治的社会民主党人的态度也很明确,他们一直
认为并希望德奥两国能够最终合并。这种观念并非出于民族主义的狂热,而是从左翼社
团信仰的马克思主义意识形态角度出发。他们认为全世界无产者应该团结起来,这样才
能强大并拥有足够的力量与资产阶级斗争。德国的工业远比新成立的奥地利的工业发
达,因而其工人阶级也要强大许多。⑱ 既然如此,德奥两国的工人阶级就应该首先团结起
来。同时,按照当时意识形态的观点,资本主义已发展到其最高阶段——垄断资本主义,
那么以工人阶级为领导的无产阶级夺权的时机便已经成熟。左翼人士普遍认为,资本主
义经过第一次世界大战已经元气大伤,现在正是将其埋葬的最好时机。因此,奥地利的社
会民主党等左翼政党对奥地利共和国及其政府持排斥态度,而对魏玛共和国却有着好感
并向往之。

　　在左翼社民党的领导和影响下,工人群体在民族认同的问题上也倾向于德意志。
1928 年,当奥地利第一共和国建立十周年的时候,社民党领导下的维也纳教育局编撰出
版了宣传手册——《为了自由和人的尊严》(Um Freiheit und Menschenwürde)。书中对
奥地利这一概念只字未提,取而代之的是德意志奥地利共和国。有意思的是,在这本奥地

---

⑰　引文出自 Binder, Dieter A., Ernst Bruckmüller: Essay über Österreich, Grundfragen von Identität
　　und Geschichte, 1918 - 2000. Wien, München 2005. S. 101.
⑱　因奥匈帝国的分裂,新成立的奥地利第一共和国丧失了大量工业和原料基地,并且成为一个内陆国
　　家,交通和贸易条件大受限制,因而在战后初期的发展中显得捉襟见肘,难以维持。

利官方出版的书中,德国魏玛共和国被当作理想目标加以拥护和讴歌。更有甚者,在奥地利第一共和国的国歌中也唱道"德意志奥地利,神圣的国家"(Deutsch-Österreich Du herrliches Land)。综上所述,在一战后相当一段时间内,奥地利人对奥地利这一概念的确并不认同。

对于第二个问题——人们对奥地利共和国的认同,同样也是困难重重。共和国是老帝国崩溃后的产物,诞生在普遍的混乱和危机中。在这个新成立的国家中,人们看不到任何希望,甚至得不到做人的尊严,因为吃饱穿暖成了摆在人们面前的首要问题。曾几何时,这个国家还是中欧大国和历史上的强国,曾在欧洲政坛上叱咤风云,其疆界也曾绵延无尽,以至于能自豪地宣称:"当帝国一边的太阳落下时,另一边的太阳已经升起。"这和现实中的奥地利共和国形成了强烈的对比,于是很多落魄困苦的人自然会回忆那些成为过去的"美好"历史。这种回忆一方面给人以慰藉,一方面也给人以希望。老一代人总说,要是老皇帝没死,一切都还照旧,那该多好。在个人生存和认同危机的同时,对共和国的认同自然也是麻烦不尽。

在一战后的思想文化界,也存在着对新生奥地利的不信任。著名的犹太作家如霍夫曼斯塔尔、茨威格、约瑟夫·罗特等都曾经在大量的文学作品中回忆吟咏古老帝国中的时光。其中虽然不乏批判和反思的描述,但却也塑造了一个理想化的和谐家园。犹太作家之所以对过去的奥匈帝国有所偏爱,这和他们在一战结束后的处境有着密切的关系。战后从原奥匈帝国分裂出来而成立的新国家都是民族国家,具有明显的排他性。犹太人分散居住于各处,并没有自己的祖国,同时又因本身信仰和生活习惯及身份认同等问题大受限制和歧视。而原先的奥匈帝国是个多民族、多文化、多种族的国家,虽然在历史上也不乏迫害的例子,但犹太人毕竟有自己生存发展的空间,所受到的歧视和迫害也相对较轻。犹太作家固然对新成立的奥地利共和国没有敌意,但他们在创作中致力于追思过去的时光,讴歌曾经存在过的时代。这种回忆性质的描述明显带有理想化的色彩,与对现实描写中的幽怨伤感形成了鲜明的对比,从而唤起了民众对往昔的向往,间接地造成了与现实中的共和国之间的隔膜。

以上所说的两个问题最终也体现在官方的态度上,连奥地利政府对自己的定义都是一个德意志的奥地利共和国,甚至要求自己的公务员也要拥有德意志的民族意识。但无论如何,一战后的十年风雨中,奥地利第一共和国总算是历经坎坷,渡过了最初的难关,终于让饱受苦难的老百姓有了栖身之处,并作为一个主权国登上了政治舞台。在人们普遍怀疑其命运的同时,也对奥地利共和国这一新事物渐渐产生了好感。但好景不长,1929年突然而至的经济危机,使本来已经步入正轨的国家发展受到了重创。奥地利政府为了解决当时因银行信贷崩盘(Zusammenbruch der Kreditanstalt)而引起的危机,采取了严苛的整顿措施(Sanierungsmaßnahme),力图挽回局面。但事实上,这些措施非但没有带来太大的起色,反而造成了社会失业和公务员危机。同时,政府虽一再更迭重组,却始终没有能找到解决问题的领导者和办法。于是,人民对政府的信任一落千丈。危机导致了人们对奥地利及共和国的失望和悲观。在一片混乱之中,最终得益的是纳粹党人,他们与20世纪30年代初在德国取得政权的德国纳粹党人遥相呼应,借机煽动对共和国的敌视和对犹太人的仇恨。

1938年,那个在维也纳和林茨都不曾得志,而现在却成了第三帝国元首的希特勒,凭借武力并吞了奥地利,第一共和国就此夭折。历史的讽刺在于,曾经是社会民主党和许多奥地利人向往的德奥合并居然降临了,但这种合并所带来的却不是解脱,而是巨大的灾难。在接下来的七年中,作为纳粹德国的东方省,奥地利参与了整个第二次世界大战的进程,成为纳粹战争机器的一部分。

1945年对奥地利来说是改变命运的一年。当其全境被苏联红军解放后,奥地利人在考虑自己未来的同时,也考量着自身的定位和认同。就战争责任而言,奥地利因为积极投入到纳粹德国在二战时的所有军事行动,[79]因而面临着重大的战争责任问题。如果被归为轴心国阵营,那么今后的命运无疑将是非常悲惨的。此时,最聪明的做法莫过于和战败的纳粹德国划清界限,而奥地利也正是这么做的。人们更愿意将自己定义为纳粹德国最早的受害者,因为希特勒政权正是靠武力胁迫并吞了奥地利。那么奥地利的第一共和国实际上就是被占领国,等同于纳粹暴政的受害者。这样,它不但不必承担战争的法律责任,而且也不必承担经济赔偿。至于对于战争的道义责任,参与和经历了战争的人往往讳莫如深,选择了沉默。这种和德国划清界限的做法,首先全面地否定了过去对德意志的认同,进而从侧面上成全了奥地利在人们心中的接受和认同。[80]

另外,第二次世界大战后成立的奥地利第二共和国之所以能和纳粹德国划清界限,还因为新共和国的奠基人多是纳粹暴政的受害者。如在1945年到1953年任奥地利总理的莱奥波德·菲格尔(Leopold Figl),就曾是臭名昭著的达豪(Dachau)集中营的幸存者。与他有着相似经历的人还有很多,他们在二战后成为共和国的执政者。这些人对纳粹时代的清算,当然不是出于投机或逃避责任的目的。在这些人的影响和努力下,人们自然对奥地利有了新的认识,彻底改变了原先对奥地利共和国曾有的不信任感。经历战争的苦难和对其反思后,奥地利人反而能更好地了解和接受奥地利共和国的价值和意义了。于是二战后,人们对奥地利的认同感就不再遇到什么阻力。这个国家早在1945年就确定了国旗和国徽,接着又恢复了1920年的宪法。正是在此基础上,奥地利共和国作为一个劫后余生者的新家园开始被人民所接受和认可。当然,这并不是一朝一夕所能完成的进程。

此时遇到的问题是民族认同问题,即奥地利作为和德意志一样的民族概念怎样才能

---

[79] 按照统计,二战期间有多达250000名奥地利人作为德军人员阵亡。参见 Binder, Dieter A., Ernst Bruckmüller: Essay über Österreich, Grundfragen von Identität und Geschichte, 1918-2000. Wien, München 2005. S. 100.

[80] 原奥地利第一共和国的总统卡尔·伦纳(Karl Renner)的态度最能体现这一变化。1918年及1938年时,他都是德奥合并的忠实支持者。但到了二战后的1946年,他却认为,奥地利人有权将自己看作一个自主的民族。

得到人们的接受和认同,这一过程是通过两方面达到的。首先,否定原先的德意志奥地利概念,从而将奥地利和德意志并列起来。为此,德意志这一概念逐渐被淡化。如在语言方面,学生在校学习的语言不再被称为德语,而是用"课堂语言"(Unterrichtssprache)来代替。其次,奥地利人还在寻找自己作为不同于德意志民族的标志,即从历史入手,寻找自己过去的传统和辉煌。于是,生活在15世纪的马克西米利安一世便被塑造成本民族历史上的一个重要标志性人物,从而形成与德国不同的历史观。除此以外,奥地利独特的自然风光也被当作本民族特有的标志被广泛颂扬,出现在各种宣传手册、书籍和媒体上。于是我们今天提起奥地利,首先会想到奥地利阿尔卑斯山旖旎风光和纯朴的民风。同时,在文化生活方面,音乐、文学、绘画等文化思想领域的成就都被当作自我认同的标志,进一步充实了对奥地利的认同感。可以说,到了20世纪60年代,奥地利这一概念已经被广泛接受。随着后来经济的发展和社会的稳定,人们对奥地利就不仅仅是认同,而是为其成就而感到骄傲了。

我们当然不能认为奥地利这一概念的形成仅是权宜之计或不得已而为之的结果。不可否认的是,在战后的建设当中,奥地利人勤奋而努力地工作为奥地利这个国家做出了贡献。人们在很短时间内恢复了生产并改善了生活,这些令人钦佩的成就奠定了今天奥地利人的自信。在世界政治舞台上,奥地利作为中立国所发挥的作用也得到了各国的认可和尊重。回首奥地利第一和第二共和国的历史就会发现,国家虽然成立了,但人们对国家和民族的认同却是经过相对漫长的发展之路的。今天在我们认为理所当然的事情,在历史上不一定是必然的,而是存在着许多变数。我们今天欣赏奥地利的传统和文化以及美丽风光时,应该想到奥地利这一名称的分量来之不易。

练习、调研与思考：

一、1938年，奥地利被纳粹德国并吞，希特勒以胜利者的姿态回到了维也纳(Wien)和家乡林茨(Linz)，他到处都受到热烈的欢迎。在随后的岁月里，纳粹统治下的奥地利又完全参与了第三帝国的战争进程。你如何理解和评价奥地利在二战中的角色？

二、在奥地利第一共和国时期，奥地利左翼社会民主党的领袖奥托·鲍尔(Otto Bauer)在政府频繁的更迭中完全有可能发挥其影响力，帮助政府渡过难关，他又是出于何种考虑而采取无动于衷的态度？他的这一做法导致了什么样的后果？

三、从不同资料来源中查找并分析 Österreich 一词的来龙去脉及变迁，并在地图上勾勒出奥地利疆域的历史变迁。

四、奥地利著名犹太作家茨威格的自传体小说《昨天的世界》有一副标题为"一个欧洲人的回忆"。他曾长期生活在奥地利城市萨尔茨堡(Salzburg)并拥有奥地利国籍，为什么他把自己定义为"欧洲人"而不是"奥地利人"？

五、1955年摄制的由罗密·施奈德主演的电影《茜茜公主》(Sissi)，在奥地利掀起了一股茜茜热，并成了每年新年时电视台必定播出的节目。请查阅资料，找出影片中不符合历史事实的地方，并分析这种"失真"在战后奥地利人对于奥地利共和国的接受和认同中所起的作用。

六、请对比奥地利第一和第二共和国的国歌，对比其异同并解释其变迁的历史背景。

七、请根据自己的兴趣从下列推荐作品中择其一二展开阅读：

图书：

Ingeborg Bachmann „Jugend in einer österreichischen Stadt"

Hermann Broch „Die Schuldlosen"

Joseph Roth „Kapuzinergruft"

电影：

《茜茜公主》

现代化的维也纳与维也纳的现代派

今天的奥地利总人口八百余万,其中 170 万人居住在首都维也纳。[51] 这座城市的老城区历史悠久,与 19 世纪中期开建的环城路一起,形成了古典与新古典建筑风格的交相辉映,加上那些人们耳熟能详的艺术人文典故,使得现代化的维也纳成为一个时代,即维也纳现代派的标记。维也纳城市的现代化改建距今并不久远,新旧城区的错落能让人感受到历史的沧桑和时代的剧变在这座城市中留下的痕迹。本章要梳理的是现代化的维也纳与维也纳的现代派之间的关系,即一座城市的现代化改建如何促进甚至成就了一个时代文化的发展。

维也纳是一座历史悠久的古城。早在公元前,罗马人在多瑙河沿岸修了界墙,抵御所谓蛮族的入侵,并建立起了城镇。这可以算是维也纳城建的开始,今天在维也纳市中心还能找到当时的印记。但作为一座真正意义上的城市,维也纳兴建于中世纪,城里最古老的卢普莱希特教堂(Ruprechtskirche)就是当年的痕迹。从 12 世纪开始,维也纳经历了大规模的发展。到 13 世纪时,已经成为德意志土地上的重要城市。而在 14 世纪,这里已经建起了著名的斯特凡大教堂和维也纳大学。尤其要指出的是,维也纳在中世纪是抵御奥斯曼土耳其入侵的重要军事重镇,所以原来老城的城墙被修成了典型的棱堡,沿着棱堡是护城河及平旷的前沿地带。这套城防体系不但在 1682 年维也纳围城战中抵挡住了土耳其的进攻,还为日后现代化的维也纳环城路(Wiener Ringstrasse)改建工程留下了空间。

到了 19 世纪,维也纳作为政治、文化、社会的中心,人口已达 43.1 万。[52] 受制于原来军事棱堡的限制,老城的逼仄严重制约了城市的发展,与城市的现代化进程不相容。1848 年欧洲大革命时期,维也纳几乎成了落后保守的代名词。城墙和环城工事在这个时候已经失去了军事价值,成为市民生活中休闲散步的去处。于是,政府开始认真考虑将空闲的防御地带重新规划,使之成为城市的一部分。原先的防御设施对交通造成了严重的阻碍,而通过改建,将新城区与内城相联系,会极大地改善居民的居住空间,方便城市扩容。城

[51] APA Publications:奥地利。徐元铭、常烨、张艳丽[译]。北京:中国水利水电出版社,1999 年,第 124 页。

[52] 恩斯特·豪思讷:维也纳。维也纳:维也纳出版社,1998 年,第 8 页。

维也纳老城示意图

市的公共交通网络建成后,大大方便了出行,改善了民生。在这项巨大的城建工程中,首先拆除了多瑙运河边上和内城周围的城防工事。

皇帝弗朗茨·约瑟夫一世于 1857 年下令开工。在当时,随着工业化和现代化的发展与深入,哈布斯堡王朝迎来了巨大的变革。维也纳雄心勃勃地想与同样伟大的巴黎等身而立,当时还年轻的皇帝制定了一套无论当时还是后世看来都像乌托邦似的城市改建规划。[33] 根据规划方案,整个城市的基础设施将得到极大改善,修建引水渠,治理多瑙河流域,扩建市区,布设在当时绝对摩登的煤气和电力设施,使得维也纳成为一座真正意义上的现代化大都市。也正是这次扩建改建,为维也纳带来了新气象,人口在 19 世纪末已经达到 187 万。栽下梧桐树,引得凤凰来,这才成就了后来的维也纳现代派。

19 世纪并非太平盛世,帝国内部各种思潮涌动,但在经历了现代化改建的维也纳,人们看到的却是古典与现代有机的融合。在新历史主义的浪潮中,维也纳荟萃了不同时期欧洲的各种建筑风格。这项工程耗时长久,投入巨大,其规模相当于重新建造了一个首都,自然引起了全欧洲著名设计师的关注。当时著名的设计师如爱德华·冯·尼尔(Eduard von der Nüll)、奥古斯特·冯·席卡兹堡(August Sicard von Sicardsburg)、戈特弗里德·森佩尔(Gottfried Semper),以及有维也纳环城路之父之称的路德维希·弗尔斯特(Ludwig Förster)纷纷出手,设计出了今天维也纳环城路上的诸多著名公共建筑。现代化的维也纳新城并非一蹴而就,其规划也不是一步到位,参加设计招标的方案据说就有

---

[33]　Hawlik, Johannes: Wien, Spuren in die Zukunft. Himberg 1997. S. 72.

80 多个。1864 年前后,护城河的大部分已经被填平,城墙逐步被拆除,今天的游客只能在个别地方还能看到城墙曾经的遗迹。最后变成了一条宽阔的双排林荫大道,种植了两千多株树木,形成了 20 公顷的绿地。这一带还修建了大量的公共建筑和豪华私人住宅,成了艺术家口中的“德意志的巴黎”和“德意志建筑学的麦加”。[34] 这项巨大的工程一直延续到第一次世界大战爆发。

现代化的大都市在新旧城的改造过程中,多通过增建环城路进行城市扩容,将远郊土地纳入城市开发的范围,为发展提供空间。这种思路最早付诸实施的应该就是维也纳对旧环城区域的改造。换言之,维也纳环城路是现代化大都市的第一个实践者。但一座城市仅靠新建筑的量化积累还难以承载“现代”二字的内涵。维也纳的现代派之所以用城市之名作为时代和文化的标记,正是因为现代化的维也纳拥有非同寻常的且能体现新时代现代性的特质。

这种现代性首先体现在城建设计的理念上。1860 年前后,随着时代的发展,出身市民阶层的自由主义者凭借自身在教育和财产上积累起来的优势,不但形成了占社会重要组成部分的中产阶级,还逐渐进入了帝国的权力中枢,使奥地利帝国逐渐踏上了现代化的鼓点,发展成现代意义上的国家。维也纳作为帝都,自然也是新兴社会阶层,即自由主义市民阶层展示和发挥其所能的舞台。在城市的改建中,他们以各种形式积极投入,留下自己的痕迹。例如 1860 年公布的城建规划图,就充分体现了新兴市民阶层的思想,当然这也契合新一代年轻统治者的治国理念。规划图右边的女神象征着“因法律与和平而强大”(Stark durch Gesetz und Frieden)。左边的女神象征着“用艺术来装饰”(Geschmückt durch Kunst)。[35]

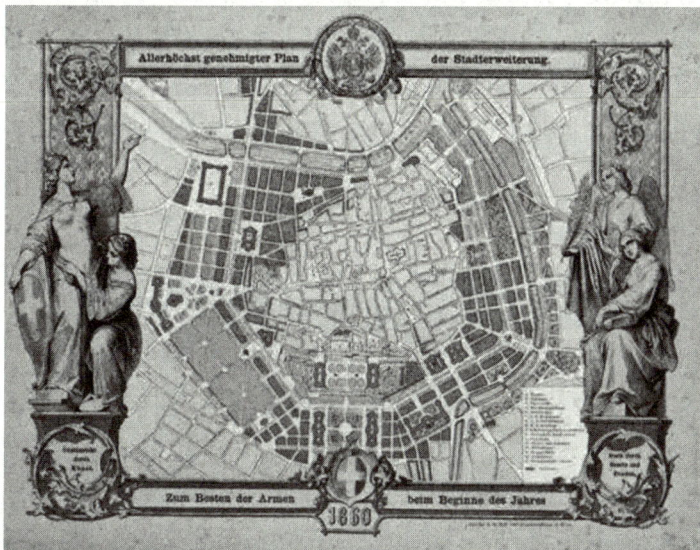

城建规划图(1860)

---

[34]　Hubmann,Franz:Wien Metamorphosen einer Stadt. Wien 1992. S. 33.
[35]　Schorske,Carle E.:Wien,Geist und Gesellschaft im Fin de siècle. Frankfurt am Main 1982. S. 30.

在这种指导思想的引领下,老城区和新建的环城路区域形成了强烈的对比,也代表着不同时代不同思想之间的对立甚至冲突。老城区无疑是传统意义上社会第一和第二等级的代表,拥有宫殿和教堂。巴洛克式的霍夫堡皇宫、哥特式的斯特凡大教堂,以及遍布老城区的其他教堂代表了世袭权力和教会的势力。而规划中的维也纳环城路,则代表着第三等级,即新兴的资产阶级阶层。他们的成功和声音代表着宪政时代的到来与确立,意味着法律保护的权利替代了统治者的世袭权利。在新建的环城路区域,没有给宫殿、教会和军事基地留下空间,取而代之的是各种政府机构,彰显开明启蒙的文化思想。正因如此,环城路上有大量开放式空间,与老城区的局促和等级森严形成鲜明对比。这种用新兴第三等级包围传统的第一和第二等级的城市规划,在当时看来极具冲击力和挑战性。

在新建的环城路区域,不同用途的公共建筑,如政治、教育、文化建筑等,被平衡安置,这种去中心化的理念也与老城形成了强烈的对比。同样,在公共建筑的风格选取上,也处处体现了新兴市民阶层的话语权。新兴资产阶级强调基于科学和法律的人人平等,强调公平竞争的价值。在环城路的市政厅区域,四个主要公共建筑构成了象征公正和文化的四方形建筑群,代表了自由主义的核心思想:由议会组成的政府在帝国议会大厦中执政,城市的自治运作于市政厅,大学代表着最高的教育机构,皇家剧院中上演着最精美的文化艺术作品。每个建筑都用一种代表其理念的风格表现出来,例如自由主义的市政厅用的是哥特式的建筑,展现其从中世纪开始就享有的城市自治权。剧院采用的是早期巴洛克风格,意味着通过戏剧将思想、宫廷和市民维系在对艺术的共同爱好上。大学采用的是文艺复兴风格,与早期巴洛克风格的繁复夸张形成了鲜明的对比,象征着在经历了很长一段中世纪的黑暗统治后,科学与人文的复兴。帝国议会大厦则采用了古典希腊式的风格,象征着议会传统的源远流长,议会大厦矗立于霍夫堡皇宫不远处,使其更具人民公权的象征意义。门前的雅典娜作为这座城市的保护神和智慧女神,在当时动荡和革命频发的欧洲,代表公正与理性。

帝国议会大厦

　　这座城市的现代性还体现在对民生细节的考虑。城市改造的过程中，除了令人眼花缭乱的著名公共建筑，还建设有大量的私人住宅公寓。19 世纪的城市生活已经十分专业和精细化，日常生活与工作、住宅与办公已经严格区分开来，所以现代化的住宅公寓建筑更多考虑到居住的舒适性，一般为四到六层高。在老城区住房日益紧张的情况下，这种新型住宅自然极受欢迎。于是由社会上层人士、商人、艺术家、文人、官员等构成的精英阶层，都纷纷买房入住。这又吸引了大量的商业机构，最终形成了城市的繁华地段。当时官方也鼓励私人参与经营，由此带来的经济效益有力支持了整个改建计划的进行。

　　维也纳的现代性还体现在城市的开放性与包容度。这座城市在历史上就海纳百川，是日耳曼人、意大利人、斯拉夫人、马扎尔人（匈牙利人）、犹太人的聚居地，这些民族通婚、合作，形成了独一无二的融合文化。体现在生活的细节上，就是各种带有明显地域特点的饮食。因为随着帝国的扩张，经常会有其他文化生活圈的特产进入帝都。今天的维也纳无疑是美食之都，随处可见的各种特色菜，如匈牙利的红烧牛肉、波希米亚的李子饼，甚至最著名的维也纳油炸小牛排，据说都是拉德茨基老元帅在镇压了意大利 1848 年革命后，按照从米兰带回来的食谱改制而成的。维也纳是帝国的中枢，但同时也是整个欧洲乃至西方的文化中心之一，丰富多样的文化与生活就是开放与包容结出的硕果。

　　改建后的新帝都很快就展现出耀眼的光芒，商业、艺术、文学活跃于城市各个角落。新改建的环城路区域拥有新历史主义的外表，于是变成了一个时代、一种文化的代名词，即维也纳的环城路时代。就如同英国历史上的维多利亚时代，维也纳环城路也代表了自己历史文化上的辉煌时刻，即维也纳现代派。

　　提及维也纳现代派，作为艺术之都的维也纳几乎就是音乐与绘画的代名词。在音乐领域，有成就了维也纳新年音乐会的作曲家施特劳斯家族、把 20 世纪欧洲上流社会的风情写进轻歌剧的弗朗茨·莱哈尔（Franz Lehar）、被作曲家理查德·瓦格纳称为"贝多芬以后最重要的交响乐作曲家"[86]的安东·布鲁克纳（Anton Bruckner）、强调"传统是延续薪火，而不是崇拜灰烬"（Tradition ist die Weitergabe des Feuers und nicht die Anbetung der Asche）的著名指挥家和作曲家古斯塔夫·马勒（Gustav Mahler）、靠自学成才且能在群星荟萃的维也纳取得成功的作曲家和音乐理论家约瑟·豪尔（Jose Matthias Hauer）、发明十二音体系并和弟子阿尔班·贝格（Alban Berg）、安东·冯·韦伯恩（Anton Friedrich Wilhelm von Webern）并称为"新维也纳乐派"的阿诺尔德·勋伯格（Arnold Schoenberg）。在绘画领域，有在维也纳环城路上的许多建筑中留下"马卡特风格"的汉斯·马卡特（Hans Makart）、同属"维也纳分离派"的古斯塔夫·克里姆特（Gustav Klimt）、埃贡·席勒（Egon Schiele）和科洛曼·莫泽（Koloman Moser）、被称为天才画家的理夏德·格斯特尔（Richard Gerstl）、阿尔弗雷德·顾宾（Alfred Kubin）。思想火花的

碰撞,促使艺术领域的许多知识分子在各自领域取得了开拓性的成果。这些艺术家的作品和经历,一直到今天都是博物馆收藏的佳品和后学膜拜的圣物。

在现代科学领域,维也纳现代派的光辉当然聚焦在了维也纳大学。其实只要简单罗列一下这个时期维也纳大学的教师名单,就能知道现代的维也纳和维也纳现代派对21世纪意味着什么。在经济学领域,有创新理论鼻祖之称的约瑟夫·熊彼特(Joseph Schumpeter)、奥地利学派的主要代表人物卡尔·门格(Carl Menger)和弗里德里希·冯·维泽尔(Friedrich von Wieser)等,他们都是今天经济学教材中不可或缺的姓名。在法学领域,有社会法学派的代表人物欧根·埃尔利希(Eugen Ehrlich)、自由法学派的代表安东·门格(Anton Menger)、犯罪学家汉斯·格罗斯(Hans Gross)、法律实证派的代表人物汉斯·凯尔森(Hans Kelsen)。在社会学领域有奥地利马克思主义者如维克多·阿德勒(Victor Adler)、奥托·鲍尔(Otto Bauer),卡尔·伦纳(Karl Renner)。至于诗人作家如施尼茨勒、霍夫曼斯塔尔、里尔克、茨威格、布洛赫、穆齐尔、罗特等,更是日耳曼学专业学生应该有所了解的名字。

在维也纳大学的自然科学和哲学课上,后人首先会想到的是被爱因斯坦称为相对论先驱的物理学家和哲学家恩斯特·马赫(Ernst Mach),他的名字在今天成了音速的单位,还有路德维希·波尔茨曼(Ludwig Edward Boltzmann)、维也纳学派的莫里茨·施利克(Moritz Schlick)、鲁道夫·卡纳普(Rudolf Carnap)、奥托·诺伊拉特(Otto Neurath),哲学界的代表人物有路德维希·维特根斯坦(Ludwig Josef Johann Wittgenstein)、马丁·布伯(Martin Buber)、费迪南·埃布纳(Ferdinand Ebner)和证伪主义的代表人物卡尔·波普尔(Karl Raimund Popper)等。同样是哲学家的弗朗茨·布伦塔诺(Franz Clemens Brentano)在维也纳大学从教二十年,培养了许多弟子,其中一些成为心理学研究的著名

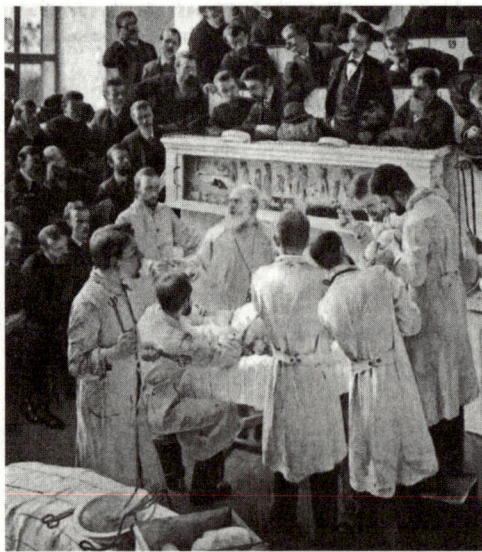

塞利格曼《贝尔罗的手术课》

人物,如格式塔心理学的先驱厄棱费尔斯(Christian Freiherr von Ehrenfels)、精神分析的创始人弗洛伊德(Sigmund Freud)、现象学心理学的创始人埃德蒙·胡塞尔(Edmund Husserl)、奥地利心理学的创立者亚力克休斯·迈农(Alexius Meinong)等。可以说布伦塔诺是科学心理学早期的缔造者之一。学者们在认识论、语言哲学和心理学、伦理学方面开拓了新理念和新视角。在医学领域,有维也纳第二医学院的著名解剖学家卡尔·冯·罗基坦斯基(Carl von Rokitansky)、发明叩诊的约瑟夫·斯柯达(Josef Skoda)、医学教育家特奥多尔·比尔罗特(Theodor Billroth),以及后来的诺奖获得者尤利乌

斯·瓦格纳–尧雷格(Julius Wagner-Jauregg)，这些人创立和奠定了现代医学的基础。

　　维也纳现代派活跃的思想当然不会局限在大学校园内，整个维也纳就像是个思想论坛，城市的各个角落都有思想的交流与碰撞。其中围绕在名人周围的社会沙龙，也成了文化生活的重要舞台。例如上文提到的马赫作出的贡献对科学、文化与艺术都产生巨大影响，著名作家赫尔曼·布洛赫(Hermann Broch)、罗伯特·穆齐尔(Robert Musil)都曾上过马赫在维也纳大学开的课。他的研究对印象派的发展起到了举足轻重的推动作用，围绕着他形成了著名的"马赫俱乐部"(Verein Ernst Mach)，毕竟"但愿一识韩荆州"是当时很多知识分子的盼望和荣耀。马赫在维也纳的传人波尔茨曼同样是物理学家和哲学家，也是原子物理学的指路人、开拓者，凭借热力第二定律(Entropiesatz)甚至与达尔文相提并论，被视为19世纪最重要的科学家。波尔茨曼还是生物物理学(Biophysik)和生物能学(Bioenergetik)之父，他和女弟子莉泽·迈特纳(Lise Meitner)在原子物理学方面的发现一直影响至今。同样，弗洛伊德的"星期三社团"(Mittwoch-Gesellschaft)也是一时之盛。他和学生如奥托·兰克(Otto Rank)及阿尔弗雷德·阿德勒(Alfred Adler)组成了著名的文化圈。法学理论家汉斯·凯尔森就是弗洛伊德"星期三社团"的常客，后来成了1920年奥地利的宪法之父。

　　在维也纳现代派中，咖啡馆当然是个有代表性的去处，进而形成了维也纳的咖啡馆文学。对此，安东·库(Anton Kuh)曾给出了最明确的答复："什么是咖啡馆文学家？就是有时间在咖啡馆里反思其他人在外边经历了什么的人。"[87]而维也纳的咖啡馆本身就是时代的橱窗。早在1848年的革命之年，葛林斯德(Griensteidl)咖啡厅在老百姓的口中就被称为"国家咖啡馆"。后来这里成为诗人、批评家、无政府主义者、社会主义者、民主党人汇聚的地方，据说连警察局的密探都扮成跑堂儿的在这里打探消息。19世纪末的1890年前后，在咖啡馆的常客赫尔曼·巴尔(Hermann Bahr)周围，几乎聚拢了整个维也纳现代派的文学圈子，也使这个咖啡馆成了传奇。与之齐名的还有中央咖啡馆(Café Central)，客人的姓名囊括了整个世纪末维也纳文学，使得维也纳的咖啡馆本身也成了文学神话。1903年，茨威格在给黑塞的一封信中写道："在国外，维也纳的文学被当作咖啡馆里的一张大桌子，我们整日围坐在周围。"[88]同样，卡尔·克劳斯曾语带凡尔赛式的自嘲说："在咖啡馆里，天才们挤挤挨挨地围坐在一张桌子周围，结果都阻碍了他们的发育和发展。"[89]1900年前后，维也纳就有600余家咖啡馆，这里无疑也是世纪末精神生活的核心之地。精英们谈论着最新的文艺思潮、政治发展、科学知识，还有音乐、绘画、建筑的风格和时尚。今天的游客去中央咖啡馆打卡，如果能遇到心情好的跑堂儿，他也许还会故作神秘地和你讲起——当年的苏联红军之父托洛茨基，每个星期六都来这里喝咖啡。

---

[87]　Brandstätter, Christian (Hg.)：Wien 1900. Kunst und Kultur. Fokus der europäischen Modernen. München 2011. S. 335.

[88]　Ebd. S.336.

[89]　Ebd. S.336.

葛林斯德咖啡厅

不可否认的是,辉煌的维也纳现代派并不能掩盖当时社会中的诸多问题,否则老帝国也不会在环城路建成不久,就在一战的刀光剑影中分崩离析。文学家对辉煌表象有着深刻的解析,无论《好兵帅克》的作者哈谢克,还是白天当公务员、晚上从事文学创作的卡夫卡,都有对这一时代入木三分的辛辣讽刺。同时,现代化的维也纳作为各种思潮的交汇之处,本身就意味着冲突与矛盾。例如为维也纳现代化作出了重要贡献的市长卡尔·卢埃格尔(Karl Lueger)虽然信奉自由主义,但在政治上却是个排犹主义者,甚至在希特勒的《我的奋斗》中也受推崇。但同时,这里也是犹太复国主义活动的重镇,匈牙利出生的犹太作家和记者特奥多·赫策尔(Theodor Herzl)在 1896 年出版了著作《犹太国》(Der Judenstaat),最先提出建立一个现代的犹太国家,后于 1902 年在小说《古老的新国家》(Altneuland)中又具体提出在巴勒斯坦建立犹太国的设想。正是这种丰富多彩和矛盾对立的时代特点,使维也纳在世纪之交时成为多元文化之都。

毋庸置疑,维也纳成为一个多民族多文化的社会文化中心是有原因的,这种融合彼此且海纳百川以经济的现代化为基础。现代化的城市吸引了大量有进取心的新兴市民阶层和知识分子,形成了不同凡响的文化硕果,对未来产生了前瞻性和指向性的影响。新的政治理论和思潮在这里成型,理论家和实践者争相发表新观点,最终促成了以维也纳命名的文化时代。

即使时隔百年,现代化的维也纳和维也纳现代派的盛况,仍为后人所津津乐道。甚至在克莱夫·詹姆斯 2012 年再版的鸿篇巨著《文化失忆:写在时间的边缘》中,还是以老帝国辉煌时刻的维也纳作为序章,讲述着那个"海纳百川、硕果累累",以及"思想不需要考试,学习也是自发的热情,智慧是随时可用的通货"的时代[90]。不过话说回来,这样的结果是下旨进行维也纳现代化改造的弗朗茨·约瑟夫一世所未曾预料到的。

---

[90]   克莱夫·詹姆斯:文化失忆:写在时间的边缘。丁骏,张楠,盛韵,冯洁音[译]。北京:北京日报出版社,2020 年,第 1 页。

● **练习、调研与思考：**

一、在阅读奥地利文学作品时，你是否遇到过关于维也纳咖啡馆的描写？请举例阐说。

二、奥地利文学中属于维也纳现代派的作家有哪些？请举例简述。

三、在你读过的德语文本中寻找关于城市的描写，梳理这座城市在文本中体现出来的特
　　有的痕迹。阅读你所在城市的历史，寻找其在文学文本中的反映。

四、在德语文学史中，也有柏林现代派（Die Berliner Moderne）一说？所指为何？有哪些
　　代表作家及特点？与维也纳现代派有什么异同或关联？请举例略述。

五、请根据自己的兴趣从下列推荐书目中择其一二展开阅读：
　　Carle E. Schorske „Wien，Geist und Gesellschaft im Fin de siècle"
　　Hermann Broch „Hoffmannsthal und seine Zeit"
　　克莱夫·詹姆斯《文化失忆：写在时间的边缘》。丁骏，张楠，盛韵，冯洁音译

第八单元　贵　族

　　在德语中，贵族这一概念与汉语中的理解不尽相同。汉语中"贵族"的近义词颇多，如贵人、贵宗、贵种、贵阀、贵属、贵爵，不一而足。但就其本质而言，除了强调"勋戚荫余，公卿贵胤"的显赫身世外，更多暗示的是其大富大贵的财力和地位。所以时至今日，还有用贵族作为前缀的各种组合，如贵族小学，贵族派头，等等。在德语国家的社会和历史中，撇开后世加之于贵族阶层的各种想象，单从词源去考证，德语中贵族"Adel"一词的词源来自"odal"，指继承的土地（ererbter Grundbesitz）或房产。[91] 因此，德语国家中最古老的贵族世家和阶层源自对土地的拥有，他们因先祖为国王统治一片土地并管理土地上的民众，成了所谓的领主。随着时间的推移，这片或占有或受封而得的土地，就演变成了家族的姓氏。就此而言，德意志历史上最初的贵族并非确切的社会等级概念，而是随着时代的发展，才逐渐形成的以血统和世袭为标志的特定社会阶层。

　　贵族统治阶级的形成并非一蹴而就。在早期，贵族统治者喜欢以半神话的形式宣扬自己血统的特殊性，即其特权的合理与合法性，不过这种所谓血统的特殊性实际上还依靠雄厚的物质基础来维系。在后世的考古发掘中，例如早期公元5-8世纪日耳曼人聚居区遗址中，就可以看到统治者拥有的粮食储备和其他人明显不同，已经出现了陪葬品丰富的墓葬，表明其非同一般的社会等级。

　　当时的日耳曼人常年征战，更好的物质基础意味着更强的装备，也必然带来更好的战绩和战果。换言之，物质方面的优势，使一些人可以在军事生涯中获得比其他人更多、更好的晋升机会，为后来演变成世袭贵族奠定了基础。他们在依靠武力开疆拓土的同时，也给自己挣得了一份家业。其中的一些首领有机会作为更大的军事领袖的部曲，追随征战并获得分封的土地与属民。在这种情况下，就连只拥有少量资产的自由民，甚至连非自由民也可以通过军功获得晋升之阶。同样，对社会上层而言，在政治生活中至关重要的物质财产，很大程度上也来自军事行动。

91　也有认为"odal"一词出自萨克森方言"Edel"，其含义为拥有地产的农民。邢来顺：德国贵族文化史。北京：人民文学出版社，2006年，第6页。

　　如此看来,我们今天所说的德意志历史上的贵族,若追寻其身份起源,主要是指欧洲古典时期罗马帝国消亡后,在中世纪早期,即法兰克王国时期就追随征战的军事贵族。他们后来成为封建领主,领地变为世袭,成了早期贵族。所以在德意志的历史上,最初的贵族实际上等同于军事骑士。在当时的时代背景中,逐渐形成了新的服役贵族,随着军事技术的发展,逐渐演变成了一群职业军人群体。这些人在政治与社会生活中的地位显然高于普通农民和一般民众。而他们之所以能获得采邑,就是因为能够承担军事义务。另外,中世纪的重甲骑士所需的精致铠甲也绝非普通人能负担得起,所以这些武装骑士在政治中的作用自不待言,也必能更为统治者看重。年轻歌德在狂飙突进时期的戏剧《铁手骑士葛兹·冯·贝利欣根》(Götz von Berlinchingen mit der eisenen Hand)中,讲述的就是一个中世纪的帝国骑士的故事。其中情节虽然与史实多有出入,但依旧可以管窥这一阶层在政治和社会生活中特殊的地位和权力。

中世纪铠甲

　　当然,成为贵族并非仅军功一条途径,家族成员获得并占有主教管区和修道院也是一个有效方法。也正因为如此,欧洲中世纪学(Mediävistik)的研究或修道院的藏书中,会有许多保存下来的捐赠记录,提及向教会捐献巨额财产的家族。而历史悠久的教堂和修道院中,往往也藏有贵族家族的族谱。此外,贵族之间通过联姻,不但能巩固自己的社会和政治地位,也构成了与普通人之间的不可逾越的鸿沟。这种鸿沟既有物质层面的巨大差异,又有社会政治层面的特权。贵族会有意识地与普通人划清界限。想要成为贵族不仅需要巨大财富作后盾,还有正式的授封仪式。可见,成为贵族的条件变得日益苛刻,而这又更使贵族在社会生活中显得卓尔不群。

　　中世纪的混乱为贵族阶层的产生和延续提供了条件。当时在欧洲不存在一个强有力的中央政权,政治统治受制于时代的技术手段,无法形成上传下达且行之有效的绵密统治体系,所以多依靠贵族能臣的间接管辖。作为褒奖和回馈,也作为维系稳定此种关系的方法,统治者也会给手下分封领地,使之成为加强和延长统治的手段。随着时间的推移,封邑与家族的关系固定了下来,封臣也就演变为世袭,进而将封邑变成家产。他们不但是德意志国家政权的组成部分,也是社会的核心统治阶层,对属地人民拥有与生俱来的统治权。

　　如此说来,德意志历史上最早的贵族是一些无法严格界定、但在政治生活中的确地位显赫的家族。他们拥有可以世袭的头衔和职位,分享着帝国的特权。但在德意志的历史上,因为皇权不彰,所以这些诸侯也拥有独立与其他政权打交道的自主权。从某种意义上讲,这些诸侯本身就是实际独立的政体,所以中世纪的德意志才会存在大量的小邦国。整个国家和社会都是被这种贵族统治阶层在经济、政治和法理上予以规划,贵族统治深入普通老百姓的生活,甚至能决定非自由人的生死,这构成了政治生活和社会生活的核心。而在德国的历史上,社会形成了一种金字塔形的结构,由最下层的农民供养着小领主,再向上间接供养着整个贵族权贵阶层。而这些社会上层同时也是精神世界和精神生活的缔造者,因为正是这些人才会投入巨大精力和物质去从事诸如教育和艺术工作。

在很长一段时间中,贵族身份的确定都不是一件容易的事。日常生活中贵族往往通过其举止、财产等彰显出非同一般的社会身份。不过在城市中,贵族与新兴资本家之间的差距并不大。有些豪绅巨富或大地主也会自称为贵族,但这种情况多出现在德意志东部地区,源于当时许多地方随意颁发贵族头衔的现象,导致贵族头衔的贬值。不过从 13 世纪起,德意志开始对贵族身份作出规定,如皇帝弗里德里希二世(Friedrich II.)在 1231 年梅尔菲颁发的章程中确定,一个不是从骑士阶层来的人,不能获得骑士头衔。

对普通人而言,能帮助他们辨别贵族身份的不是什么丹书铁券,而是遍布欧洲的城堡。因为曾几何时,拥有城堡是贵族的一个身份标识。根据德国学者的研究,在日耳曼人时期,修筑城堡似乎还不常见,至少在 10 - 11 世纪,还很少出现世代相承的城堡建筑。在 11 世纪时,贵族阶层与特定地域的联系越来越明确地固定了下来,最后逐渐演变成有继承关系的体系,并通过城堡和修道院的建造固定了封邑。而城堡与修道院之间形成关联在当时对许多君主和贵族而言极为重要,也清晰地表明了贵族与基督教、统治与地域之间的密切关系。反之,封邑及城堡的确立和建造也使得财产和职位成了可以固定且继承的资源。修建并承传属于自己家族有标志性的城堡,也是欧洲贵族与中国不同的地方。中国历史上就算分驻各地或者守边的藩王、塞王,也不具备这样的独立性和自主性,毕竟中央皇权是至高无上的。但在德意志的历史上皇权不彰,需要地区性的封建小领主在抵抗外来入侵时分担职责。而许多修建在交通要隘的城堡,后来逐渐发展成为城市。因为这里不但是政治中心,而且也是贸易和交易场所。也是从 11 世纪开始,德国的贵族越来越频繁地在其名字和职衔之外,加上一个标志其来源的城堡的名字。于是,城堡成为贵族固定的中心和特征,而他们营造的教堂、修道院也成为其家族的墓地。可以说,命名家族的城堡是贵族世俗势力的标志,而修道院则是其精神世界的寄托和象征。

在中世纪,有的贵族是声名卓著、有着历史渊源的大家族,例如德意志历史上的选帝侯,另外还有许多大小不一的骑士、领主、容克等。但无论如何,这些社会上层权贵仅仅构成了社会的一个极小部分,社会的主要部分还是由贫穷且仅能勉强维持温饱的普通底层民众构成。二者之间显而易见的等级差异主要基于贵族营造和维持的一种社会地位和特权,是由他们刻意与他人保持的一种距离。这一点尤其体现在联姻中,决定性的是双方的等级地位是否匹配。在纷争的中世纪,贵族世家的升迁和没落往往都在一时之间,如果经营得法,可以起到事半功倍的效果。最著名的当属施陶芬家族的升迁之路,是通过对国王的效忠和高效的联姻。这个家族在 11 世纪中期还只是个施瓦本地区的小领主,但很快就成了施瓦本的大公,一代人后就已经坐上了王座。但这种社会特权地位并非总能代代传承,也有可能因为家族中某个成员不符合这个社会阶层的要求,甚至仅仅因为与平民子女的婚姻而失去。

在德意志的历史上,贵族的社会地位主要以物质基础作为保障和前提,他们的经济来源来自土地的自然产出。这就意味着随着时代的发展,他们的情况也会发生变化。到了16世纪,很多贵族开始要面对领地中农民流失和粮价下跌所造成的资产贬值。这就导致当时很多贵族的实际生活水平已经低于富有的市民阶层,于是他们收紧了对自己名下山林河川的控制,而这又导致与当地以此为生的社会底层农民和渔夫的利益冲突。生活对低阶贵族和小领主也同样不易——他们若想维持自己的社会存在感,则或多或少都要依附于更高更强大的权势。帝国骑士依附于皇帝,地方贵族依附于地方诸侯。在军事领域方面,军功和军队还是维持身份特权的重要领域。而随着军事技术的进步,贵族骑士作为由农民和市民构成的佣兵的军官,其作用在政治生活中越来越重要,同时也获得了极大的社会认可度和实际利益。

在长达千余年的欧洲中世纪,世袭贵族一直享有特权,决定着欧洲历史的走向和进程。但当历史逐渐走进宪政时代,或受到宪政思想的冲击时,贵族阶层的特权自然首当其冲。到了17世纪,德国的贵族与市民阶层的交集已经十分密切,遇到诉讼也需要面对司法官员的审判,并接受其裁决,这对贵族特权阶层而言是个极大的打击。像歌德笔下的帝国骑士葛茨那样拥有武力自卫的特权和逞凶私斗的时代已经一去不复返了,贵族的特权已经在宪政的大趋势下被动摇甚至取缔。同时,他们在经济上又无法与新兴的资产阶级相抗衡,自然逐渐趋向衰落。于是,贵族也成了国家公民,不能凌驾于法律之上。如果想要保持社会地位优越性,则必须有所成就与贡献,而不是依靠高人一等的做派来维持自己内心的优越感。

和《周礼》中明确规定的五等爵不同,德意志的贵族等级在历史上并没有真正达成统一认识。直接隶属于皇帝的贵族(der reichsunmittelbare Adel)和地方性的领主贵族之间存在差异,例如大文豪歌德和席勒都曾得到过"von"的头衔。不同时期以及在不同的地方也有着不同的划分,有两类说、三个级别或五个级别说。[32] 不过在17世纪,贵族谱系手册将欧洲各贵族家庭的谱系梳理得较为清楚。到了18世纪,随着新兴市民阶层和富有资本家的兴起,贵族若想维持其既有的社会优势,同样要取得令人信服的成就,不能单纯指望所谓高贵的血统了。

出身优势加上后天努力的成果,在几乎已成传奇的洪堡兄弟身上最为明显。威廉·冯·洪堡出身贵族,生活在18世纪末至19世纪上半叶,其祖父在1738年才获得贵族封号。按照1778年出版的《德意志百科全书》(Deutsche Encyclopädie)的解释,他的家族不属于传统世袭贵族体系。[33] 在这个时代,欧洲尤其是德国的贵族已经处于风雨飘摇中,与

[32] 邢来顺:德国贵族文化史。北京:人民文学出版社,2006年,第10页。

[33] 按照1778年《德意志百科全书》的定义,贵族体系中还分为世袭贵族(Geschlechtsadel)、功勋贵族(Brief- oder Amtsadel)。前者往往拥有世袭封地和更高的社会地位,而后者虽说也拥有地产,但往往为前者效劳。Siemann, Wolfram: Vom Staatenbund zum Nationalstaat. Deutschland 1806 - 1871. München 1995,S. 110.

中世纪时期的叱咤风云不可同日而语。但不可否认的是,贵族出身依然意味着洪堡家族身处特权阶层和上层社会。此种出身带来的不仅是社会地位和对某些财产的免税特权,而且同样意味着拥有比普通人更为开阔的视野和更多的机遇。贵族出身使其无须为温饱而奔波,也更容易步入未来社会精英的行列,获得更多的机会,进而施展自己的抱负和理念。这意味着他的人生之路与普通人迥异,也为一般人所不能企及。贵族出身决定了他所受教育是家庭为其量身定制的成长之路,而非后来他自己所规划设立的大众普及教育。洪堡兄弟两人天资聪颖,父母在教育方面极其开明且投入,所以才有后来作为博学家的兄弟两人。

威廉·冯·洪堡

威廉·冯·洪堡充分利用了自己社会阶层的优势,加上自身的刻苦努力,才有日后大成。在诸多版本的洪堡传记中,单就他的家庭教师阵容的豪华程度就令人叹为观止。生于 1767 年的威廉·冯·洪堡,早在 1769 年至 1773 年及 1775 年就由约阿西姆·海因里希·坎珀(Joachim Heinrich Campe)㊈充任家庭教师,后自 1777 年十岁起,就由戈特洛布·约翰·克里斯蒂安·昆特(Gottlob Johann Christian Kunth)㊉为其在家中开设数学、德语、拉丁语、希腊语、法语和历史课程。有这样的大学者发蒙,足见洪堡两兄弟课程的丰富多样,其内容涵盖了当时主要的知识领域。此外,这些学者的共性是特别关注古代语言,这种潜移默化的影响对后来洪堡的成长乃至教育改革思路的确立至关重要。而在威廉·冯·洪堡进入大学前,家庭教师昆特还给他介绍了当时在科学界已经享有盛誉的学者,请这些已经担任官职的学者以私学的形式为他作了大学的学前准备。1785 年起,克里斯蒂安·威廉·多姆(Christian Wilhelm Dohm)㊍为洪堡兄弟上过国民经济学的课程,恩斯特·费迪南·克莱恩(Ernst Ferdinand Klein)㊎教授过自然法则,而约翰·雅各布·恩格尔(Johann Jakob Engel)㊏讲授过哲学与历史,引领他们研读古希腊的艺术作品与精神世界。在这份家庭教师的名单中,荟萃了德国启蒙运动中的诸多活跃人物。无论在当时还是在后世,此种规模和程度的精英教育都与平常人无涉,且无可复制。毋庸置疑,后来投入教学改革的洪堡相信君子不器,他要培养所谓的"完人"。这种形而上的高起点和对人格塑造的追求,显然不

㊈   约阿西姆·海因里希·坎珀(Joachim Heinrich Campe),德国启蒙运动时期的作家、语言学家、教育家和出版商。

㊉   戈特洛布·约翰·克里斯蒂安·昆特(Gottlob Johann Christian Kunth),德国启蒙运动时期的政治家和教育家。

㊍   克里斯蒂安·威廉·多姆(Christian Wilhelm Dohm),法学家、普鲁士外交官、政治与历史作家。

㊎   恩斯特·费迪南·克莱恩(Ernst Ferdinand Klein),柏林启蒙运动中著名的法学家和代表。

㊏   约翰·雅各布·恩格尔(Johann Jakob Engel),德国启蒙运动时期的作家、戏剧家和哲学家,对洪堡的成长有重要影响。

是面向普罗大众,也绝非普通人能够企及。洪堡的教育理念终究还是以培养社会精英为目的,这与其本人出身、所受教育和视野密切相关。从他的个人经历来看,这一目的是可以达到的。

就整体趋势而言,从 18 世纪末开始的大革命,从根本上撼动并最终否定了贵族作为特权世袭阶层的存在。此外,依靠土地经济为生的贵族阶层与工业化的资本世界并不兼容。传统靠封邑收租生活的贵族显然无法适应社会的发展。土地作为可以交易的资本可能带来巨大的投资效益,当然也隐含着巨大的风险和损失。根据后来普鲁士的统计,曾经登记存在的 12339 处骑士地产,到了 1850 年就仅剩 7023 处还登记在贵族名下,而另 5316 处则已转隶为市民阶层的地产。[99] 约瑟夫·罗特笔下的《第 1002 夜的故事》中,主人公泰丁格男爵就靠典当土地度日,过的正是这种拆东墙补西墙的日子。如同苏洵《六国论》中所写:"思厥先祖父,暴霜露,斩荆棘,以有尺寸之地。子孙视之不甚惜,举以予人,如弃草芥。"这也是这个社会阶层朝不保夕的真实写照。

在 19 世纪,德国的贵族阶层落入颇为尴尬的境地。此时市民阶层的崛起和市民社会的确立,对传统依靠血缘世袭特权来维系的贵族阶层带来了颠覆性的冲击。市民阶层和国家体系的成熟和强大,使得行政统治越来越绵密,强调协调性、统一性,不再需要各霸一方的诸侯。新式军事技术和作战理念的发展,也使得传统意义上的勇士失去了用武之地。在神圣罗马帝国被拿破仑的武功所埋葬的过程中,贵族这一社会阶层所受打击最大。

在这个大趋势下,德意志的贵族更希望通过维持其在政权中的影响力和特权,来抵消或补偿自己在经济方面的重要性的损失。他们通过担任政府高职,维持着自己在国家政治生活中非同一般的影响力。而这种影响力首先要感谢他们把持着关键性的行政岗位。这一点在外交领域尤为明显。据统计,在从 1871 年至 1914 年间的第二帝国,69％的外交官是贵族出身。[100] 同样,在军事领域,普鲁士的军官团传统上甚至原则上都是贵族出身。虽然贵族的比例从 1860 年的 65％降至 1913 年的 30％,但这主要是因为一战前军队的迅速扩充。[101]

在 1848 年的革命中,贵族的特权被极大削弱,农民获得了基本的公民权,规定了他们的权利和上缴物品的数量。国家税收彻底取代了封邑的实物供奉。这场革命对贵族的特权实际上起到了釜底抽薪的效果。也正是从这个时代起,贵族逐渐成为一种历史现象,除了姓氏上能体现家族祖上的荣光,已经无法在法理上带来世袭的优势和特权。例如铁血宰相俾斯麦的墓碑上镌刻着的是"冯·俾斯麦侯爵",而不是威廉二世在他解印回乡时加封的公爵。这一方面表现出他对老皇的尊崇和对新皇的不屑,另一方面也说明这种头衔更多的是荣誉性质。在法兰克福圣保罗大教堂的制宪会议上,已经否定将贵族作为一个

[99] Wehler, H.-U.: Gesellschaftsgeschichte, Band 2. Frankfurt am Main 2008. S. 153.
[100] Röhl, J.C.G.: Die höhere Beamtenschaft im wilhelminischen Deutschland. In: ders: Kaiser, Hof und Staat. Wilhelm II. und die deutsche Politik. München 1987. S. 156f.
[101] Ullrich, Volker: Die nervöse Großmacht 1871 - 1918. Frankfurt am Main 1999. S. 277.

享有世袭特权的社会阶层,而议会制更是促进和确定了这一时代趋势。最终,贵族的没落和与市民阶层的通婚更使得传统的血统优秀论变得毫无意义。到了魏玛共和国时期,人们也只能通过姓氏中的介词"冯"(von)来推测家族曾经显赫的出身。有意思的是,在奥地利的姓氏中却不能保留这个"冯",例如哈布斯堡家族在奥地利就以哈布斯堡为姓,而不是冯·哈布斯堡。

　　本章中所说的贵族作为一种社会和历史现象,指的是形成于中世纪早期有社会和统治功能的世袭阶层。中世纪是这一社会阶层的黄金时代,因为中世纪的统治就本质而言就是贵族阶级的统治。从历史发展的角度看,依靠世袭贵族的分封统治不能算是一种发达的社会组织形式,但世袭使这种组织形式具有稳定性,所以也具有特定时代的合理性。时过境迁,今天的德国、奥地利都已是共和国,贵族早已成为历史现象,但这种历史现象依然在各个领域留下了痕迹。中世纪德语文学流传后世的,很大一部分都是与贵族生活有关的骑士文学,如《帕奇瓦尔》(Parzival)、《尼伯龙根之歌》等。而要了解德语国家的发展脉络,曾经的贵族阶层,在研究中是一个绕不过去的历史文化现象。

🔵 **练习、调研与思考：**

一、查找资料,看看哈布斯堡和霍亨索伦两个统治家族的龙兴之地在哪里? 最初的城堡
   修建于何地? 这两个家族是如何创建和掌控称霸一方的帝国的?

二、著名文学家歌德和席勒的名字中都有一个"von",他们是传统意义上的贵族吗? 何以
   见得?

三、中国历史上也有世袭罔替的贵族,例如清朝的铁帽子王。中国的贵族能对应得上德
   语国家中的"Adel"吗? 为什么德语国家的世袭贵族不是按照公侯伯子男五等爵位递
   降呢?

四、东方历史上也有类似于西方贵族的上层社会阶级,如中国历史上的五等爵制度、朝鲜
   的两班制度、日本的皇室与公家分谓,乃至今天还存在于日本的华族、泰国皇室制度、
   印度种姓制度的痕迹等。请查阅资料,梳理出其线索,对比其与德意志贵族历史现象
   的异同。

五、"我们跟国民党相反,他们是以一个贵族的姿态、老爷派头在人民中出现,我们是以一
   个普通劳动者的姿态在人民中出现。"这是 1958 年 9 月毛泽东在第十五次最高国务
   会议上的讲话。在约两年前,即 1956 年 11 月举行的中共八届二中全会上,毛泽东从
   另一角度表述过相同的意思:"我们一定要警惕,不要滋长官僚主义作风,不要形成一
   个脱离人民的贵族阶层。"这里的贵族阶层该如何理解?

六、2011 年,曾经的奥匈帝国最后一任王储奥托去世。在德国的报纸上,使用的名字是
"奥托·冯·哈布斯堡",而在奥地利的报纸上却是"奥托·哈布斯堡"。为什么在奥
地利的媒体介绍中少了一个"von"?

七、请根据自己的兴趣从下列推荐书目中择其一二展开阅读:

Goethe „Götz von Berlichengen"

Schiller „Die Räuber"

Lenz „Der Hofmeister"

约瑟夫·罗特《第 1002 夜的故事》。刘炜译

林纯洁《欧美纹章文化研究》

《尼伯龙根之歌》

陆大鹏《德意志贵族》

第九单元　城市与市民阶层的形成与发展

　　德语中所说的市民（Bürger）和市民阶层（Bürgertum）有多种含义，并不能简单理解为城市居民或城里人（städtische Bevölkerung）。在西方历史的发展过程中，城市和市民阶层都在不停地变化，学界对其定义莫衷一是，多以描述形式勾画个轮廓。从词源上看，德语 Bürger 一词出自拉丁语 burgus，意思是居住在有城墙保护的居住区、[02]且享有某些特权和开市权的居民，这些人多是手工业者和生意人。在中世纪等级社会中，这种城市中的市民阶层（Stadtbürger）属于第三等级，是不同于贵族、神职人员、农民的一个社会阶层，他们拥有一定自治权。而我们现在常说的市民阶层一般指自工业革命以来形成的新市民阶层，泛指中产阶级（Mittelschicht）。按照 1794 年普鲁士法规的描述，市民阶层是国家公民中既不属于贵族也不属于农民的一个阶层，指在城市中有固定职业和居所并享有公民权的人。[03] 穷人和下层人民，如行会小手工业主、小饭店业主等，即后来所说的带有贬义的小市民（Kleinbürger）群体，在早先却很难拥有真正的公民权。属于市民阶层的职业有企业主、资本家、医生、学者、知识分子、教士、政府公务员等。一般说来，现代市民阶层特有的标志主要是拥有物质财产（Besitz）和教养（Bildung）。[04] 在马克思政治经济学中，市民阶层则又往往指资本主义中占有和支配生产资料的"布尔乔亚"（Bourgeoisie）。

　　城市与市民互为依存，前者为后者提供保护，后者为前者带来活力。与古希腊、古罗马时期的城邦不同的是，后世的城市应从中世纪说起。某些拥有地理优势的城堡（Burg）与其周边的居民共同构成了城市的雏形。从 12 世纪开始，人们在某些交通便利处建立

---

[02]　中世纪城市区别于其他形式聚居区的标志就是城墙，有城墙的为城市，无城墙的则往往是市场或其村落聚居区。参见 Niederstätter, Alois: Die Herrschaft Österreich. Fürst und Land im Spätmittelalter. In: Österreichische Geschichte 1278–1411. Hrsg. von Herwig Wolfram. Wien 2001, S. 338.

[03]　参见 Siemann, S. 159.

[04]　从社会文化的角度看，标识市民阶层的因素还有宗教、世界观、生活方式、思维习惯、心理、举止等方面。参见 Vocelka, Karl: Glanz und Untergang der höfischen Welt. Repräsentation, Reform und Reaktion im Habsburgischen Vielvölkerstaat. In: Österreichische Geschichte 1699–1815. Hrsg. von Herwig Wolfram. Wien 2001, S. 315.

了或重建了城市,在此基础上逐渐形成了以城堡为中心的聚居区,进而形成了城市,而居住在城堡及周边的人就成为最初的市民。中世纪的城市不同于城堡和军事要塞(Befestigung),它虽然也有城墙环绕,但却是在以商业和手工业为核心的经济活动中成长发展起来,进而拥有自治权的一种特殊社会结构。

　　一座中世纪的城堡发展成一座城市并拥有市民阶层,涉及多种因素。有些城市是从封建领主作为统治中心的城堡发展而来。最初的商业与手工业中心环城堡而形成,并受到城堡的庇护。市民团体与封建领主间的关系颇为矛盾,前者需要后者的支持保护,并通过每年的进贡(Jahreszins)从后者手中购得某些特权和自由,但又反对自身利益受到后者的巧取豪夺。德意志民族神圣罗马帝国的创立者奥托一世及其继承者在 10 世纪和 11 世纪招来许多基督教徒及犹太商人,这些人聚居在城堡或东部边疆区要塞周围,依靠发达的商业和手工业为自身生存奠定了基础。这种早期城市虽然富裕,却并未拥有自治权,还需依附于某一封建领主,更说不上形成所谓的市民文化。在当时,这样的城市有马格德堡(Magdeburg)、埃尔富特(Erfurt)、维尔茨堡(Würzburg)等。

　　另外,从 9 世纪开始,在某些交通便利的地方形成了一些市场和聚居地。皇帝后来赐予这些地方开市权,由此而形成的城市凭借开市权带来的巨大经济效益逐渐摆脱了对本地封建领主的依附,并根据自行制定的法律和制度建立起了处理市政及公共事务的机构。这种由某些市民组成的市议会和由其选举产生的城市首脑负责保护市民,征收捐税,保护商业和手工业的安全,对贫苦人和病人实施救助以及行使审判权。这样的市民不同于农奴,可自由支配财产,享有婚姻和人身自由。[105] 具体来说,12 世纪下半叶的德国出现了越来越多不受封建领主管辖的城市,[106]这些城市往往有着发达的市场贸易和日益强大的市民阶层。因此到 13 世纪时,许多城市已通过文本形式颁布了自己的城市法(Stadtrecht)。[107]

　　形成城市的另一个因素是教会势力的发展壮大,比如特里尔、奥格斯堡、累根斯堡(Regensburg)和科隆,起先围绕着以前罗马时代修建的古城中心建立起了许多教堂,进而形成一个以修道院为核心的文化中心。周围蓬勃兴起和繁荣的市场又增强了此地区的经济实力,令其在中世纪就以文化和商业闻名于世。在这些城市中,也同样存在着上文提到的封建统治阶层与商业市民阶层间的对立,控制与自治间的冲突与磨合从未平息过。但这并不意味着,中世纪城市中社会关系可以简化为贵族阶层与市民阶层间压迫与被压迫

---

[105]　参见 Raff,S. 22.

[106]　据统计,到中世纪后期,德国总人口约 1200 万,其中约 10% 到 15% 生活在城市。参见 Bosl, Karl: Staat, Gesellschaft, Wirtschaft im deutschen Mittelalter. In: Handbuch der deutschen Geschichte. Bd. 7. Hrsg. von Herbert Grundmann. München 1980,S. 189.

[107]　目前保留下来最早的城市法原件是 1212 年恩斯(Enns)的城市法,其中涉及刑事处罚、继承权等情况。城市法一方面指一个城市所拥有的特殊法律条款,另一方面体现出了城市所拥有的、不完全符合中世纪全国通行法律(Landrecht)的某些特权。有些城市法是为了适应城市本身发展而逐渐形成的,还有些是从封建领主那里争取来的。

的矛盾。

还有，促进城市发展的某些因素也出于机缘巧合。如 12－13 世纪德意志民族神圣罗马帝国在向易北河以东地区殖民扩张时，其新建城市及优惠政策就吸引了大量来自西部的犹太人、商人和自由民，进而加速了整个地区的发展和城市化进程。14 世纪鼠疫大流行后，人口损失造成了劳动力的缺乏，[108]城里的高工资同样也吸引了许多人。17 世纪的"三十年战争"导致城市中的大量职位出缺。随着战后人口的快速恢复，越来越多的人去城市碰运气。诸如此类的灾后重建为经济复苏，也为个人发展提供了机遇。进入城市的人往往从社会底层做起，通过财富和资源的积累慢慢成为市民阶层的一分子。尽管这一历程艰辛而漫长，但由此带来的人口流动既增强了城市的实力也充实了市民阶层，城市与市民之间形成互为依存的关系。在城市丰富多彩的经济生活中，农业和手工业与商业相结合，创造出巨大的财富，使人过上贵族式的富足生活。虽然城市中风险与机遇并存，但它给人提供了改善现状的憧憬和榜样。

形成城市的决定因素终究还是经济因素。农业人口在中世纪占主导地位，[109]但随着农业技术的改善，越来越多的人可以离开土地去城市谋生，这一方面促进了商品交换和市场的形成，另一方面也给市民阶层的形成提供了必要条件。同时，原本为了满足上层贵族奢侈品需求而展开的远程贸易，逐渐扩展到日常消费品领域，这极大促进了城乡间的物资交流，并因此形成更多围绕着市场的聚居区。这种发展趋势也完全符合封建贵族领主或者教会的意愿，因为市场就意味着巨大的经济实惠，因此城市的发展得到了封建领主的大力支持。在这样的条件下，形成了汉堡（Hamburg）、美因茨（Mainz）、多特蒙德（Dortmund）、苏黎世（Zürich）等城市。商业活动强调人员和物资的流动性，这与中世纪时期老百姓依附甚至固定在某个封建领主统治下的情况完全不同。这种"自由"的萌芽，成为城市市民阶层公民权（Bürgerrecht）[110]所要求的基本权益，亦是日后现代国家和民主思想的根源。马克斯·韦伯（Max Weber）也曾指出，这种城市是以发达的交换经济为依托，和东方国家历史上作为统治中心的城市不尽相同。[111]而发达的经济是形成市民阶层物质财产的保障。但尽管有以上许多有利条件，城市化的进程依然缓慢。以奥地利为例，在 14 世纪到 15 世纪的一百年间，城市数量也才不过增加了 15％。[112]

城市兴起伊始，就形成了从农村到城市的人口流动。农奴（Hörige）在城市中也可以

---

[108] 1350 年左右的黑死病（鼠疫）大流行使欧洲损失了大约一半人口。参见 Bosl, S. 189.

[109] 甚至在 17 世纪的中欧，80％以上的居民都生活在农村。统计数字参见 Press, S. 70.

[110] 公民权是市民团体参政议政的前提，而拥有公民权的市民却仅限于一小部分团体和家族。在欧洲历史上，许多城市居民都不享有公民权，因此都被排除在市民阶层之外，如犹太人、贫穷市民、居住于城中的教会人员等。另外，妇女也不享有市民权，只能作为男性的附属，往往也被排除在市民阶层之外。另外，中世纪社会中自由民的比例很低，11 世纪中期时才约占 10％左右，这也使得市民阶层在政治上难有作为。参见 Haverkamp, S. 211.

[111] 参见 Prinz, Friedrich: Grundlagen und Anfänge, Deutschland bis 1056. In: Die Neue Deutsche Geschichte. Hrsg. von Peter Moraw, Volker Press, Wolfgang Schieder. Bd. 1. München 1993, S. 308.

[112] 统计数字参见 Niederstätter, S. 334.

享有相对自由,摆脱对领主的依赖。德语成语中"城市使人自由"(Stadtluft macht frei)一说,就是对此的最好解释。这种流动在 15 世纪的某些地方甚至造成了农业人口的流失,从而冲击了农业生产。城市对外来人口之所以有巨大的吸引力,不仅涉及上文提到的经济因素,而且还因为城市里的生活水平远高于农村。例如在 15 - 16 世纪时,某些城市已经开始采取了初步的社会保障措施。[⑬] 同时,作为新兴文化中心的城市,也吸引着越来越多受过良好教育的人,从而提高了城市的文化素质。在这样的物质与精神基础之上,逐渐确定了市民以财产、教养和成就为基础的自我意识。

15 世纪时,德国境内约 3000 座城市中生活着约一千二百万到一千六百万人口,其中人口过万的"大城市"有 15 座左右,人口在二千到一万的"中等城市"约有 20 余座,其余都是人口少于二千甚至仅百余人的小城镇。[⑭] 而经过 200 余年的发展后,17 世纪初的德意志民族神圣罗马帝国境内大约有 5000 座城市,其中绝大部分是小城市,有约 40 座万人以上人口的城市,而两万五千人以上的城市则屈指可数。中世纪的欧洲是个等级(Stände)森严的社会,"三十年战争"也未能撼动现有的社会秩序。按照当时州议会的标准设置,议席由高而低分成神职人员、贵族和市民阶层三个等级。[⑮] 能够作为市民享有城市权、有资格参加到城市政治生活中的人,往往需要在城内有固定住址和职业,且需要有相当的财产作为后盾。[⑯]

城市虽然在很多人眼中象征着富足和充裕,但城市里的贫富差距极大。以当时最著名的商业城市奥格斯堡为例,根据保留至今的税收记录,1475 年,86.5% 的纳税人都是低收入者,8.5% 为富人并占有绝大部分财富,而中等收入人口才占 5% 左右。[⑰] 在发达的大城市中逐渐出现了经济实力雄厚的市民上流社会,他们的财富和影响力甚至超过了贵族。这种富裕市民(Patriziat)家族被称为"望族"。他们世代经商,再将财富投资到各个领域以扩大积累。久而久之,这些市民成了城市的真正主人。

今天德国奥格斯堡有名的富格尔(Fugger)家族就是市民阶层取得成功的范例。富格尔家族在 16 世纪时,通过成功的贸易成为奥格斯堡首屈一指的富户,富甲天下的经济实力带来的是更多的实惠和更广泛的影响力。如被后世称为早期资本主义奥格斯堡巨富的雅各布·富格尔(Jakob Fugger),已经能利用其巨大的财富参与政事,甚至左右政坛。如

[⑬] 最有名的例子莫过于奥格斯堡的富格尔之家。雅各布·富格尔于 1521 年创立并资助了世界上最早的带有社会保障性质的居住区,提供给奥格斯堡有需要的贫困市民。目前在富格尔之家的 67 栋房子中居住着 140 户人家,每户年租金仅为 0.88 欧元。

[⑭] 统计数字参见 Bosl, S. 190.

[⑮] 在当时,社会阶层享有的权利与义务不尽相同。这里所说的社会等级仅就男性而言,他们是社会生活中的主体,而女性则是所谓需受其保护的群体,即男性对女性拥有监护权(Munt),其影响范围一般仅限于家庭。

[⑯] 如在 14 世纪晚期,维也纳市民主要包括三种成分:世袭市民(Erbbürger)、生意人(Kaufleute)、手艺人(Handwerker)。这些人都拥有相当的资产,并非一般普通城市居民。参见 Niederstätter, S. 50.

[⑰] 参见 Rabe, Horst: Reich und Glaubensspaltung, Deutschland 1500 - 1600. In: Die Neue Deutsche Geschichte. Hrsg. von Peter Moraw, Volker Press, Wolfgang Schieder. Bd. 4. München 1993, S. 59.

雅各布·富格尔夫妇画像

1503年,他资助了教宗庇护三世(Pius III.)。此外,其财力还影响到马克西米利安一世(Maximilian I.)和卡尔五世(Karl V.)的政治决策。1514年,雅各布·富格尔获得了伯爵头衔,这在德国商界是第一例。当他在1525年去世时,家族财产达到两百万古尔登(Gulden)⑩之巨。他们不但控制着国内市场,而且在海外与葡萄牙共同从事的香料贸易也带来巨大收益。

　　城市中除了家资巨富的望族,手工业行会(Zunft)也在城市经济生产和商业活动中占有举足轻重的地位。中世纪的封建领主最初虽然对城市拥有宗主权,但在实际操作上往往将许多具体事务交由商人和手工业者执行,因为这两者是创造财富的主力。商人和手工业者组成各种互助会,形成一个自助、自治体系——行会,这也是联系城市中的所谓新兴市民"中产阶级"的纽带。他们虽然已经参加了市政管理的一些工作,但一般很少拥有较高级职位,在政治生活中的影响不大。他们通过交纳税金来维持城市体系的运转,规范制造标准,分配资源和市场,另外,行会还承担行会内部的职业培训职责。学徒若想升到师傅的地位则是难上加难,唯有一个职位出缺时,满师的徒工(Geselle)常需通过入赘(Einheirat)才能得到师傅职位,否则往往沦为普通计件工(Lohnarbeiter)。这种计件工既不属于市民阶层也不受行会的保护,地位卑微且生活困窘,过着朝不保夕的生活。

　　无论如何,城市的富足和自由形象总是令人向往。而城市又总是以古罗马时代为榜样,有意无意间将自己定义为一个自由、自治的城市共和国。可实际上,对自由与自治的

---

⑩　参见Rabe, S. 43.

渴求却是造成市民阶层和传统城市贵族间矛盾与冲突的主因。经济地位日益上升的富裕市民在社会与政治领域日渐成熟,而传统贵族又不愿让权让利。因战乱或自然灾害造成的各种经济危机,又加深了市民阶层和上层统治阶层间的矛盾。总而言之,后者希望通过增加税收等行政措施攫取更多钱财,而前者希望以财富换取更多的权利。在这种情况下,拥有类似背景和问题的城市会像手工业者一样组成类似行会的城市同盟,为自己赢得尽可能多的自治权。

德国汉萨城市同盟(Deutsche Hanse)就是这样的一个城市同盟组织。它是以城市为中心和基地,以商人为主体的自治同盟。1157 年,英国国王亨利二世(Heinrich II.)将科隆商人置于自己的保护下,这些商人在伦敦拥有自己行业会所(Gildenhalle)。他们的行会也吸收来自德国其他城市的商人入伙,于是英语词 Hanse(行会)自 13 世纪起在德国也流行开来,最终成为专有名词。城市同盟的雏形最初兴起于波罗的海沿岸,通过航海贸易而逐渐壮大。到 14 世纪中叶,形成了以吕贝克(Lübeck)为中心的统一的德国汉萨城市同盟。在全盛时期,[19]汉萨同盟甚至拥有自己的武装,能对其成员提供保护、调停,全力控制商业特权和商业垄断。但在航海大发现以后,以大西洋为中心的新航路对汉萨同盟以北海为主的老航线造成了致命的冲击。同盟得以维持和发展的航海贸易日渐衰落,最终使

吕贝克霍尔斯滕门

---

⑲　15 世纪时,属于汉萨同盟的有 160 个城市,汉萨城市同盟大会(Hansetag)还不定期地在吕贝克举行。同盟大会的决议得到所有成员的认可,如有违反,则会被开除出同盟。参见 Grundmann, Herbert：Wahlkönigtum, Territorialpolitik und Ostbewegung im 13. und 14. Jahrhundert 1198 - 1378. In：Handbuch der deutschen Geschichte. Bd. 5. Hrsg. von Herbert Grundmann. Stuttgart 1973, S. 298.

汉萨同盟淡出了历史舞台。[120] 尽管如此,后世依然可以管窥城市和市民阶层凭借其经济实力可能产生的影响力。

18世纪工业革命的进展使得新的市民阶层逐渐形成。新出现的工厂主拥有可与传统市民望族比肩的财富,因而被称为经济市民(Wirtschaftsbürger),也即后来所称的布尔乔亚。另如德国各诸侯国官僚体系也需要大量有教养和学养的人从事行政工作,这样也就形成了一批平民出身、但却凭借自身才华跻身市民阶层的官员群体。而随着以城市为中心的文化事业的快速发展,新兴市民阶层还包括学者、艺术家、作家和自由职业者,他们也都受过良好教育。于是市民阶层的标记不再是出身,而是其所担当的职位和所受的教养,这些人甚至不一定要生活在城市里。传统城市市民所受教养有一定局限性,其对世界的认识往往局限在所在城市范围内。而19世纪工业化后,新兴市民阶层主要的价值观是个性、教养、成就、理性、宽容和开放。这种新兴市民阶层渐渐取代了传统城市市民阶层,在社会上占据着主导地位。

趋向于理性和系统化的官僚体制加之宪法的确立,极大地削弱了贵族阶层的特权。尤其在自由主义盛行的19世纪末期,新市民阶层普遍接受了启蒙和人文主义思想的教育,通过参政议政逐渐取代了贵族阶级,在欧洲社会生活中占据了主导地位。新市民阶层一方面刻意与上层封建贵族阶层保持距离,用批判和审视的眼光来看待世袭贵族阶层;而另一方面,许多富裕起来的市民都设法去获得贵族头衔,以图改变自己的社会声望。在日常生活中,他们也刻意模仿贵族,从而形成了一些源自贵族、且为市民阶层所热衷的生活方式和举止。而没落贵族对市民物质财产的需求又往往使双方能够跨越等级的界限而实现通婚和联姻。[121]

如果想要了解19世纪中上层市民阶层的情况,可以从德语文学中市民现实主义(bürgerlicher Realismus)的社会小说入手。作家冯塔纳(Theodor Fontane)笔下有许多以市民阶层生活为题材的作品,如《艾菲·布里斯特》(Effi Briest)、《珍妮·特莱博尔夫人》《包根普尔一家》等。一个标准的属于市民阶层的男性除了拥有成功的事业,还要处处表现出男性的阳刚气质,如擅长狩猎、运动,掌握自然科学知识,热衷艺术与文化等。另外,市民阶层非常注重外表、恰当的着装和举止。[122] 在精神层面上,市民阶层往往都受过

---

[120]　16世纪开始,汉萨同盟逐渐处于分崩离析的状态。1557年时,汉萨同盟还有64个成员,1628年时则只剩下11座城市。1669年还召开了最后一届汉萨同盟大会,其历史虽然能计算到19世纪晚期,但其地位与作用早已为世人忘记。参见Grundmann, S. 303.

[121]　当时的德语文学作品中,有许多涉及市民生活、社会、婚姻的描述,由此可以管窥当时市民阶层的情况。而19世纪德语文学中的现实主义也往往被称为市民现实主义。对此,谷裕在《现代市民史诗》一书中,以文学作品为例,作出了翔实的阐述。参见:谷裕. 现代市民史诗——十九世纪德语小说研究. 上海:上海书店出版社,2007,第256—266页。

[122]　新市民阶层在日常生活中往往容易辨认,他们十分注意着装、举止等外在形象。同时,参加各种宗教、沙龙式的团体活动也是他们彰显个性以及彼此认同的重要方式。参见Pichler, Dietlind: Bürgertum und Protestantismus. Die Geschichte der Familie Ludwig in Wien und Oberösterreich (1860 - 1900). Wien, Köln, Weimar 2003,S. 147ff.

良好的教育,受到人文主义价值观的影响。随着工业资本主义的发展,新兴工业资产阶级也摘掉了原先被人当作没教养的暴发户的帽子,越来越多的人拥有大学学历,[13]成为既有财产又有教养的社会主流成员。

家庭是市民社会的基本单位,亲朋间构成一张社会关系网,以家庭为纽带彼此紧密联系在一起,因此和睦而完整的大家庭备受推崇。家庭提供了安全感,是所有成员的避风港。家庭不仅维持血缘亲情,而且还构成有效的基本社会保障体系,生老病死都由家庭承担责任,使弱小的个体得到有效的保护和支持。家庭是社会的一个缩影,成员间同样存在着严格的长幼尊卑的等级界限。父亲的地位在家庭中至高无上,承担并掌握着全体家庭成员的生活。更为重要的是,父母对子女的养育以传承物质积累与价值体系为目的。这一市民阶层的物质与精神核心会通过家庭继承权(Erbrecht)得到保障。

工业革命取得成功后的市民阶层受到自由主义(Liberalismus)思想熏陶,推崇新闻与集会自由、刑事陪审法庭、公开司法权等公共权利,使得 19 世纪被后世称为市民时代。[14]但市民阶层也在达到最高点时,逐渐走下坡路。首先,工业革命后形成的高度专业化社会分工,使市民阶层中的大家族逐渐趋于解体并被小家庭所代替。这是由于专业化的社会职能机构完成了大部分原先由家庭承担的职责,如医疗、教育、劳保等。其次,随着大众传媒和城市化进程的加速,尤其是一战后魏玛共和国与奥地利第一共和国的建立,使德语国家中等级社会的划分成为过去,市民阶层作为第三等级的社会基础也不复存在。此外,两次世界大战从根本上摧毁了市民阶层的物质与精神基础。当幸存者返回家园时,原先父辈为他们准备的一切物质财富历经战乱和战后通货膨胀均已化为乌有,而他们的个人修养和所受的良好职业教育在残酷的现实中也随之成了毫无用处的屠龙术。因此,当 1945 年战争结束时,去市民化的过程(Entbürgerlichung)实际上已经完成。

在战后的恢复阶段,尤其从 20 世纪 60 年代起,高速发展的经济促进了富裕社会(Wohlstandsgesellschaft)的形成。城乡间差距逐步减小直至消失,城市工人也不再如原先无产阶级般赤贫。所谓阶级社会的特征逐渐消失,市民阶层这一说法于是逐渐淡出。在德语国家社会主要由职员、公务员及其他一些团体构成的中产阶级中,个人社会出身已经无足轻重。对社会学者而言,传统意义上的市民阶层已经不复存在,留下的仅是他们一如既往对于教养和财产的关注。

---

[13]　据统计,拥有大学学历的企业家所占比例从 1851 年的 1.4% 升到 1871 年的 37.7%。参见 Siemann, S. 167.

[14]　但即使在工业化及以后的时代,就绝对数量而言,市民在总人口中依然不占绝对多数。据统计,1890 年,德意志威廉帝国中,人口超十万的城市有 26 座。19 世纪下半叶,德国市民阶层约占总人口的 5%—15%,而在奥匈帝国则仅为 4%—7.5%。参见 Pichler, S. 16. 即使在 1914 年左右,德国市民阶层至多占帝国总人口的 15%。参见 Ullrich, Volker: Die nervöse Großmacht 1871 - 1918. Aufstieg und Untergang des deutschen Kaiserreichs. Frankfurt a. M. 1999, S. 279f.

🔵 练习、调研与思考：

一、请查找资料描述歌德的家庭背景对他的成长有过什么影响，为什么他的名字由原先的 Johann Wolfgang Goethe 变为后来的 Johann Wolfgang von Goethe。名字中间加了"von"就是贵族了吗？这种贵族与原先世袭贵族有何差别？

二、托马斯·曼的小说《布登勃洛克一家》讲述了市民阶层大家族的没落，请梳理小说中人物之间的血缘关系，描述布登勃洛克一家没落的过程，推测其原因。

三、请查找并简述富格尔家族的发家史，简述这一家族在政治、经济上所曾发挥的作用，并梳理两者相互间的关系。

四、请查找克虏伯（Krupp）、西门子（Siemens）、克万特（Quandt）家族的前世今生，简述并对比他们的发家史。

五、我们中国是否存在西方社会中的"市民阶层"，中国旧社会中的"士绅"或"乡绅"，比如巴金《家》中的高家能视为属于这一阶层吗？

六、普鲁士全国通用法律(Allgemeines Landrecht für die Preußischen Staaten，ALR)在
　　1794 年首次给市民阶层以法律文书的形式下了定义,请翻译下列段落。

> § 1. Der Bürgerstand begreift alle Einwohner des Staats unter sich, welche, ihrer Geburt nach, weder zum Adel, noch zum Bauernstande gerechnet werden können, und auch nachher keinem dieser Stände einverleibt sind.
>
> § 2. Ein Bürger im eigentlichen Verstande wird derjenige genannt, welcher in einer Stadt seinen Wohnsitz aufgeschlagen, und daselbst das Bürgerrecht gewonnen hat.
>
> § 3. Personen des Bürgerstandes in und außer den Städten, welche durch ihre Ämter, Würden, oder besondere Privilegien, von der Gerichtsbarkeit ihres Wohnortes befreyt sind, werden Eximierte genannt. [...]
>
> § 5. Einwohner der Städte, welche weder eigentliche Bürger, noch Eximierte sind, heißen Schutzverwandte.
>
> § 6. Bürger und Schutzverwandte der Stadt werden nach den Statuten ihres Wohnorts, Eximierte hingegen nach den Provinzial-gesetzen, und in deren Ermangelung, nach dem allgemeinen Gesetzbuche beurtheilt.

七、德汉词典中,Bürgertum 有资产者、市民、中产阶级、资产阶级、市民阶级、第三等级等
　　不同翻译,请解释这些翻译与这个德语词的关系。

八、请根据自己的兴趣从下列推荐书目中择其一二展开阅读:
　　Theodor Fontane „Effi Briest"
　　Gottfried Keller „Der grüne Heinrich"
　　Thomas Mann „Buddenbrooks"

从历史上的排犹情结到现代的排犹主义

在德语国家中，犹太人曾是社会生活中重要的一员，其历史漫长而悠远，但读起来却不令人感到轻松。他们走过的道路极其艰辛，他们总是设法在夹缝中寻求生存。犹太人忍让、内敛、与世无争，却并未因此而过上平静的生活。一有风吹草动，他们往往首当其冲，成为替罪羔羊。在近现代的人类历史上，犹太人的历史几乎等同于犹太人的受难史。对犹太人的偏见和诽谤，以及后来的排犹主义（Antisemitismus），⑮都预示着他们迟早要经历一场浩劫。果然，到了第三帝国时期，纳粹集中营就成了无数犹太冤魂的渊薮。回溯犹太人的历史，显赫的以色列大卫王、圣经上的摩西、上帝的选民等这一切，都无法对他们所受的苦难做出解释。那么，这种欲置犹太人于死地而后快的仇恨，是如何形成的呢？

在西方的历史上，对犹太人的敌意、曲解和偏见由来已久，犹太人所遭受的排斥和非难自古以来就存在。他们被看作是出卖耶稣的人、投机商人和不洁之人。排犹情结（Judenfeind-schaft）如同挥之不去的噩梦，一直伴随在犹太人左右。而排犹主义却是一个在19世纪70年代才在德国出现的新词，指的是当时针对犹太人的排斥和拒绝的态度。两者的相似，常常使人以为排犹情结就是排犹主义。其实，排犹主义虽然起源于排犹情结，但却不能等同于后者，其所造成的后果要严重得多。那么，在接下来的篇幅中，就让我们看看这两者是如何形成的，它们之间又有着怎样的关系。

上溯到古代，埃及人、希腊人、罗马人都从各自的实际利益出发，对犹太人有过排斥和敌意的行为。而西方世界有针对性的排犹情结，却肇端于基督教与犹太教的分离。当后起的基督教以"真正的以色列"（wahres Israel）自居时，犹太教无形中成了基督教的竞争对手。在这种背景下，新兴的基督教和犹太教及犹太人之间产生了冲突。于是，有些人别有用心地对《圣经·新约》中的一些章节进行断章取义和曲解，将基督徒与犹太人划分得

---

⑮ Antisemitismus 是德国极左派政治记者威廉·马尔（Wilhelm Marr）在 1879 年创造的新词。这一新词中的 Semit 指历史上的闪米特人，又称闪族，包括古巴比伦人、亚述人、希伯来人和腓尼基人等。近现代多指阿拉伯人和犹太人。

一清二楚,[16]还将耶稣受难和赴难全都归罪于犹太人。[17] 到了公元 2 世纪,西方世界对犹太人的排斥,在情感上已经超过了对其他异教徒和未皈依基督教的蛮族的排斥,形成了带有具体内容的偏见。这些偏见主要可以归纳为几点:犹太人的盲从、对救世主的否定和谋害耶稣、对基督教的敌意以及犹太人的奴性等。基督教在公元 4 世纪被罗马人定为国教

屠杀犹太人的暴行

后,[18]对散居的犹太教徒(jüdische Diaspora)、犹太教和犹太人的迫害(Judenpogrom)开始变本加厉,曾相继出现犹太教堂被烧毁,犹太人受到攻击,犹太人的权利受到限制等情况。不过,这种有针对性的敌意,都还基本限制在宗教斗争的范围之内。但在此后 1000 余年的中世纪里,犹太人就再也没有被平等对待过。归根结底,他们在此期间所受到的种种非难,都源于这种信仰上的冲突和敌对意识。

随着整个西方世界的基督教化、传教活动的普及和深入,对犹太人的敌对情绪也从原先简单的宗教背景扩展开去,成为普通百姓相信的"事实"。到了几次十字军东征时的 1096、1146—1147 和 1188—1189 年,针对犹太人的暴力行为日渐增多。1096 年对犹太人的第一次大迫害最先出现在施佩耶尔(Speyer)、沃尔姆斯(Worms)、美因茨(Mainz)、科隆(Köln)和特里尔(Trier)等城市。部分市民出于宗教狂热宣称要"惩罚基督的敌人",其他人则想榨取财物以资助十字军东征。由此开始的对犹太人的抢掠甚至杀戮迅速蔓延开来,就连一些试图保护犹太人利益的封建领主都受到了威胁。同样的惨剧也发生在 1146 年第二次十字军东征时期。于是,犹太人的处境明显恶化,国王和宗主国对他们曾经有过的宽容和保护均已消失殆尽。[19] 同时,犹太人经营的多是受到基督教诅咒的生意,如放债、高利贷、抵押等。[20] 最终,根据 1215 年教皇的第四次拉特兰宗教会议(IV. La-terankonzil)的决议,犹太人成了游离于社会之外的一个群体。[21] 按照规定,犹太人被

---

⑯　经常被提及的有《圣经·加拉太书》第四章第 21 节至第 31 节;《圣经·马可福音》第十二章第 9 节至第 12 节。

⑰　经常被提及的有《圣经·马太福音》第二十七章第 25 节;《圣经·马可福音》第十五章第 6 节至第 15 节;《圣经·帖撒罗尼迦前书》第二章第 15 节。

⑱　公元 313 年,基督教被君士坦丁大帝(Konstantin der Große)定为国教。

⑲　与其他族群不同,中世纪大部分犹太人都生活在城市中并从事贸易活动,为城市的发展作出了巨大贡献。他们不但享有一般权利,甚至在有些地方还得到某些方面的特惠条件。如施佩耶尔大主教就曾给予其辖区内犹太人最为优惠的政策,但这种现象在历史上仅是昙花一现。参见 Haverkamp, Alfred: Aufbruch und Gestaltung, Deutschland 1056 - 1273. In: Die Neue Deutsche Geschichte. Hrsg. von Peter Moraw, Volker Press, Wolfgang Schieder, Bd. 2. München 1993. S. 219.

⑳　在欧洲中世纪的城市中形成了大量行会组织,它们控制了绝大部分的物资生产与贸易活动。行会在维护自身利益的同时,为了尽可能垄断市场和获得最大利益而拥有强烈的排他性。在这种情况下,犹太人能从事的职业大受限制。于是许多人不得不从事被基督教会禁止的高利贷和抵押等行业。

㉑　参见 Bergmann, Werner: Geschichte des Antisemitismus. München 2004. S. 11.

剥夺从政的权利,他们与撒拉森人(Sarazene)[132]被要求穿着应与基督徒明显不同。此前法国的某些地方已要求犹太人戴上黄色袖标以示区别。

随着犹太人被妖魔化的范围日益扩大,愈来愈多的地方流传着关于犹太人血腥祭祀(Ritualmord)以及水井投毒(Brunnenvergiftung)的可怕故事。与此同时,他们作为公认的迫害基督的凶手,只要遇上社会动荡,就会成为众矢之的。从13－14世纪开始,尤其是1348年到1350年间爆发了鼠疫后,迫害犹太人的浪潮更是一浪高过一浪。[133] 很多人都认为,犹太人是造成鼠疫大流行的罪魁祸首,这种谣言进一步加深了普通百姓心中业已存在着的排犹情结,并直接导致大量犹太人被屠杀。[134]

中世纪的排犹浪潮,一方面有着上述宗教背景,但另一方面,犹太人自身所处的地位,也或多或少给排犹情结提供了口实。许多国家对犹太人的歧视和限制,导致了大量犹太人在16世纪离开西欧和中欧,举家向东欧迁徙。他们在波兰受到了国王的保护,从而形成了犹太人在中世纪短暂的所谓"黄金时代"。他们当中的许多人,因为受到迫害而离开城市生活,继而改变了他们的职业结构。这些人大多从事城乡间的经贸交流活动,他们在市场和集市上出售农产品,同时也向农民提供各种生活日用品。在中世纪的欧洲,土地被人们视为最珍贵的财富,商业则是人们所鄙夷的投机行业。而这种居无定所、朝不保夕的生活方式,使许多游走于城乡间的犹太人变为赤贫,成了所谓的"破烂犹太人"(Betteljuden)。[135] 这些人为了自身的生存,往往从事一些违法的、或为人所不齿的行当,这恰恰又加深了人们对犹太人素有的偏见和怨恨。只有很少一部分精明强干的犹太人成了和统治者打交道的有钱人。[136] 这些作为宫廷代理的犹太人(Hofjuden)[137]自17世纪起,得到了社会的认可并形成了犹太人的精英阶层,但他们和普通犹太人之间的界线是很分明

---

[132] 撒拉森人是欧洲中世纪对阿拉伯人的称呼,后泛指伊斯兰教教徒。

[133] 1290年和1306年后,犹太人被分别赶出英国和法国。在15－16世纪,很多德国城市出现了排犹浪潮,1492年和1496－1497年又分别在西班牙和葡萄牙发生了排犹浪潮。参见 Bergmann. S. 12.

[134] 犹太人有较好的卫生习惯和条件,也拥有相对来说较好的医疗手段,因而在鼠疫流行初期并没有受到太大冲击。于是就有基督徒,尤其是鞭笞派(Geißler/Flagellant)指责犹太人在水井里投了毒。这种谣言导致了1348年12月初对犹太人的大规模杀害和迫害。参见 Voges, Dietmar-H.: Nördlingen - eine jüdische Kleingemeinde, In: Die Juden, ein historisches Lesebuch. Hrsg. von Günter Stemberger. München 1990. S. 172.

[135] 1780年左右,约有10%的犹太人属于这种赤贫阶层。参见 Bergmann, S. 12 f.

[136] 据统计估算,约三分之二的犹太人生活贫困,只有四分之一的犹太人生活相对有保障,而富有的犹太工厂主、银行家等更是少数。参见 Siemann, Wolfram: Vom Staatenbund zum Nationalstaat, Deutschland 1806 - 1871. In: Die Neue Deutsche Geschichte. Hrsg. von Peter Moraw, Volker Press, Wolfgang Schieder, Bd. 7. München 1993. S. 200.

[137] 作为宫廷(皇家)代理的犹太人的正式称谓是"宫廷经纪人"(Hoffaktor)。从三十年战争到法国大革命时期,这些犹太人因为不受基督教伦理的某些限制,在金融与征兵方面起着重要的作用。他们往往身兼多职,既是金融家,又是商人和工厂主,还为封建领主和教会领主提供贷款,采办奢侈品和武器装备,甚至负责拉壮丁的工作。参见 Treue, Wilhelm: Wirtschaft, Gesellschaft und Technik vom 16. bis zum 18. Jahrhundert. Gebhardt Handbuch der deutschen Geschichte. Bd. 12. Hrsg. von Herbert Grundmann. Frankfurt a. M. 1974. S. 83 f.

的。然而,犹太人在商业方面的成就,并不能使其自身的地位得到改善。这些富有的犹太人为了生存,和本地贵族统治者来往密切,并对其提供经济支持,以换取保护。[⑬]当他们和本地土生土长的农民发生冲突时,往往能获得贵族的支持。于是在很多人眼中,犹太人便成了地主权贵压迫民众的帮凶和工具。[⑭]

中世纪后期的宗教改革没有给排犹情绪带来什么改变,例如在马丁·路德笔下,[⑮]犹太人依然是那个谋害耶稣的凶手。而其后的人文主义思潮和启蒙运动,却给犹太人的处境带来了一些变化。这两者虽然基于理性原则对宗教持批判的态度,但在18世纪初英国的启蒙运动中,已经有人提出犹太人应该享有社会平等的主张。同样,在德国此时的思想界,也出现了莱辛(Gotthold Ephraim Lessing)这样呼吁宗教平等的作家。当然我们必须看到,这些人的声音和能量都十分微弱,根本不可能撼动人们对犹太人根深蒂固的偏见。

犹太人作为社会的一分子,也随着时代的发展在变化。18世纪时,封建领主的传统势力受到新兴社会阶层的冲击,家族继承制度逐渐瓦解。于是犹太人在许多领域,尤其是经贸领域越来越多地展露才华,并成为社会中重要的一员。[⑯]然而由此而引发的嫉妒和敌意,也导致了犹太人不得不面对更多的对立和排斥。18世纪后期,启蒙运动本身也要求犹太人与时俱进,作为普通一员融入社会之中。但犹太人对于自己的传统和宗教极为虔诚,他们中的很多人宁愿保持自己的生活方式,也不愿接受其他文化的同化。因此在许多人眼里,犹太人就成了固执和保守的代名词。犹太人聚居的地方,往往成为国中之国。他们很少与当地人融合。同时,快速增长的犹太人口,也使当地人颇感威胁。[⑰]所有这一切,既无助于消除人们对犹太人由来已久的偏见,也不会使犹太人的处境有些许改善,反而使排犹情绪和反犹的声音得到进一步的增强。在世代居住的国家里,犹太人被当作外国人来对待,不享有普遍的公民权。更有甚者,在19世纪初的反拿破仑战争中,很多犹太人都曾为他们所在的国家战斗,[⑱]却也并未因此获得丝毫平等的权利。

19世纪以后,随着民族主义在欧洲的兴起和发展以及现代化的逐步深入,排犹思潮也发生了变化。在当时欧洲诸国对待犹太人的问题上,争论的焦点主要集中在是否把犹

[⑬] 富有的犹太人和本地宗领主互为依存,以至于在许多地方都有"当一个贵族拥有一块土地和一个犹太人时,才是个真正的贵族"的说法,由此可见两者关系的紧密。甚至在对犹太人大迫害时期,还有封建领主出于自身权益考虑去保护富有的犹太商人。参见 Haumann, Heiko: Geschichte der Ostjuden. München, 1999, S. 36.

[⑭] 参见 Greive, Hermann: Die Juden. Grundzüge ihrer Geschichte im mittelalterlichen und neuzeitlichen Europa. Darmstadt 1980, S. 124.

[⑮] 如1523年的《论耶稣基督的犹太人出身》(Dass Jesus Christus ein geborener Jude sei)和1543年的《关于犹太人和他们的谎言》(Von den Juden und ihren Lügen)。

[⑯] 据推测,18世纪末19世纪初时,在欧洲中部的德国境内生活着约四五十万犹太人。犹太人团体分布在柏林、维也纳、法兰克福、汉堡、曼海姆等许多大中城市。参见 Siemann, S. 200.

[⑰] 以沙皇俄国为例,从1825年到1897年,犹太人从一百二十万增加到五百二十万。而他们中的大多数都聚居在从波罗的海到黑海的地区,从而在某些地方所占人口比例超过了50%。参见 Bergmann, S. 22.

[⑱] 反法战争期间,曾有400多名犹太人自愿参战,其中有72人获得了铁十字勋章。参见 Koch, S. 260.

太人当作社会生活中平等的成员来看待。按照宪法的规定,国家公民权利是不受宗教权力影响的。1812 年普鲁士就宣布犹太人为本国人,他们理应和其他人一样,享有公民权。但在民族国家形成的过程中,犹太人的处境十分尴尬。他们没有自己的祖国,本身也没有形成一个现代意义上的犹太民族。因此在政治生活中,根本就听不到代表犹太人利益的声音。所谓"享有公民权"在实际操作中往往大打折扣。[14]

同时,在欧洲走向现代化的过程中,一大批传统行业因为不适应发展而衰败,而很多犹太人却能抓住机遇,走上成功发达之路。新旧社会阶层的生成和轮换,不是在心平气和的气氛下完成的。于是,"犹太人"这一本已带有贬义的概念,又加进了新的内容:他们成了导致社会动荡和市场混乱的因素。因此,给予犹太人公民权的问题,一直没有取得突破。最终到了 19 世纪 70 年代末,在德国形成了"排犹主义"这一新概念。人们不禁要问,排犹思想已有了一千多年的历史,为什么非要发明一个新概念呢? 其实排犹的思想,到了19 世纪时已经分化,有了不同的利益背景。新的排犹思想否认自己是传统上排犹情结的继续,强调自己是"全新的""非宗教的",乃至是"科学而理性的"。他们认为自己不同于历史上对犹太人低层次的偏见和敌意,他们对犹太人的否定,是基于犹太人对所在国文化、传统和社会带来的所谓危害。[15] 这种排犹主义成为许多人所持的世界观,并进一步催生出一些以排犹主义为主要政治纲领的政党和组织。[16] 因此,政治化和组织化是排犹主义不同于以往排犹思潮的一大特点。德国无疑是排犹主义的中心,但排犹主义不仅仅局限于德国,它在整个欧洲都蔓延开来。

19 世纪 70 年代发生的经济危机中,出现了明显带有排犹主义色彩的报纸和杂志。其中的大量宣传都是针对所谓"犹太人的经济自由主义"(jüdischer Wirtschaftsliberalismus),把爆发经济危机的原因归咎于犹太人。于是排犹主义在此时得到了具体化:犹太人从事经济剥削,他们有统治世界的欲望,他们有着令人生厌的种族特征。排犹主义者呼吁大众和犹太人划清界限,还把犹太人当成自由主义的代言人,认为他们反基督教传统等。由此可以看出,与原先针对犹太人的谣言和偏见相比,现代的排犹主义更为系统,更具煽动性。它不再是流传于坊间的流言和可怕的故事,而是由政治家施托克(Adolf Stoecker)、历史学家特赖奇克(Heinrich von Treitschke)之流建立并完善的理论体系,这些人把犹太人的问题提升到所谓民族问题的高度。他们宣称,犹太人不再是个受难的民族,"而是我们民

---

[14] 如奥地利皇帝约瑟夫二世(Joseph II.)虽有"宽容"之名,且向来善待犹太人,但他并不打算将犹太人与基督徒等同视之。他只想"改善"犹太人的物质与教育条件,使之能更好地为己所用。在"马赛克般的德国"(Das mosaikartige Deutschland — Shulamit Volkov 语),所谓公民权在分崩离析的割据政权中,更是一纸空文。

[15] 如排犹政党——德国社会党(Deutsch-Soziale Partei)在 1889 年就公开宣称:"本党在犹太人问题上所提及的不仅是个种族和宗教问题,而且是个涉及国际、民族、社会政治和宗教传统的问题。"参见 Bergmann, S. 39.

[16] 如阿道夫 · 施托克(Adolf Stoecker)于 1878 年组建的基督教社会工人党(Christlich-soziale Arbeiterpartei)。

族的灾难"。排犹主义在当时成了一种社会和文化运动,它呼吁通过解决犹太人问题,从根本上解决各种社会问题,并用"科学的理论"和"历史的论证"给其披上公正和客观的外衣。自此,和犹太人联系在一起的都是一些在当时被认为是对社会构成巨大威胁的现象,如资本主义、社会主义、民主、无政府主义、拜金主义、物质主义、道德沦丧等,不一而足。虽然施托克在政治上无大建树,但其排犹主义理论却掀起了一股狂潮。

与此针锋相对,犹太人也组织起来试图捍卫自身的利益。1893 年组建的"德国公民犹太信仰中心联盟"(Central-Verein deutscher Staatsbürger jüdischen Glaubens),就是一个反对排犹主义的组织,其成员不仅有犹太人,还有其他普通的非犹太出身的德国人。但在当时甚嚣尘上的排犹主义浪潮中,中心联盟的声音和影响微乎其微。到了 19 世纪末,排犹主义又得到了种族主义的理论支持,从而形成了一股可怕的社会势力。犹太人越来越多地感受到来自多方面的威胁和敌意。

爆发于 1914 年的第一次世界大战,尽管是一场惨无人道的杀戮,但许多犹太人都积极投身到战争进程当中。他们希望以此表明自己对国家的忠诚,从而赢得社会的认可。随着战况的日益恶化,德国却成了排犹主义滋生蔓延的温床。尤其是当战争失利和最后战败时,犹太人问题再次被激活,犹太人成了导致国家、民族和社会危机的众矢之的。大量的排犹组织在战后很短一段时间内成立,并最终汇集在一起,成为一支不可忽视的社会力量。例如 1918 年建立的德国民族人民党(Deutschnationale Volks-partei,缩写为 DNVP),从 1919 年到 1923 年,其成员人数就从三十五万增长到九十五万。⑭ 另外据统计,仅 1920 年,就有多达两千万册宣传排犹主义的刊物和书籍等宣传品流传于世。⑮ 由此可见,一战后的 20 年代,是排犹主义恶性膨胀的时期。

到了 20 世纪 30 年代,排犹主义成了德国政治生活中的重要一幕。它和对共产主义的敌视、对共和制的仇视、种族主义以及极端民族主义一道,成了纳粹党理论体系的重要内容。在 20 年代末到 30 年代初的经济危机中,排犹主义又如瘟疫般地四处蔓延。对犹太人的敌视已经发展成为近乎歇斯底里的仇恨,似乎消灭了犹太人,其他问题便会迎刃而解。纳粹分子正是利用这种心理,将排犹主义推向可怕的高潮。自 1933 年纳粹党和希特勒夺取了德国的执政大权之后,对犹太人的迫害就被作为国家政策来推行。在随后的几年中,纳粹政府颁布了 2000 多项针对犹太人的限制和迫害法令,以前所未有的方式,对犹太人在经济上进行掠夺,在社会生活中进行威胁和恐吓,并从肉体上对犹太人进行摧残。许多犹太人背井离乡,离开了世代生活的德国,远走他乡。但也有很多犹太人选择留下,认为排犹主义和历史上对犹太人的歧视和敌意一样,渐渐会消失于无形之中。但这次,他们毫无疑问是大错特错了。

1938 年 11 月的"水晶玻璃之夜"(Reichskristallnacht),标志着纳粹政府针对犹太人

---

⑭　统计数字参见 Bergmann, S. 73.
⑮　同上, S. 74.

的暴力全面展开。在随后很短的时间内，就有上千所犹太教堂和 7500 多家犹太人商店被毁。[⑭] 这种针对犹太人的暴行，使得更多的犹太人不得不丢下世代积攒的家业，流亡国外。他们哪里会想到，自己的选择还是值得庆幸的。1939 年，随着第二次世界大战欧洲战事爆发，那些最终选择不离开德国或无法离开德国的犹太人的劫数降临了，等待他们的是集中营和灭绝营。希特勒认为，雅利安人（Arier）和犹太人之间的冲突是不可调和的。消灭犹太人，不仅是一个国家的问题，而且是一个世界性的问题。纳粹分子动用宣传、警察、军队等国家机器，开始对犹太人进行惨无人道的迫害、剥削和屠杀。希姆莱和他的党卫队忠实地执行了纳粹政府对犹太人的种族灭绝计划，根据后来公布的"万湖会议"（Wannsee-Konferenz）纪要，他们本打算杀戮所有在欧洲的约一千一百万犹太人。[⑮] 为达目的，纳粹甚至发明了专用焚尸炉、毒气室等令人发指的杀人场所。据第二次世界大战后有关统计，共有约五百二十万到六百三十万犹太人成了纳粹种族灭绝大屠杀（Holocaust）的冤魂。[⑯] 今天，纳粹对犹太人的罪行早已公之于世，波兰的奥斯维辛集中营和德国的达豪集中营都成为人们凭吊犹太人和反思纳粹罪行的场所。

当希特勒纳粹政权在苏联红军攻占柏林的炮声中灰飞烟灭时，很多人都以为排犹主义终于画上了句号。但事实上，时至今日，排犹主义并没有最终消失，它只是发生了一些变化。与以前相比，战后的排犹主义有了新的特征：首先，战后的排犹主义无法回避针对犹太人的大屠杀问题，但却试图否认罪行或把罪行归咎于犹太人自身；其次，排犹主义不再和种族主义互为依托；另外，1948 年后，排犹主义主要是以反犹太复国主义（Zionismus）的形式出现的。

在德国的历史上，针对犹太人的迫害和屠杀是个不可回避的问题。今天，德国人以令人钦佩的态度，不断反省历史上的那段罪孽。从中，我们不仅可以看到德国人所吸取的教训，还可以看到他们在对自身进行反省时的勇气。从历史上的排犹情结，发展到后来的排犹主义，最终导致针对犹太人的灭绝性大屠杀的发生，这一切居然肇端于历史上一些荒诞不经的谣言。在利益的驱动下，那些我们今天看来肤浅甚至可笑的谎言，被一些别有用心的人所利用和操纵，被盲从的群众所接受，竟然会影响人类千余年的历史，并给后世带来如此巨大的灾难，其中的前因后果的确值得人们深思。

[⑭]　统计数字参见 Bergmann，S. 106.

[⑮]　同上，S. 101.

[⑯]　统计数字参见 Bernecker，Walther L.: Europa zwischen den Weltkriegen 1914－1945. Stuttgart 2002. S. 326.

● **练习、调研与思考：**

一、翻译并解释名词。

Antisemitismus	
Laterankonzil	
Reichskristallnacht	
Wannsee-Konferenz	
Holocaust	
Ghetto	
Zionismus	
Rassismus	

二、请从构词法的角度解释 Antisemitismus 一词，并在《格林德语词典》《杜登词典》和百科全书中查找这一概念，梳理这一概念的形成。

三、阅读并朗诵德裔瑞典女诗人、诺贝尔文学奖获得者萨克斯（Nelly Sachs，1891－1970）和奥地利诗人策兰（Paul Celan，1920－1970）的两首诗，领略诗中描述的犹太民族所遭受的苦难。（可参照：谭余志.德语诗歌名家名作选读.上海：上海外语教育出版社，2005）

In der Flucht

Nelly Sachs

In der Flucht
welch großer Empfang
unterwegs —

Eingehüllt

in der Winde Tuch
Füße im Gebet des Sandes
der niemals Amen sagen kann
denn er muss
von der Flosse in den Flügel
und weiter —

Der kranke Schmetterling
weiß bald wieder vom Meer —
Dieser Stein
mit der Inschrift der Fliege
hat sich mir in die Hand gegeben —

An Stelle von Heimat
halte ich die Verwandlung der Welt —

　　（Aus：Flucht und Verwandlung. Deutscher Verlags-Anstalt, Stuttgart 1959）

Todesfuge
Paul Celan

Schwarze Milch der Frühe wir trinken sie abends
wir trinken sie mittags und morgens wir trinken sie nachts
wir trinken und trinken
wir schaufeln ein Grab in den Lüften da liegt man nicht eng
Ein Mann wohnt im Haus der spielt mit den Schlangen der schreibt

der schreibt wenn es dunkelt nach Deutschland dein goldenes Haar Margarete
er schreibt es und tritt vor das Haus und es blitzen die Sterne er pfeift seine
　　Rüden herbei
er pfeift seine Juden hervor lässt schaufeln ein Grab in der Erde
er befiehlt uns spielt auf nun zum Tanz

Schwarze Milch der Frühe wir trinken dich nachts
wir trinken dich morgens und mittags wir trinken dich abends
wir trinken und trinken
Ein Mann wohnt im Haus und spielt mit den Schlangen der schreibt
der schreibt wenn es dunkelt nach Deutschland dein goldenes Haar Margarete
Dein aschenes Haar Sulamith wir schaufeln ein Grab in den Lüften da liegt man
    nicht eng

Er ruft stecht tiefer ins Erdreich ihr einen ihr andern singet und spielt
er greift nach dem Eisen im Gurt er schwingts seine Augen sind blau
stecht tiefer die Spaten ihr einen ihr andern spielt weiter zum Tanz auf

Schwarze Milch der Frühe wir trinken dich nachts
wir trinken dich mittags und morgens wir trinken dich abends
wir trinken und trinken
ein Mann wohnt im Haus dein goldenes Haar Margarete
dein aschenes Haar Sulamith er spielt mit den Schlangen

Er ruft spielt süßer den Tod der Tod ist ein Meister aus Deutschland
er ruft streicht dunkler die Geigen dann steigt ihr als Rauch in die Luft
dann habt ihr ein Grab in den Wolken da liegt man nicht eng

Schwarze Milch der Frühe wir trinken dich nachts
wir trinken dich mittags der Tod ist ein Meister aus Deutschland
wir trinken dich abends und morgens wir trinken und trinken
der Tod ist ein Meister aus Deutschland sein Auge ist blau
er trifft dich mit bleierner Kugel er trifft dich genau
ein Mann wohnt im Haus dein goldenes Haar Margarete
er hetzt seine Rüden auf uns er schenkt uns ein Grab in der Luft
er spielt mit den Schlangen und träumet der Tod ist ein Meister aus Deutschland

dein goldenes Haar Margarete
dein aschenes Haar Sulamith

(Aus: Mohn und Gedächtnis. Deutscher Verlags-Anstalt, Stuttgart 1952)

四、按照纳粹荒谬的种族主义理论，白种人是高于有色人种的。那为什么希特勒在 1936
年和黄种人——日本人——建立反共轴心，却对属于白种人的犹太人横加迫害呢？
难道他对种族主义的看法有所改变吗？

五、西方许多文学作品中都有犹太人的角色，请在莎士比亚、歌德、莱辛或其他作家的笔
下查找犹太人的形象，对其做出分析并比较此间异同。

六、查阅相关资料，就纳粹德国迫害犹太人的暴行在课堂上做个小报告。其中可包括以
下关键词：

- Joseph-Arthur de Gobineau（1816 – 1882）
- Houston Stewart Chamberlain（1855 – 1927）
- Nürnberger Gesetz（1935）
- "水晶玻璃之夜"（Reichskristallnacht，Pogromnacht，09. 11.1938）
- "大卫之星"（Davidstern）
- "万湖会议"（Wannsee-Konferenz，20.01.1942）
- 达豪（Dachau）
- 奥斯维辛（Auschwitz）
- 布痕瓦尔德（Buchenwald）
- "最终解决方案"（Endlösung）

七、人类历史上相互间的大屠杀不可胜数，在我们生活的时代，每当战乱爆发，就有百万
计的无辜生灵惨遭荼毒。为什么纳粹统治下对犹太人的大屠杀（Holocaust），成为人
类历史上特殊的一页呢？同历史上的其他大屠杀相比，纳粹的残忍，有什么不同吗？

八、上世纪三四十年代，在上海突然出现大批携家带口的犹太人，甚至在沦陷后被日本人
占领的上海还专门辟出犹太人的聚居区（Ghetto）。请查阅资料解释这种现象的来龙
去脉。

九、请根据自己的兴趣从下列推荐作品中择其一二展开阅读：

图书：

„Die Tagebücher der Anne Frank"

Lion Feuchtwanger „Die Jüdin von Toledo"

Lion Feuchtwanger „Jud Süß"

Lessing „Natan der Weise"

Gudrun Pausewang „Ein Dorf wie jedes andere"

Joseph Roth „Juden auf Wanderschaft"

莎士比亚《威尼斯商人》

《新约》

电影：

„The Pianist"

„Schindler's List"

第十一单元 流亡上海的犹太人

在上海的虹口区,有一座犹太难民纪念馆,记录和讲述了一段犹太人在华的特殊经历。上世纪三十年代,大批犹太人以难民的身份出现在外滩码头。他们身如浮萍,处于动荡中的上海,很快又被纳粹德国剥夺了原先的国籍,成了无国籍人士。淞沪战役后,日军占领上海,使得他们的流亡生涯充满了变数。1941 年 12 月,日军偷袭珍珠港后,不但占领了上海的公共租界,还将这些"无国籍者"圈禁在虹口的隔离区,即后来所谓的"隔都"(Ghetto)。直到二战结束后,他们才陆续离开中国,有的返乡,有的去了新的家园。这段历史因其特殊性和传奇性而为后人格外关注,以不同形式出现在回忆录和其他文学作品、专业研究和影视作品中。但若要搞清楚其中的来龙去脉,还要梳理相当多的历史、政治与文化因素,这里尝试从千头万绪中整理一二。

1933 年希特勒上台后,纳粹德国政府推行种族主义和排犹主义的政策,明目张胆地迫害犹太人。尤其在 1938 年的"玻璃水晶之夜"和纳粹德国并吞奥地利后,处于第三帝国统治下的犹太人连人身和财产安全这样的基本权利都得不到保障。犹太人的产业被以各种名义充公,住房也被没收。就连昔日以兼容并蓄见称的大城市如柏林、汉堡、科隆、维也纳等地,也到处都可以看到排斥和仇视犹太人的标语。纳粹对犹太人的大规模迫害已经公开化且常态化,无须再假以任何借口。各种暴行肆意横行的德国和奥地利对犹太人而言,绝非久留之地。

时至 1938 年,无论是通向巴勒斯坦还是通向其他西方国家的流亡之路,对犹太人而言都已变得日益艰难,这主要是因为西方各国抬高了接收流亡犹太人的门槛。试想就连约瑟夫·罗特、埃利亚斯·卡内蒂、斯蒂芬·茨威格这样有名的德语犹太作家,都会为了一纸签证而发愁,那么普通犹太人想逃离纳粹的魔爪就更为艰难了。在这种情况下,与纳粹德国隔山隔海的上海公共租界就成了犹太人的最后一根救命稻草。因为上海虽然是座中国城市,但当时的公共租界却享有治外法权,即所谓的国中之国,不受中国法律的约束。⑬ 所

---

⑬ 19 世纪鸦片战争后,西方多国曾在华设立租界,享有治外法权,不受中方主权辖制。较有名的有上海、天津、武汉等地租界,时至今日还留有当年的痕迹,是中国近现代史中丑陋却不可抹去的一笔。

以当载着流亡犹太人的船在外滩靠岸时，他们甚至都无须出示护照。因为理论上说他们踏上的是公共租界而非中国领土，所以中国政府自然无权干涉。对想要离开纳粹德国的犹太人而言，这无疑是绝处逢生的一条路。但对作为主权国家的中国而言，国门洞开，任由外国人进出自由，却不是件值得炫耀的德政，更与仁政无涉。另外，当时的上海已经是远东首屈一指的国际型大都市，在这里生活着数十万外国人。而根据后来的研究和最新统计，整个二战期间，估计约有 3 万犹太人背井离乡，在上海或经过上海度过了他们未曾预料的流亡生涯。⑬ 所以，上海是犹太流亡者不得已而赴之的流亡地，每个人都希望以上海为跳板，登上前往美国或澳洲的轮船，但却因为 1941 年底太平洋战争的爆发而在上海度过了整个第二次世界大战时期。

总体而言，当时从纳粹德国来华、来沪有两条路线可选。一条是走陆路，乘火车经苏联的远东大铁路，之后从符拉迪沃斯托克（海参崴）乘船赴上海。或从远东大铁路转中东铁路到中国的哈尔滨，之后走陆路赴上海。这条陆路通道一直运行到 1941 年 6 月 22 日纳粹德国对苏联不宣而战。另一条是走水路，在欧洲乘船，直接抵达上海外滩公共租界。因此，逃离纳粹德国的犹太人在华有两个主要的落脚点，一个是哈尔滨，一个是上海。直到今天，这两座城市还留有不少当年流亡犹太人的踪迹。

倘若换一个视角，从当时中华民国官方政府的角度来审视这些陆续抵达的异乡人，则情况较为复杂。首先，国民政府无法获得有关这些人的具体和真实数据信息，因为哪怕是作为直接接纳方的公共租界里的工部局，也无法面对突如其来的难民潮，手上没有真正靠得住的统计数字。时至今日，到底有多少流亡犹太人以何种方式抵达上海，都还是笔糊涂账，对专业研究者也是个不小的挑战；其次，1937 年 8 月 13 日淞沪战役爆发及后来国军的溃败，导致日本占领军成了这座城市的新主人。所以当 1939 年犹太难民大量涌入上海时，除了公共租界的管理当局外，真正掌握犹太难民命运的是日本占领军，而非国民政府。在犹太流亡者日后的回忆录中，对日本占领军的记录要远多于对国民政府的记录，也正是这个原因造成的。另外，对当时的普通老百姓而言，这些犹太难民终究还是所谓"白人""洋人"，至于其背后所承载的宗教、文化、政治乃至于种族背景，则很难为当时正身处抗战国情的中国人所关注和理解。

如若再从日本占领军的视角打量这些流亡犹太人，则又会产生另外的问题。首先，这些难民中的大部分在抵达上海时还拥有同为轴心国的德国的国籍，但不久之后便失去了原国籍，成了无国籍者。1941 年日军偷袭珍珠港后，这些人在日本人的占领区内成了烫手山芋。纳粹德国曾经通过外交系统向日本施压，希望日本人解决掉这批流亡犹太人，最好找几条破船，将犹太难民运到海上沉掉。但日本人出于各种利益考量，并没有依从纳粹建议。最终，日本占领军在今天上海市虹口区霍山公园一带，建立了一个圈禁无国籍者的

---

⑬　潘光主编：来华犹太难民研究(1933 - 1945)。史述、理论与模式。上海：上海交通大学出版社，2017年，第 72 页。

聚居区,强迫无身份的难民集中居住,以方便管理。

正是在这种错综复杂,且各方顾此失彼的战时混乱状态中,流亡犹太人才能获得一席栖身之地。他们在被迫离开纳粹德国时,只被允许携带少许现金和少量随身物品,所以在抵达上海时,大部分人已经身无长物,没有什么可资榨取的资源,也就很快淡出了当时角逐各方的视野。于是,流亡犹太人在上海处于一种与世隔绝的状态,在虹口的聚居地带逐渐形成了一个具有犹太宗教和文化特色的小圈子,被时人和后人称为"小维也纳"。在今天的霍山公园内,还可以看到后来竖立的纪念碑一座,即是对这段历史的铭记。而在离霍山公园不远的犹太难民纪念馆,还有一个按照原样重建的"白马咖啡馆"供今天的参观者休息。

白马咖啡馆　　　　　　　　　　　　咖啡馆内景

值得犹太难民庆幸的是,当时在上海的各种犹太难民安置机构和慈善机构运转有序,[⑭]所以在外滩登陆的犹太难民暂时没有冻饿之虞,也有个遮风挡雨的落脚之处。而之所以能如此,是因为犹太团体凭借其雄厚的经济实力和灵活的头脑,在上海这个被称为冒险家乐园的城市里如鱼得水,从开埠以来积累了大量财富。他们对待落魄同胞的救助,是持续而且有效的。在后来犹太难民的回忆录以及德语文学创作中,都有大量描写他们抵达上海时的困窘,描写难民安置处的逼仄和物质的匮乏。这种描写因其写实和生动而颇有代入感,但同时也体现了当时犹太难民视野和经历的局限性。因为对生于此时代的中国当地居民而言,在淞沪战役的血肉磨坊中,若能进入当时的公共租界,实在是件值得庆

---

⑭　在当时上海的公共租界有不少犹太难民救济组织,如 Shanghai Jewish Communal Association(缩写 SJCA), Shanghai Jewish School(缩写 SJS), Shanghai Volunteer Corps(缩写 SVC), Shanghai Ashkenazi Collaboration Reflief Association(缩写 SACRA), Hebrew Immigrant Aid Society(缩写 HICEM), Committee for the Assistance of European Jewish Refugees in Shanghai(缩写 CFA 或 COPMAR), American Joint Distribution Committee(缩写 JOINT),等。

幸而非需要抱怨的事。之所以会有这种感知上的巨大差异,是因为当事人在面对和评判现实情况时的比较衡量不同。犹太难民虽然背井离乡,但心中挂念的依然是自己熟悉的故国家园,是此前的生活日常。与此相较,他们以难民身份落难于上海的临时安置点,生活当然苦不堪言,值得记录,更值得传示后人。与此不同,中国普通百姓在清末以来的战乱和动荡中,经常面对家园荡为寒烟之苦,饱尝妻离子散与生灵涂炭之痛,他们面对犹太难民的苦难虽然能够感同身受,但却难有震撼式的感受,因为这不过是诸般苦难中的一个方面。由此也就能解释,为什么在流传下来的中文文献资料中,对犹太人的情况虽然有所记录,但多是报刊文摘中的时事报道,在国人中引起的反应却难寻踪迹。现在国内对这段历史的了解,多是改革开放后经专业研究者不断梳理和发掘的结果。然而正是这种隔阂和差异,才使这些本来全无交集的人因为命运的阴差阳错聚居一处,并形成了一种意想不到的文化圈和生活圈。

抵达初期,在沪的各种犹太救助机构不但满足了难民最基本的温饱生存要求,还根据个人特点,提供重新开展生活和工作的必要支持。因为在沪流亡的犹太人很快就不得不面对现实,丢掉了返乡或移民他乡的念头——他们必须在上海安顿下来并开始新的生活,这在相对平静的上海公共租界以及后来的隔离区,不但必要而且可能。于是在上海街头,突然出现了许多衣着得体的"洋人""白人"摆地摊售货,这对当地居民而言算是难得一见的西洋景。除此之外,这些人开设了不少餐馆、咖啡馆,给当时崇尚西洋外邦文化的上海注入了生机。对犹太难民本身而言,投身餐饮行业不仅意味着找到了养家糊口的行当,也是一种对故国文化和习俗的延续。按照 1939 年 5 月 29 日上海的德语《黄报》(Gelbe Post)转载的信息,犹太难民在当时已经开设了 29 家咖啡馆和 1 家香肠店。[155] 后来日本人圈禁无国籍者集中居住的虹口隔离区,虽然面积仅有 2.6 平方公里且条件恶劣,但在犹太难民回忆录中还是会被描写成"令人感到明亮和愉快的虹口区内有许多欧式的,其实就是维也纳式的餐厅和小饭馆"[156]。

虽然身处远东,但这并不意味着在沪流亡的犹太人真正逃离了纳粹的魔影,例如纳粹德国驻沪总领馆就曾要求德国人不要在犹太人的店铺消费。[157] 不过可以肯定的是,在饮食方面,流亡犹太人保持着相当顽强的文化地域特点。虽然在后世的回忆和研究中,多会提及犹太难民与上海居民间相互帮衬接济的故事,但整体而言,犹太流亡者没有真正融入本地生活与文化。同时他们也十分注意对自身文化、宗教、习俗的保护,[158]甚至就连仲裁也是遵循犹太人所特有的"贝特·丁仲裁裁判",并于 1941 年在上海成立了"欧洲难民仲

⑮　Storfer,Adolf Josef(Hg.):Gelbe Post. Wien 1999. S. 85.
⑯　Buxbaum, Elisabeth:Transit Shanghai. Ein Leben im Exil. Wien 2008. S. 72.
⑰　Vgl. Buxbaum, S. 59.
⑱　潘光(主编)艰苦岁月的难忘记忆,来华犹太难民回忆录。北京:时事出版社,2015 年,第 89 页。

犹太人摆摊

裁裁判所"[159]。

　　在沪流亡期间,犹太难民的文化活动十分活跃。虽然身处逆境,但他们还是出版了为数不少的德语报纸,创办了剧场,演出德语甚至是意第绪语的剧目。因为抵沪的流亡犹太人多来自大城市,本身就拥有着良好的教育背景,其中也不乏作家文人,所以在上海创作的作品不在少数。例如早在 1934 年就来沪的犹太医生兼作家马克斯·莫尔(Max Mohr),曾经撰写过一本小说《独角兽》(Das Einhorn),并于 1997 年在波恩整理出版;再如奥地利犹太作家马克·西格尔贝格(Mark Siegelberg),曾客居上海并以上海孤岛时期为背景,创作了德语戏剧《第二副面孔》。此外,在沪犹太难民丰富活跃的音乐生活尤其值得一提。有研究显示,来沪的犹太人中有约 300 - 400 人本身就是艺术家,甚至半数还是职业艺术家,[160]这为活跃犹太人聚居区的文化生活奠定了基础。

　　夹缝中的生存意味着在沪犹太难民必须八面玲珑,采取谁都不得罪的生存策略。因为身处日本占领军的控制下,所以他们与反法西斯阵营中的流亡者不同,不能旗帜鲜明地站在同盟国立场上发声。在完全沦陷为日占区的东北地区与上海,犹太流亡者与日军当权者间的合作也是这段历史中不可回避的灰暗片段。在日本企图建立"大东亚新秩序"的背景下,拉拢远东的犹太人对他们显然有利可图。这就是后来颇有争议的《关于引入犹太

---

[159]　王志军、李薇:20 世纪上半期哈尔滨犹太人的宗教生活与政治生活。北京:人民出版社,2013 年,第 128,129 页。

[160]　汤亚汀:上海犹太社区的音乐生活(1939 - 1949)。上海:上海音乐学院出版社,2019 年,第 97 页。

资金的研究与分析报告》，即所谓"河豚鱼计划"的背景。⑯ 根据这一计划，日本人提出在东北或上海建立一个犹太人居留地。如 1934 年日本外务省提出了接受数万名犹太人的计划，利用欧洲普遍的排犹思潮将犹太人引来东北开发"满洲国"。⑯ 而 1939 年在哈尔滨召开的第三届远东犹太人大会上，犹太人领袖亚伯拉罕·考夫曼（Abraham Kaufman）医生也特别赞扬了日本对犹太人的帮助。此外，当时民国的立法院长孙科也曾在 1939 年提出议案，建议在西南地区划定犹太寄居区域。而 1939 年 7 月，德国银行家雅克布·保格拉斯（Jacob Berglas）还专程来上海，就犹太人移民云南的计划举行了记者招待会。阅读当年德文《黄报》，也有大量关于在中国云南建立犹太新家园的讨论，而哈尔滨甚至还是在犹太复国运动中召开三届远东犹太民族代表大会的地点。无论是出于什么原因，这种声音和企图在当时中国抗日战争的背景下，很难博得中国人民的好感，最后也都无疾而终。

流亡地局促的生存空间里，短时间涌入大量犹太难民，在当时的情况下，人与人之间也并非总能和谐相处。他们彼此之间，以及与周围环境之间也会产生矛盾。这里不得不提及犹太难民的身份认同问题。虽然身上承载着犹太人这一身份，但许多来自西方大城市的犹太人并非真正信仰犹太教的正统犹太人，只是因为其姓名中带有犹太标记"摩西"或出身犹太家庭，其实本身早已归化。他们对宗教的理解和认同早已世俗化，但抵达上海的还有一些来自东欧如波兰的正统犹太人，在他们眼中，世俗化不守教礼的犹太人几乎等同于背叛，二者间的关系并不融洽。此外，苏俄革命后有一批前沙皇俄国的犹太人也流亡至上海。但与纳粹德国不同，这些人的国籍并没有被注销，苏联政府依然承认其为苏联公民，也将其置于苏联在沪的领事管辖范围。所以这些人虽然是犹太人出身，但并没有被驻沪日军圈禁居住在虹口的隔离区。而这些人也成了隔离圈内犹太人与外界交流和获取信息的重要渠道。

如前所述，虽然今天在纪念馆或回忆文章中，可以看到许多在华流亡犹太人与当地居民互动交往的具体事例，但整体而言，他们作为在中国的"洋人"，少有与本地文化的融合，当地的生活与文化习惯也没有真正影响到他们。这不仅因为流亡本身是一种强迫迁徙，缺乏彼此融合的意愿和条件，更因为犹太人本身始终恪守自己的传统，并拥有自己相对独立的社会、宗教、文化体系。⑯

第二次世界大战结束后，中国很快又陷入内战的旋涡，犹太难民再次踏上旅途，离开了中国。在接下来的历史发展中，中国和以色列两国在很长一段时间内都没有交集，也没有正式建立外交关系，于是这段历史在中国渐渐落入历史尘埃之中。但获救的犹太人却从来没有忘记这段历史，他们出版了为数不少的回忆录和其他文学作品。柏林、

---

⑯　曲伟、韩天艳、程洪泽：《东方诺亚方舟：犹太人在中国哈尔滨历史文化研究》（上册），哈尔滨：黑龙江人民出版社，2014 年，第 297 页。

⑯　王志军、李薇：20 世纪上半期哈尔滨犹太人的宗教生活与政治生活。北京：人民出版社，2013 年，第 253 页。

⑯　同上，第 296 页。

巴塞罗那咖啡馆

维也纳、上海的犹太博物馆也都展出了大量关于这段历史的文物资料。时至今日,对这段历史的再叙述成为了对特殊时期人类命运共同体的一种诠释。世界各国的学者在对这段历史的研究中,继续发掘着此前不为人所知的故事,使更多的后来人了解关注这段历史。

● **练习、调研与思考：**

一、德国女作家 Ursula Krechel 的小说《上海远在何方？》由韩瑞祥翻译并获得了鲁迅翻译奖。这部小说开篇中的一段对话：

„Nach Shanghai."

„Was? So weit? "

„Weit von wo? "

你能从中体会到当年犹太人的什么苦衷与宿命吗？

二、你所在的城市，或你了解的哪座中国城市中，曾经留有历史上中德交流的印迹？能否就其中的建筑、传说、遗迹展开调研？

三、阅读一本有关这段历史的德语原著回忆录或其他文学作品，尝试从描述的字里行间还原出当年的历史线索。

四、以色列政府曾授予何凤山"国际正义人士"的称号。请查阅资料，简述他在救助流亡犹太人时的所作所为和意义。

五、在中国文学中也有以这段历史为背景的作品，请检索阅读，并梳理其中的历史线索。

六、如果你对这段历史感兴趣，请从微观视角，例如饮食文化入手，解析流亡犹太人的身份认同问题。

七、请结合记忆文化理论,尝试分析阐释一部以这段历史为背景的文学作品。

八、有机会的话,参观上海犹太难民纪念馆,就其中的一件展品展开背景调查,梳理历史脉络,还原历史真相。

九、中国共产党二十大报告中,对人类命运共同体这一倡议做出了详细的解释。提到"尊重世界文明多样性,以文明交流超越文明隔阂、文明互鉴超越文明冲突、文明共存超越文明优越,共同应对各种全球性挑战"。请查阅在沪流亡犹太人的资料,结合"人类命运共同体"的倡议,分析他们在华流亡的经历。

十、请根据自己的兴趣从下列推荐作品中择其一二展开阅读:
乌尔苏拉・克莱谢尔《上海,远在何方?》。韩瑞祥译
《银娜》。黄霄翎译
高仲泰《上海犹太人》
严歌苓《寄居者》
Susanne Hornfeck „Torte mit Staebchen, eine Jugend in Schanghai"

第十二单元　德语专业在中国的发展

　　"德语专业"是"德语语言文学"专业之简称,与其大致相应的德语概念是"Germanistik"即"日耳曼学"。日耳曼学作为高校的一门人文学科,其教学和研究对象是德语及德语文学的历史和现状,以中世纪学(Mediävistik)、近现当代德语文学(Neuere deutsche Literatur)、日耳曼语言学(Germanistische Linguistik)为主要分支。后来日耳曼学的范围逐渐扩大,德语教学论与教学法(Deutschdidaktik)、德国研究(German Studies)、跨文化交际(Interkulturelle Kommunikation)、文化学(Kulturwissenschaft)、媒介学(Medienwissenschaft)等领域的内容也程度不一地被纳入研究的范围,促进了跨学科性的发展。

　　有人甚至认为日耳曼学的历史可以追溯至塔西佗(Tacitus,约56－120),这位古罗马史学家曾提到日耳曼人首领阿尔米尼乌斯(Arminius)使用的语言。其实在语言和文学研究的意义上,可以说日耳曼学滥觞于人文主义时期(Humanismus)的《圣经》翻译以及历史和法律文献的研究。其时学术交流虽然主要借助拉丁语进行,但不少学者已开始用德语写作,如马丁·路德(1483－1546)的《关于翻译的公开信》(Sendbrief vom Dolmetschen)。1512/13年间,瓦迪亚努斯(Vadianus,即Joachim Vadian,1484－1561)在维也纳大学讲授中世纪的德意志文学。17世纪下半叶,大学里以德语授课的现象日益增多。直至18世纪还出现了不少关注和探讨德语相关问题的"语言协会"(Sprachgesellschaft)。

　　至于作为独立的学科和高校的专业,日耳曼学则是晚到19世纪初浪漫派时期才见雏形,格林兄弟(Jacob Grimm,Wilhelm Grimm),尤其是雅各布·格林在某种意义上可称为日耳曼学之父。柏林大学的拉赫曼(Karl Lachmann,1793－1851)、哥廷根大学的贝内克(Georg Friedrich Benecke,1762－1844)等学者也对日耳曼学的发展起了重要作用。编辑出版《尼伯龙根之歌》的冯·德·哈根(Friedrich Heinrich von der Hagen,1780－1851)是首批日耳曼学教授之一,1810年即在柏林大学担任此职。1846年在法兰克福市政厅召开了第一次德意志日耳曼学者大会。而1858年夏在罗斯托克大学成立的德意志语文学系(Deutsch-Philologisches Seminar)则是第一所较为新型的日耳曼学教研机构。自1860年代中期起,几乎在所有德意志大学都可以攻读日耳曼学了。

此后日耳曼学在第二帝国、魏玛共和国、纳粹统治时期、二战后的联邦德国和民主德国等各个阶段起伏变化，体现出不同的特点。到了上世纪 80 年代初，联邦德国有些追求学科新取向的学者开始讨论所谓"国内日耳曼学"(Inlandsgermanistik)和"国外日耳曼学"(Auslandsgermanistik)之分，后者指非母语者的日耳曼学，更多地强调非德语国家日耳曼学者和研究机构的本土视角、特殊关切和跨文化维度等，更进一步追求平视、交流和互鉴。

中国的日耳曼学是否应该归入所谓国外日耳曼学的范畴，对此意见不一。但基本共识是，中国的德语教学至少在 1872 年就开始起步，通过几代人的辛勤耕耘，经历了高峰低谷，已发展为具有一定规模和层次，具有核心内容和边缘接口，能为国家培养传统日耳曼学和新型德语国家研究人才的高校专业学科。对这段富有教益的历史发展过程，大致可分为以下几个时期：

一、1872－1949 年：中国德语教学的初创和奠基

中国的德语教学可上溯至清朝同治年间。1872 年同文馆增设布(普鲁士)文馆(后称德文馆)，以第图晋(Titouskin)为教习，一说是伟贝(Weber)，于 1872 年和 1881 年聘有夏干(Hagen)和班铎(Pandar)等执教。1876 年同文馆学制规定"馆中肄习洋文四种，即英、法、俄、德四国文字也"，从 1888 至 1898 年有吴乐福等 6 名德文教习。学生人数不详，只能根据零碎资料推测大概：1889 年 120 名学生中，优秀者为 20％上下，其中德文一、二人而已；1887 年、1888 年、1893 年及 1898 年四个年份中参加大考的德语学生人数分别是10、10、11 和 16，位居英语、法语、俄语之后。1901 年底同文馆并入京师大学堂，不久更名为译学馆，德语为主要语种之一。1903 年底颁布的《奏定大学堂章程》规定京师大学堂共有 8 科，文学科包括 9 门，其中有德国文学。从光绪三十年(1904 年)正月至光绪三十三年(1907 年)十月，京师大学堂先后有汪昭晟等 10 人教授德文。

分别建于 1886、1887、1895 年的天津武备学堂、广东水陆师学堂、湖北武备学堂，以德语讲授主要或部分课程。1893 年张之洞创立武汉大学前身自强学堂，1895 年湖南湘乡绅士开创东山精舍，其方言斋均依照京师同文馆模式，设德语等四门外语。自 1903 年起，中国高等学堂学生可选德语为第二外语。而自 1913 年起，四川、湖北、福建的公立外国语学校均设德语课程，如 1915 年，四川公立外国语专门学校有德语本科一个班 14 人。

复旦大学的外文系与学校同龄，很早就设立了德文科。同济大学和上海理工大学(原沪江大学)历史悠久的德语教学始于 1907 年，其共同源头为同济医工学堂。当时学生先读 4 年德语后读医科或工科，德语为第一外语和教学语言。1946 年同济的理学院扩充为文理学院，其中增设外国语言文学(德国文学)系。南开大学办学初期就设有德文课程。此外，中国共产党 1922 年创办的上海大学也开设德语课程，《暂行校则》计划设立的 16 个系中有 4 个外语系，包含德文系。

燕京大学西语系学生多修英语，另有德语等第二外语。1918 年北大文科中有顾兆熊

开设的德文课程。北大于 1919 年改门为系,全校 14 个系中就有德文系,由蔡元培聘请德国教授欧尔克(Waldemar Oehlke, 1879 - 1949)等讲授,张威廉为首届学生之一。冯至于 1921 年入北大预科,毕业后进德文系。当时学生不多,1924 年度全校毕业 191 人,其中德文系仅 2 人。该系 1924 - 1925 年度的课程就有:诗、戏曲、散文、上古及中古高地德意志语、德国古代文学史、德文修辞学及文体学、德文成语、德文作文、日耳曼国粹学、德国十八世纪文学史、德国近世思想潮流概论、德文尺牍、历史的德文文法、德国诗学、德国大思想家之人生观与宇宙观、德文小说、德意志考古学、德国诗律学、德国近世之文学、德国语言学之沿革。1931 年,英、法、德文系合并为西洋文学系,后称外国文学系。1931 - 1932 年,该系德文组开设了文法实习与翻译、戏曲、散文、德国文学史、作文、德国诗律学、德文修辞学及文体学、德国大思想家及大诗人之人生观与宇宙观、德国语言及文献学之沿革、德国语言之历史的文法、德意志民众文学、世界文学史大纲、名著研究等课程。时任北大德文系主任的杨丙辰也在清华大学任兼职教授,教过在清华西洋文学系读德语的季羡林。抗战时期,在群英荟萃的西南联大外国语言文学系从事德语教学的名师有冯至、杨业治、陈铨等。

原中央大学外国文学系也较早开设了德文及德语文学课程,可以说建于 1947 年的南京大学德语专业在中国德语教学和研究方面也极具影响。[64]

二、1949 - 1966 年: 中国德语专业的构建和发展

中华人民共和国建立后,对旧中国的教育制度进行了大刀阔斧的改造。在全面学习苏联模式的过程中,单一的外语学院得到了长足的发展,原本外语院系均设于综合大学内的局面不复存在。以北京外国语学院和上海外国语学院为代表的一批外语学院,在德语专业教学和研究方面起到了顺应时事的重要作用,而不少综合型大学的德语专业则在 1950 年代初院系调整时被合并,直到"文革"结束后才恢复中断多年的教学和研究工作。

[64]　数据和内容部分参考:付克,《中国外语教育史》,上海外语教育出版社 1986 年版;全国德语教学调研组,《全国高校德语专业教学调研报告》,外语教学与研究出版社 1992 年版;李传松、许宝发,《中国近现代外语教育史》,上海外语教育出版社 2006 年版;钱敏汝等,《当代中国德语专业教育研究报告》,上海外语教育出版社 2008 年版;杨武能,《八十年前是一家》,《读书》2005 年第 3 期 83 页;叶隽,《二十世纪上半期中国的"德国文学学科"历程——张威廉先生的历史记忆》,http://www.gmw.cn/02blqs/2005 - 04/07/content_255259.htm;叶隽,《早期中国德语文学学科史的若干史实问题》,http://www.gmw.cn/02blqs/2006 - 02/07/content_406002.htm;戴鸣钟,《谈德语教学》,祝彦主编《文野》1,国际文化出版公司 1995 年版,第 1 - 7 页;郝平,《北京大学创办史实考源》,北京大学出版社 2008 年第 2 版,第 48、50、335、351 等页;张桂贞,《冯文潜与南开德语教学》http://unn.people.cn/GB/22220/35917/35919/2983954.html;西南联合大学北京校友会编,《国立西南联合大学校史》,北京大学出版社 2006 年版;蔡德贵,《西洋文学系的老师》,http://theory.people.com.cn/GB/68294/73709/73711/5018415.html;高等学校外语专业教学指导委员会德语专业教学指导分委员会,《高等学校本科德语专业规范》;马剑、梁晶晶,《以歌德和贝多芬的精神不懈奋斗——北京大学德语系严宝瑜教授访谈》,《国外文学》2007 年第 02 期,http://qkzz.net/magazine/1002 - 5014/2007/02/1023820.htm;同济大学百年志编纂委员会编,《同济大学百年志(1907 - 2007)》,同济大学出版社 2007 年版;萧超然等编,《北京大学校史(1898 - 1949)》(增订本),北京大学出版社 1988 年版。

经过调整,当时只剩下北外、北大、南大设有德语教学点。

北外德语专业当时称北京外国语学校德文组,建于 1950 年 3 月,规模很小,姚可崑称"两位教师、14 名学生、一条心,合起来正好是个'德'字"。当时的学生都是军事干校的学生。其后两年未招生,1953 年起招收高中生,学制 4 年,每年招收一个班。1956 年德语专业独立设系,招收了 6 个班,学制改为 5 年。德语专业创设之初只有姚可崑和李欧丽阁 2 名教师,到 1956 年时教职工已达 13 名,外加 2 名民主德国专家。从 1957 年起师资不断扩充,1962 年外交学院德语专业并入北外德语系。⑯

北大在 1952 年院系调整时调入了清华、燕京、辅仁、北京师范大学的部分教师,重新组建西方语言文学系,下设德语专业。冯至兼任北大西语系主任,田德望为教研室主任,教师有杨业治、严宝瑜、赵林克悌、谭玛丽、蔡思克等。50 年代中民主德国派遣教师尼彻夫妇(Helmut Nietsche,1954 - 1956 在华)和马乃特夫妇(Hans Marnette 1956 - 1960 在华)等来北大德语系参加教学。50 年代末北大开始招收研究生。

南京解放时,原中央大学德语专业第一届学生尚未毕业。1952 年全国院系调整,南京大学西语系德文组由来自南大、复旦、同济的师资组成,有教授 7 人,副教授 1 人,讲师 2 人,助教 2 人,在校学生 36 人,负责人为商承祖。1954 年西语系下设德语语言教研室(主任张威廉)和德语文学教研室(主任陈铨)。1956 - 1958 年,民主德国葛来福教授(Günther Gräfe)来南大任教。同年,招收了 1 名四年制副博士研究生。1957 年,德语专业改为五年制。⑯

对外经济贸易大学前身是 1951 年成立的中央贸易部高级商业干部学校,当时已设德语和俄语专业,以满足当时与苏联和民主德国经济往来的需要。1954 年北京对外贸易学院成立,德语专业并入外语系,廖馥君、廖忠需父子在此任教。⑯ 1956 年,上海俄文专科学校更名为上海外国语学院,增设了德语专业,在教师进修工作告一段落后,于 1958 年夏开始招生。后在 1963 年 9 月被确定为教育部直属全国重点大学,逐步成为中国德语教学的重镇之一。

至此,"三个教学点"的格局被打破。当时全国设有德语专业的院校有教师 66 人,其中教授 18 人,副教授 4 人,讲师 17 人,助教 27 人。在校学生 420 余人。1953 - 1956 年,全部四所院校德语专业一共有毕业学生 138 名。

中山大学德语专业创立于 1958 年。此后,各地外语院校德语系纷纷成立。西安外国语学院德语专业建于 1959 年。1960 年,上海对外贸易学院成立,其外贸外语系中设有德语专业。四川外国语学院德语系的历史可以追溯到 1960 年。当时,新组建的德语专业隶

---

⑯　北外德语专业部分数据参见殷桐生、贾文键提供的系史资料;北京外国语学院校史编辑委员会编,《北京外国语学院简史(1941 - 1985)》,外语教学与研究出版社 1985 年版。

⑯　南大德语专业的部分数据来自孔德明提供的《南京大学外国语学院院史纪事》。

⑯　部分数据根据中国人民大学任国强提供的资料;对外经济贸易大学校志编委会,《对外经济贸易大学校志》,对外经济贸易大学出版社 2001 年版。

属英语系,1964 年与法语专业共同组成法德语系。

北京第二外国语学院成立于 1964 年,开设德语等多个语种专业,曾拥有德语等专业的新华社外文干校并入该校。1965 年广州外国语学院创办时就开设德语等四个语种专业。同年,国际关系学院在外交学院分院的基础上建立,设有德语等五个专业。至 1966 年,共有 12 所高校开设了德语专业,即北大、南大、中山、北外、上外、广外、川外、西外、对外经贸、上海对外贸易学院、国关学院。

《大学德语课本》

1950 年代初主要使用从苏联及民主德国引进的德语教材以及新中国成立前的旧德语教材。50 年代中期,姚可崑、祝彦、唐进伦参考苏联教材编写了基础德语教材《大学德语课本》。其中,姚可崑编第一册,谭玛丽等编第二册,张威廉编第三册,南大外文系德语专业教研组等编第四册,分别于 1956、1958、1961 和 1965 年由北京时代出版社出版。此外,商务印书馆于 1959 年和 1965 年分别出版了译自俄文的《德语动词》和赵林克娣、邱崇仁编的《科学技术德语课本》等。60 年代,教育部组织编写全国统编教材,姚可崑任主编,编写了《德语》1－4 册,由商务印书馆出版。

1954 年北大就派出青年德语教师赴民主德国求学,师从著名日耳曼学家汉斯·迈耶尔(Hans Mayer,1907－2001)等。1964 年,教育部关于 1964－1966 年派遣外语留学生的三年规划中的学习语种包括德语,计划派遣的留学生中有德语 45 人。

1959 年教育部颁发《关于高等学校外语课程设置问题的意见》,其中指出,可以按专业的不同和学校的师资条件开设除俄语和英语之外的第二外语如德语、日语、法语等。1959 年,北外开办了附中,招收了 6 个班 240 名学生,开设了德语等语种的课程。1963 年,教育部《关于开办外国语学校的通知》要求在两三年内建设 10 所外国语学校,开设包括德语在内的七个语种的课程,并确定了 11 所接受外国语学校毕业生的高校。

三、1966－1978 年:中国德语专业教育的停滞和复苏

1966 年后,我国的外语教育陷入了停滞。"文革"中后期,德语界教学科研的局面逐渐有所改观。作为"教育改革"试点内容,1970 年上外办了一期"工农外语学习班",招收德语班 12 人,学制 2 年。1970 年底,周恩来召开外语教学座谈会,和北大、北外等校师生代表座谈,同年批示北外恢复招生。于是北外德语专业自 1966 年停止招生后,于 1971 年恢复招生,学制改为 3 年半。北大西语系也开始试点招收工农兵学员。此后,外语院系陆续恢复招生。1972 年 9 月,南大外文系德语等专业招收首批学制 3 年的工农兵学员。北二外在 1972－1975 年间招收 4 届工农兵学员,其中包括德语专业,学制 3 年。1972 年,西

外在停止招生 6 年后恢复招生,招收学制 3 年的工农兵学员,德语专业也在其中。

上外也在 1972 年恢复招生,招收学制 3 年的工农兵学员,其中德语在 1972 - 1976 年间共招收 189 人。上海地区的几所高校在凤阳等地的"五七"干校开办包括德语在内的多个语种的培训班,学生边学习外语,边参加劳动,学制 4 年。以上外为例,在 1972 - 1974 年期间共招收培训班学员 543 人(其中德语学员共 55 人)。

"文革"中后期,也有一些德语专业相继问世:杭大德语专业始建于 1969 年。1972 年武大外文系增设德语专业。同年,华东师范大学外语系开始招学制为 3 年的德、日、法教师进修班。1973 年北京对外贸易学院重新组建,第一批恢复的学科中即有德语专业。1974 年天外成立,开设德语等 6 个专业。

随后,我国恢复了外派留学生的工作,联邦德国、瑞士、奥地利亦在其列。各地陆续开始举办外语广播讲座,有的地区还涉及日、德、法等语种。这期间德语界的研究工作多为完成上级交办的任务,主要是翻译(如上外的《阿登纳回忆录》、复旦的海克尔《宇宙之谜》等),此外还有教材、词典的编写。"文革"结束后,广外编写的《简明德汉词典》1977 年由广东人民出版社出版。1972 年开始,北大、同济和上外合作编写《德汉词典》,1979 年川外也派人参与了这项工作。

1978 年,国际政治学院重建,其外语系设德语等 5 个专业。复旦大学外文系在 70 年代初恢复了德文专业。华东师范大学外语系恢复四年制,于 1978 年春开始招收德语本科生。1979 年同济大学恢复了德语教学传统和德语第一外语地位,外语系设德语教研室和德文资料编译室,德语专业得以重建,当年即招收本科生和研究生。同年,上海理工大学的前身上海机械学院开办科技德语专业,招收本科生,任教者中有戴鸣钟。⑱

四、1978 - 2009 年:中国德语专业教育的勃兴和拓展

外语学习热潮随着我国的改革开放而兴起。此前,全国外语教育座谈会召开,会议文件《关于加强外语教育的几点意见》提出,除了大力开展英语教育外,也要适当注意德语等其他通用语种的教育。1981 年,中国外语教学研究会成立,下设的中国德语教学研究会成立大会于次年召开,祝彦任会长,与会者 31 人代表全国 21 所高校约 450 名德语教师。

此后,中国德语专业进入了快速发展期。1984 年全国共有 21 所院校(解放军外语学院未统计在内)设有德语专业:北外、上外、广外、川外、西外、北二外、北京语言学院、天津外国语学院、北京外贸学院、华东师范大学、北大、南大、复旦、武大、杭州大学、中山大学、国际关系学院、国际政治学院、同济、上海机械学院、武汉同济医学院。1990 年代初进行全国高校德语专业教学调研时,有 19 所院校参加。当时设有德语专业的外语类院校有 8 所:北外、上外、北二外、川外、广外、西外、天外、北师大。设有德语专业的其他院校有 11

---

⑱　1978 年改革开放之前的部分数据参见:《中国外语教育要事录 1949 - 1989》,外语教学与研究出版社 1993 年版;《上海外国语学院简史(1949 - 1989)》,上海外语教育出版社 1989 年版;杜瑞清主编,《西安外国语学院校史(1952 - 2002)》,陕西人民出版社出版等。

所：北大、复旦、南大、同济、上海机械学院、中山大学、武大、华东师大、杭大⑯、中国人民警官大学、对外经济贸易大学。此后我国开办德语专业的高校数量大幅增长，至今已逾百所。中国台湾地区设立德文系的高校有辅仁大学、东吴大学、淡江大学、文藻外语学院等，多为私立。中国香港和澳门特别行政区的高校没有设立类似中国大陆德语系的德语语言文学教学和科研机构。

原来德语专业的人才培养模式主要与德语技能的培养以及文学、语言学领域的学术内容的传授相关。当然，综合型大学和外语院校一般还会体现出不同的偏重，注重语言文学和强调交际技能的区别确实存在，于是也就需要互相交流，取长补短。德语界鉴于形势发展，就人才培养模式问题进行了持续不断的思考和尝试。

随着人才培养规模不断扩大，人才培养层次也在不断提高。1983年德语专业在校学生1268人，不包括师范院校德语专业57人，研究生人数更是有限。自上世纪90年代初《全国高校德语专业教学调研报告》发表以来，德语本科学生数总体呈上升趋势。改革开放初期，硕士生培养规模非常有限。1981年，在国务院批准的首批硕士学位授予单位及其学科、专业名单上，德语语言文学有四个点：北大、北外、上外、南大。1983年，全国在校德语研究生不到60人，其中北大8人，北外10人，国际政治学院10人，复旦2人，上外5人，同济10人，华东师大3人，南大3人，广外2人，武汉大学2人。经过几十年的发展，设有硕士点的学校数量大大增加了。1981年，在国务院批准的首批博士学位授予单位及其学科、专业名单上，德语语言文学有两个点：北大杨业治和中国社科院研究生院冯至。1985年北大加上特批博士生导师张玉书。1986年第三批博士学位授予单位加上了北外祝彦。经过德语界多年建设，如今博士生培养规模有了明显发展。

1983年，全国高等外语院校共有德语师资431人，其中教授14人，副教授28人，讲师179人，助教183人，教员27人。不同于1992年"教师队伍老龄化"的调研结果，后来的教师年龄结构呈年轻化趋势。德语专业学术梯队结构渐趋合理，师资力量在质量和数量上都有极大提升。各类外籍教师对中国的德语专业教学也起到了积极作用。

中国德语教学法起初基本是传统的语法翻译法，后师从苏联和民主德国，学习和引进拉赫曼诺夫教学法和赫尔曼教学法。60年代中期开始尝试听说法和视听法，70年代又盛行句型教学，80年代初开始转向交际法，主张以交际能力为教学目标。交际-功能法的影响越来越大，然而传统翻译法等仍有市场。后来不断有人探索和开发新的教学方法和教学手段，主张应把培养学生的创新能力放在突出地位上，并充分利用信息化时代提供的各种新的可能性。

1970年代高校恢复招生后，德语教材和教辅较少，不少学校使用自编讲义。辞典只有1959年的《汉德字典》(北外)、1964年的《简明德汉词典》(中山)、1978年的《汉德分类词汇手册》(北外)以及自1972年起由上外、北大、同济合作编写的《德汉词典》等几种，此

---

⑯　川外编《中国外语教育要事录1949–1989》中还列出了北京联合大学和安徽大学。

前甚至还得沿用新中国成立前的《德华标准大字典》。1980 年,高等院校外语专业教材编审委员会成立,德语编审组由严宝瑜负责。此后,德语界开始了较有规模的教材建设,专家、学者和教师编写了大量教材与教辅,主要在上海外语教育出版社、外语教学与研究出版社和同济大学出版社等出版。

与此同时,德语专业教师在文学和语言学研究、语言教学、名著翻译、辞书编纂、跨文化交际、区域研究等各方面都有优秀成果问世,还承担了不少国家和省市级的科研项目。我国日耳曼学已取得长足的进步和丰硕的成果。我国与国际日耳曼学的交流日益频繁和深入,国际日耳曼学会(IVG, Internationale Vereinigung für Germanistik)2015 年世界大会在上海同济大学召开。国际科研合作在不少高校还伴随着机构化过程,2002

《德华标准大字典》

年北大德国研究中心成立,北外于 1988、2006 年分别建立瑞士中心和德意志文化中心,复旦于 2005 年成立奥地利中心,与德国联系紧密的同济大学的德国合作科研机构数量更多,同济中德学院和南大中德法学研究所一样,也吸引了不少有志于跨学科研究的日耳曼学学生。德国学术交流中心(DAAD)一直派遣教师来华承担德语教学工作,对不少院校德语专业的发展起到了积极作用。此外,奥地利学术交流中心(OeAD)也派遣德语教师在一些学校参加德语专业的教学和科研活动。

即便只是从 1876 年李鸿章奏准派七人赴德国学习水陆军械技艺算起,中德交流也已有百余年历史。几代留学生都为中国德语教学事业的发展、为文明互鉴、建立人类命运共同体倾注了心力。

在中国日耳曼学的发展进程中,涌现出一批批优秀的教授和学者。其中首先应该提到的是冯至先生。冯至(1905-1993),原名冯承植,著名诗人、散文家,成就卓著的翻译家和学者。1921 年考入北京大学。1923 年参加文艺团体浅草社。1925 年与友人创立沉钟社。1927 年出版诗集《昨日之歌》《北游及其他》等,1930 年留学德国,就读柏林大学、海德堡大学,攻读文学、哲学与艺术史。1935 年获海德堡大学哲学博士学位。回国后先后在同济大学、西南联合大学外文系、北京大学西语系任教。1964 年调任中国社会科学院外国文学研究所所长。在中国作家协会第三、四次代表大会上当选为作协副主席。1989 年当选中国北欧文学学会会长。1980 年被聘为瑞典皇家文学、历史、文物科学院外籍院士。1981 年被聘为联邦德国美因茨科学与文学科学院通讯院士。1983 年获联邦德国慕尼黑歌德剧院颁发的歌德奖章。1985 年,民主德国授予冯至"格林兄弟文学奖"。1986 年被聘为奥地利科学院通讯院士。1987 年联邦德国授予冯至"大十字勋章"。1988 年达姆施塔特德意志语言文学研究院授予冯至"弗里德里希·贡多尔夫奖",首届"冯至德语文学研究奖"在京揭晓。冯至有多种诗集、散文集、传记、历史小说、报告文学问世,其中在德语文学方面,著有《歌德论述》(1948),《德国文学简史》(1958),《布莱希特选集》(1959),《论歌德》(1-2卷)(1986),译有《哈尔茨山旅行记》(1928),《给一个青年诗人的十封信》(1938),《远方的歌声》(1953),《海涅诗选》(1956),《西里西亚的纺织工人》(1958),《德国,一个冬天的童话》(1978),《海涅抒情诗选》(1984),《审美教育书简》(1985),《维廉·麦斯特的学习时代》(1988)。鲁迅称冯至是中国最优秀的抒情诗人。而《杜甫传》等著作说明冯至也是中国文学专家。学贯中西的冯至主张"洋为中用",认为"我们搞外国文学,并非为研究而研究,也不是为外国人研究,而是从中国的需要出发去研究,根本目的还是在于为发展社会主义提供借鉴。"在北大当西语系主任时,他始终强调者有二:一是学生要打好扎实的外语基础,二是学外国文学的人要学好中国文学。

在上世纪,我国日耳曼学界有所谓"北冯南张"的说法。另一位宗师级人物是张威廉先生。张威廉(1902-2004),原名张传普,别号微庐,是我国德语学科建设、发展的重要见证人。2002年南京大学为这位桃李满园的百岁老人祝寿时,他的几代弟子挤满了大礼堂。张威廉曾任中国德语文学研究会副会长、中国译协名誉理事、江苏外国文学学会名誉会长等,获得德意志民主共和国颁发的"洪堡纪念章""歌德奖章"和德意志联邦共和国颁发的"大十字勋章"。张威廉早年毕业于上海同济医工学堂(同济大学前身)的预科德语学校,后考入北京大学,成为新设的德国文学系的首届学生。1933年起,张威廉先后在陆军大学和中央大学教授德语,翻译文学名著,发表学术论文。新中国成立后,他长期在南京大学德语专业任教,做出了杰出贡献,桃李满天下,出版了大量德语教材和《德语教学随笔》(2000),主编了《德语分词与被动态》(1979)、《德语常用词用法词典》(1989)、《德语文学词典》(1990)和《德语语法词典》(1993)等极具影响的工具书。张威廉也是优秀的翻译家,他的一系列译著闻名于世,如席勒的三部名剧《威廉·退尔》《唐·卡洛斯》《图兰朵:中国的公主-悲喜传奇剧》,西格斯的代表作《第七个十字架》(1953),霍夫曼的著名小说《封·丝蔻黛莉小姐》(1981)、《德国名诗一百首》以及布莱德尔(Willi Bredel)的作品如三部曲《父亲们》(1958)、《儿子们》(1956),《孙子们》(1958),长篇小说《新的一章》(1988)等,德国童话作品如《豪夫童话》(1988)、《格林童话》(1997)。

有别于冯张二人,董问樵先生(1909-1993)虽然也是著名的德语文学研究者和翻译家,却不是"日耳曼学"正宗科班出身:他早年负笈西洋,求学异邦,于1932年完成研究财政学的论文后获得汉堡大学博士学位。后又赴美留学,1935年回国后被聘为四川大学、重庆大学教授,并在银行业任职。1945年成为民主建国会发起人之一。新中国成立后,董问樵转向德语文学的翻译及研究,曾任复旦大学外文系教授及德文专业主任、中国德语文学研究会副会长。董问樵起初译介了大量民主德国和捷克的无产阶级革命作家的作品。上世纪八九十年代,已入晚年的董问樵倾其多年之积累,佳作迭出,专著《席勒》和《〈浮士德〉研究》分别出版于1984和1987年。董问樵还翻译了歌德的旷世杰作《浮士德》(1982),几十年的努力使中国读者得以"沉浸浓郁,含英咀华"。此外,他还翻译出版了德语文学经典数百万字,如亨利希·曼的《亨利四世》(上、中、下,1980)、《亲和力》(1988)、《威廉·麦斯特的学习年代》(1993)、《威廉·麦斯特的漫游年代》(1995)等。正如歌德《西东合集》中吟唱的那样,董问樵"悠游于东西方之间",与魏玛精神冥契相通,守望人文理想和人道主义,尤其在对以歌德、席勒为代表的魏玛古典文学的研究和翻译方面厥功甚伟。1988年,德国总统授予董问樵一级十字勋章。

在新中国培养的日耳曼学者中,北京大学德语系的张玉书先生(1934－2019)是佼佼者之一。张玉书在德语文学领域造诣精深,尤其是对海涅、席勒和茨威格的作品有着深入的研究,著有论文集《海涅·席勒·茨威格》(1987)等大量学术著作。早在本科时期,他就翻译了海涅的《抒情的插曲》,从冯至教授的八字评价"流畅有余,含蓄不足"中汲取了力量,不断进取,终于在海涅翻译和研究方面成就卓越,出版了《海涅选集》(诗歌卷、游记卷、批评卷等)、《卢苔齐娅》《自白:海涅散文菁华》《勒格朗集》《青春的烦恼》《海涅抒情诗选》等精品十余种。席勒也是张玉书研究的焦点之一,翻译出版了《玛利亚·斯图亚特》《席勒戏剧诗歌选》以及席勒的美学文章等。由张玉书、钱春绮、章鹏高、朱雁冰等一代名家携手合作而成的六卷本《席勒文集》堪称是中国席勒翻译研究的标志性成果。德国著名学者莱佩尼斯(Wolf Lepenies)在《世界报》撰文称张玉书是中国日耳曼学者的Doyen(该词源自拉丁语decanus,在广义上用于称呼某一领域德高望重的引路人)。另一方面,茨威格在中国被接受,在相当程度上也要归功于张玉书的不懈努力和杰出成就。从1979年出版《斯蒂芬·茨威格小说四篇》,到2018年问世的《人类群星闪耀时》,张玉书编选翻译了数十种脍炙人口的茨威格作品。在中国日耳曼学的国际化方面,张玉书与德国和东亚多所大学、研究所以及重要文化机构建立合作,学术外交极为活跃和持久:他创办的德语学术刊物《文学之路》(Literaturstraße)是一条"中德文化交流的丝绸之路",力图克服西方的偏见,超越欧洲中心主义的狭隘,强调交流和沟通,促进理解和互惠,为中国日耳曼学者和德语教师搭建和拓宽了深化交流、大显身手的平台。

享有崇高声誉的德语文学研究专家、翻译家叶廷芳(1936－2021)也毕业于北京大学西语系德语专业并留校任教,后随冯至调入中国社会科学院,任外国文学研究所中北欧文学室主任、研究员,中国德语文学研究会会长。叶廷芳以现代主义文学研究闻名,1979年第1期《世界文学》上刊载的《卡夫卡和他的作品》是极具开拓性的工作,此后他陆续发表过许多卡夫卡研究论文,出版专著《现代意识的探险者》和传记《现代文学之父——卡夫卡评传》,又编撰了篇幅逾七百页的《论卡夫卡》,其中汇集了各国、各时期学者的重要论文,堪称中国卡夫卡研究者和爱好者的必读书。叶廷芳还与人合译了《卡夫卡文学书简》《卡夫卡书信日记选》《卡夫卡致密伦娜情书》及马克斯·勃罗德的《卡夫卡传》等,并在1990年代主持编译9卷本《卡夫卡全集》。迪伦马特也是叶廷芳译介的重要人物之一,他翻译了《物理学家》《老妇还乡》《罗慕路斯大帝》和《天使来到巴比伦》等作品,撰写了相关研究论文,在戏剧界乃至文学界引起很大反响,其译介和研究工作还对整整一代中国作家的创作产生了影响。

🔵 **练习、调研与思考：**

一、有些学者把日耳曼学分为"国内日耳曼学"（Inlandsgermanistik，Muttersprachengermanistik，Ökogermanistik）和"国外日耳曼学"（Auslandsgermanistik，Fremdsprachengermanistik，Xenogermanistik）。你觉得这种区分是否合理，为什么？

二、为什么说格林兄弟，尤其是雅各布·格林在某种意义上可称为日耳曼学之父？请参阅相关资料，谈谈你的看法。

三、同文馆及其中的布（普鲁士）文馆（后称德文馆）是在何种历史背景下建立的？

四、上世纪三十年代，冯至首次把海涅《哈尔茨山游记》介绍到中国。请阅读这部游记，了解海涅是如何歌颂美好，又是如何讽刺和抨击当时德国社会的种种弊端的。

五、张威廉主编的《德语文学词典》是"一部全面介绍德语文学的工具书"[17]。这部词典由哪些部分组成？

六、上世纪七十年代末，张玉书翻译的《茨威格小说四篇》（包括《象棋的故事》《看不见的珍藏》《一个陌生女人的来信》和《家庭女教师》）由人民文学出版社出版，大受欢迎，开启了茨威格在中国的大规模译介。请阅读这部小说集，并分析张玉书的译本有何特点。

---

[17] 《德语文学词典》前言，上海辞书出版社，1991年，第1页。

七、叶廷芳以现代主义文学研究闻名,有学者称叶廷芳为"中国卡夫卡学当之无愧的奠基者"[⑰]。请查阅相关资料,了解叶廷芳的研究工作,并就这一观点发表自己的看法。

八、董问樵的著作中不乏打通中西文化隔阂的努力和在德语国家被称为"国外日耳曼学"的独特视角。如《席勒》一书即以"席勒与中国"为代序,其中从席勒的诗歌《孔夫子的箴言》开始,分析了席勒接触中国文化和文学的情况,指出席勒"对孔子思想或中国古代哲理的重视",甚至可能"受了儒家的思想方式的影响",并着重介绍了席勒的《图兰朵,中国的公主》。文化交流不是单行道,董问樵也论述了席勒作品在中国的译介和接受情况,尤其是最为中国读者熟悉的《阴谋与爱情》和《威廉·退尔》。他以我国历史上对李白、杜甫的褒贬抑扬,来言说歌德、席勒的求同存异;甚至对照《水浒传》与《强盗》,在论及后者中的《赫克托耳的诀别》时,认为"这首拟古希腊的悲歌可以同古中国项羽和虞姬的《垓下曲》媲美"。而在《〈浮士德〉研究》中也不乏类似例子:如谈到歌德的自由仿作《中德四季晨昏杂咏》十四首"通过欣赏中国的景色抒发出个人的感情";移用杜牧评李贺诗的几句赞词,状写《浮士德》的多样性;以柳宗元《天对》中所言"天中无旁,乌际乎天则!",对比悲剧第一部中浮士德的"见不及此";葛丽卿独坐纺车边的吟唱,引起董问樵对李白《乌夜啼》的联想;认为悲剧第二部第二幕中描写"海之仙子"的诗歌,使人"如读《洛神赋》","不亚于湘灵鼓瑟,语音袅袅";以愚公移山的寓言,类比浮士德"为千百万人谋福利而填海垦荒"的"自强不息、精进不懈的精神";将《礼记》中"大道之行也,天下为公"的大同世界,与浮士德临死前的憧憬联系起来。其他译作的脚注也常联系中国,仅以《威廉·麦斯特的学习年代》为例:如译本第 80 页认为小说对女子的描写使人"联想李白诗句:'越女脚如霜,不着鸦头袜'。点到为止,着色太多,则流于猥亵";第 86 页称迷娘"是书中的浪漫式的悲剧人物,身世和经历之凄惨,更甚于《红楼梦》中的香菱";第 132 页评论书中著名的《迷娘曲》时建议"中国读者读此诗,可比较《诗经》中《蒹葭》三章及古代名歌《鸟语》……虽然意义不同,而情绪低回婉转,一唱三叹,则有异曲同工之妙"。

　　以上种种,是跨文化交际中常见的"郢书燕说",还是在视域广阔的基础上表达出了不无价值的感受和观点? 为什么?

[⑰]　叶隽:《中国外国文学研究的学术历程(第八卷):六十年来的中国德语文学研究》,重庆:重庆出版社,2016 年,第 155 页。

九、"尊重世界文明多样性,以文明交流超越文明隔阂,文明互鉴超越文明冲突,文明共存
　　超越文明优越"。新时代的德语专业如何为此做出贡献?

十、请根据自己的兴趣从下列推荐书目中择其一二展开阅读:
　　全国德语教学调研组《全国高校德语专业教学调研报告》
　　Hermand Jost „Geschichte der Germanistik"
　　李传松、许宝发《中国近现代外语教育史》
　　贾文键、魏育青《中国德语本科专业调研报告》

第十三单元　德语文学中的中国主题和中国形象

关于德语文学中的中国主题和中国形象,迄今已有不少研究,包括接受史和影响史的研究,结合某一时期、某一作家、某一体裁的具体研究等。以下几种特性是我们在讨论这个问题时需要加以注意的。

一是"多样性":德语文学中的中国主题在17世纪就初露端倪,其中有赞美也有攻击,有欢迎也有拒斥,有仿效也有歪曲。塑造的中国人形象也多种多样,从英雄骑士到苦命劳工,从理想化的明君到愚蠢颠顸的官吏,不一而足。

二是"动态性":德语文学的中国话语不是静止的,而是动态的。由于德语作家作为主体的历史局限性,以及观察的时间、距离、频次、角度等因素所产生的影响,因此中国形象多有变化也就难以避免。这种变化常与特定的社会功能和社会实践相联系,他者形象的变化,有时也在一定程度上体现出自我的变化。

三是"投射性":"中国"并非总是中国状况的客观呈现,也经常是幻象和投射,或是将自我的价值观投射到异域这块幕布上,意在归化对方和维护己方的观念秩序,或是通过塑造完全不同的他国形象,对本土的现实秩序进行质疑、颠覆和重构。与此相关的两种基本态度是"妖魔化"和"理想化"。前者突出消极意义上的反差,以"人不如我"的幻象证实自身的优越性,为某些改造对方的举措提供合理性依据;后者则基于"我不如人"的判断,以异域他者作为理想进行对照,从而改造自我。与此两种极端不同,还可以设想有一种互相尊重和包容的"各美其美、美美与共"的立场和态度。

说起"德国文学中的中国",一般认为有两个高峰期。第一个高峰是启蒙运动时期。17至18世纪,欧洲传教士将中国文化介绍到欧洲。从莱布尼茨到伏尔泰都有某种理想化的中国观,似乎启蒙的理想在这个理性的、道德的、有序的、公正的遥远国度已然实现。歌德的中国观也颇为正面,他在1827年1月31日和爱克曼的谈话中认为,"在他们那里一切都比我们这里更明朗,更纯洁,也更合乎道德"(daß bei ihnen alles klarer, reinlicher und sittlicher zugeht)。他接触《论语》《大学》等中国典籍的拉丁文译本,被称为"魏玛的孔夫子",还读过《好逑传》《花笺记》《玉娇梨》等中国作品,创作了具有东方色彩的著名组诗《中德四季晨昏杂咏》,甚至还翻译过中国诗歌,如唐玄宗早期宠妃江采萍《谢赐珍珠》:

> 桂叶双眉久不描，
>
> 残妆和泪污红绡，
>
> 长门尽日无梳洗，
>
> 何必珍珠慰寂寥。

歌德的译文是：

> Du sendest Schätze, mich zu schmücken!
>
> Den Spiegel hab ich längst nicht angeblickt;
>
> Seit ich entfernt von deinen Blicken,
>
> Weiß ich nicht mehr, was ziert und schmückt.

而德国著名汉学家卫礼贤则翻译成：

> Die Kassiablätter-Augenbraun habe ich lange nicht gemalt.
>
> Schminkreste und Tränen feuchten die roten Seide.
>
> Den ganzen Tag wasche und kämme ich mich nicht.
>
> Warum sollen nun Perlen und Edelsteine meine Einsamkeit trösten?

卫礼贤（Richard Wilhelm，1873－1930）生活的 20 世纪初堪称第二个高峰。陷入混乱、危机和焦虑的西方社会，开始在东方智慧中寻求出路。卫礼贤于 1899 年到达青岛，从此开启了他与中国三十年的不解之缘。他将《道德经》《易经》《论语》《大学》《吕氏春秋》等多种华夏经典译成了德语，尤其对汉学界之外的文人墨客产生了巨大的影响，在很大程度上推动了中国热的兴起。

此时，许多德语作家的笔下都出现了东方话语和中国形象，如德布林（Alfred Döblin，1878－1957）的《王伦三跃》（Die drei Sprünge des Wang-lun）、黑塞（Hermann Hesse，1877－1962）的《悉达多》（Siddharta）和《玻璃球游戏》（Das Glasperlenspiel）等。还有一些作家崇尚无产阶级国际主义，创作了具有革命倾向的作品，如基施（Egon Erwin Kisch，1885－1948）的《神秘的中国》（China geheim），沃尔夫（Friedrich Wolf，1888－1953）描写上海纺织女工的剧本《泰杨觉醒了》（Tai Yang erwacht）等。而在奥地利女作家鲍姆（Vicki Baum，1888－1960）的长篇小说《上海旅社》（Hotel Shanghai）里，中国人和欧洲人在面对侵华日寇时组成了命运共同体。

尤其值得一提的是德国杰出的戏剧家和诗人布莱希特（Bertolt Brecht，1898－1956）。他和中国的关系早已引起人们的关注。其叙事剧与中国京剧及梅兰芳，其老子诗与《道德经》，其后期诗歌与中国诗歌等等都是频繁和深入讨论过的话题。

布莱希特的叙事剧理论和"陌生化效果"举世闻名。他在希特勒上台后流亡欧洲大陆,1941 年经苏联去美国,二战后返欧,1948 年起定居东柏林。主要剧作有:《三毛钱歌剧》《潘蒂拉老爷和他的男仆马狄》《大胆妈妈和他的孩子们》《高加索灰阑记》《伽利略传》等。最容易使人联想起中国的是《四川好人》,不过实际上,这里的"四川"更是某种意义上的投射幕布。剧情在"中国南方"展开,三位神仙下凡寻"好人",找到卖身为生的贫家女沈黛后,给钱让她开了一家小烟店。沈黛乐善好施,生意很快就陷入困境。于是她戴上面具,化装成冷酷无情的"表哥"隋达,开了烟厂剥削工人。隋达代表剥削,沈黛象征善良,可是做好人和活下去,怎么两全? 在剧中的法庭上,三位神仙面对沈黛的责问,只能回答:难道世界应该加以改变? 谁来改变? 怎么改变? 不,这世界一切正常。说罢,三个神仙驾祥云而去,留下的问题供观众们思考。布莱希特在剧中没有明言,他追求的无疑是改变这个使得两全成为不可能的社会。他的座右铭是如今依然在柏林洪堡大学主楼中闪耀的马克思名言:

"哲学家们只是用不同的方式解释世界,而问题在于改变世界。"(Die Philosophen haben die Welt nur verschieden interpretiert; es kommt darauf an, sie zu verändern.)

20 世纪 30 年代初起,布莱希特开始关注中国革命。当时他的亲密合作者、奥地利音乐家汉斯·艾斯勒(Hanns Eisler, 1898 - 1962)的哥哥格哈特·艾斯勒(Gerhart Eisler, 1897 - 1968)受共产国际委托,在上海从事地下工作。汉斯将从其兄处了解到的中国革命情况介绍给了布莱希特,他们二人在 1930 年合作创作以中国为背景的教育剧《措施》。这部戏曾引起了不少争议,后来美国的"非美活动委员会"在审讯布莱希特时也专门就此进行了盘问。

1937 年,布莱希特在流亡丹麦期间,创作了一首关于毛泽东的短诗《背面》(起先以 Aus allem etwas machen 和 Der Steckbrief 为标题,1951 年发表时才起名为 Die andere Seite):

Die andere Seite

1934, im achten Jahre des Bürgerkriegs

Warfen Flugzeuge Tschiang Kai-scheks

Über dem Gebiet der Kommunisten Flugblätter ab

Die auf den Kopf Mao Tse-tungs einen Preis setzten.

Umsichtig

Ließ der gebrankmarkte Mao angesichts des Mangels

An Papier und der Fülle der Gedanken die einseitig

Bedruckten Blätter aufsammeln und brachten sie

Auf der sauberen Seite bedruckt mit Nützlichem

Unter der Bevölkerung in Umlauf.

背　面

1934 年,内战的第八年,

蒋介石的飞机,

> 向共产党人的地区投放传单，
> 悬赏毛泽东的人头。
> 鉴于纸张匮乏而思想丰富，
> 遭受谴责的毛泽东
> 深思熟虑，
> 命人搜集一面有字的传单，
> 在空白一面印上有用的内容，
> 让它们在民众中流传。

　　有研究认为，诗中描述的内容基于当时的报纸报道，据说布莱希特遗稿中夹着相关剪报。也有学者猜测，《背面》这首短诗平静叙述的细节，也可能与埃德加·斯诺的《西行漫记》(1937)中的相关记载有关。在布莱希特看来，毛泽东"思想丰富""深思熟虑"，是一名依靠人民大众的大无畏斗士。二战后，他将此诗收入在民主德国出版的《诗百首》。

　　布莱希特还翻译过毛泽东作于 1936 年 2 月的名篇《沁园春·雪》。1945 年 8 月，毛泽东从延安飞抵重庆参加国共谈判，在此期间柳亚子向毛泽东索句留念。1945 年 10 月 7 日，毛泽东给柳亚子回信："……初到陕北看见大雪时，填过一首词，似与先生诗格略近，录呈审正。"柳亚子把毛泽东书赠他的《沁园春·雪》手稿和自己书写的《沁园春》和词公开展出，社会上开始传抄。1945 年 11 月 14 日，吴祖光在其编辑的《新民报·晚刊》副刊《西方夜谭》上首次公开发表《沁园春·雪》：

> 北国风光，千里冰封，万里雪飘。
> 望长城内外，惟余莽莽；大河上下，顿失滔滔。
> 山舞银蛇，原驰蜡象，欲与天公试比高。
> 须晴日，看红装素裹，分外妖娆。
> 江山如此多娇，引无数英雄竞折腰。
> 惜秦皇汉武，略输文采；唐宗宋祖，稍逊风骚。
> 一代天骄，成吉思汗，只识弯弓射大雕。
> 俱往矣，数风流人物，还看今朝。

　　在 1948 年 12 月 29 日的《工作日志》中，布莱希特写下了读到毛泽东这首词《沁园春·雪》时的状况："Eisler hier für vier Wochen … er gibt mir aber eine Ode des Mao Tse-tung, geschrieben auf dessen ersten Flug über die Große Mauer, ein herrliches Gedicht，das ich gleich bearbeitete. Mein Rechnen mit einer Renaissance der Künste, ausgelöst von der Erhebung des Fernen Ostens, scheint sich früher zu lohnen, als man hätte denken sollen."（艾斯勒在这儿呆了四周，他给了我一首毛泽东第一次飞越长城时

写的颂歌。这是一首非常精彩的词,我立刻加工改写。我预感东方的崛起将引起一场艺术的复兴,而且出现之早可能出乎人们的预料。)

　　汉斯·艾斯勒1948年从美国返回欧洲后,在维也纳结识了在中国参加了抗日战争和解放战争后刚返回故里的奥地利医生严斐德(Fritz Jensen)及其中国夫人吴安(Wu-an)。严斐德夫妇1949年翻译的这首词题为"中国颂歌"(Chinesische Ode,有的研究称是这首词的英文译文,布莱希特全集里也称是"布莱希特译自英文"),艾斯勒回柏林后转赠给了布莱希特。布莱希特读后称赞它是"一首非常精彩的词",并于1949年1月20日把它"翻译"成德文,发表于1950年Versuche第10期。

Mao Tse-Tung

Gedanken bei einem Flug über die Große Mauer (1950)

Unter mir das Bild der nördlichen Landschaft.

Zehntausend Meilen geflügelter Schnee.

Unbeweglich

Der Gelbe Fluß, von solcher Höhe

Nicht mehr reißend. Zwischen ihm und uns

Hauchzarte Wolkenbündel aus Weiß und aus Purpur.

Weidland und Äcker zu beiden Seiten

Der Großen Mauer. Wie viele Freier schon

Sich vor ihnen verbeugten!

Alle die armseligen

Könige der Tsch'in und der Han

Die nur wenig wußten.

Die Tang und die Sung, mit dem Leichtsinn im Übermaß!

Und der hochmütige

Einzige Sohn einer Dynastie, der Tschingis-Khan!

Mehr als den Bogen spannen

Konnte auch er nicht.

Alle verdarben.

Aber auch heute

Seht euch die großen Herren an: immer noch

Voll der alten schlimmen Begehrlichkeit![12]

---

[12]　Übersetzung aus dem Englischen von Bertolt Brecht, GW Bd. 9, S. 1070.

　　布莱希特在《关于"中国诗歌"的备注》[13]一文中称毛泽东这首词作于"他飞赴中国南部进行政治谈判之时"(Das Gedicht Gedanken bei einem Flug über die große Mauer wurde von Mao Tse-tung geschrieben, als er zu politischen Verhandlungen nach Südchina flog),他当时以为《沁园春·雪》是毛泽东1945年参加重庆谈判飞越长城时所填,可能是受了严斐德和吴安译文中一条注解的误导,毕竟1945年8月不会下雪。按布莱希特研究专家塔特洛(Antony Tatlow)的说法,布莱希特对严斐德和吴安的译本处理了两次,第一次是和女助手伊丽莎白(Elisabeth Hauptmann)合作,第二次后者是否参加说法不一。第一次的译稿"Ode des Mao Tse Tung"后来没有发表。

　　如同"翻译"其他中国诗词时一样,布莱希特并非简单地进行了文字转换,而是经过"感受""体会"(nachempfinden)后使之成为自己的作品,"沁园春·雪"变成了"飞越长城有感"。而且不仅是标题,对比之下不难发现,译文和原文不一致处颇多。布莱希特的译文分为三节,结构与原词不尽相同。毛泽东原词25行,严斐德的译文30行,布莱希特的译文缩短至21行。布莱希特翻译得相当自由,比如"望长城内外,惟余莽莽","山舞银蛇,原驰蜡象,欲与天公试比高。须晴日,看红装素裹,分外妖娆。江山如此多娇"这几句基本上略去了,"数风流人物,还看今朝"这句的译法也与原文有相当距离。这恐怕也与严斐德原先译文中就有的省略、误译和别解有关,双重转译难免偏离。

　　布莱希特不谙汉语,英文水平也一般(余匡复在其《布莱希特传》中多处提及布莱希特不懂英文。从他在美国被询问的录像中可以看到,布莱希特的英语说得至少并不流利,在美流亡期间许多外部事务也要靠助手处理),他只是根据严斐德夫妇的译文,或许还依靠着伊丽莎白的帮助,进行了相对自由的处理。从布莱希特的《诗歌的可译性》(Die Übersetzbarkeit von Gedichten)一文也可觉察他这样做的原因:"诗歌在被翻译成另一种语言时,往往会因为试图传达的过多而受到最大的损害。人们也许应该满足于传达诗人的思想和态度。应该力求传达的只是原作节奏中体现作者态度的一种因素,而不是更多其他的东西。"(Gedichten werden bei der Übertragung in eine andere Sprache meist dadurch am stärksten beschädigt, daß man zuviel zu übertragen sucht. Man sollte sich vielleicht mit der Übertragung der Gedanken und der Haltung des Dichters begnügen. Was im Rhythmus des Originals ein Element der Haltung des Schreibenden ist, sollte man zu übertragen suchen, nicht mehr davon.)

　　尽管有种种不足,布莱希特还是在一定程度上体会到和表现出了原作者的"态度",而且"我预感东方的崛起(Erhebung des Fernen Ostens)将引起一场艺术的复兴(Renaissance der Künste),而且出现之早可能出乎人们的预料"。这是因为他从当时正在节节胜利的中国人民解放战争中,看到了世界的希望乃至人类的未来。1949年1月18日的《工作日志》流露出他当时的激动和兴奋:"近几周来,我满脑袋装的都是中国共产党

---

[13]　Anmerkungen zu den „Chinesischen Gedichten", GW 19, S. 424 f.

人的胜利，它将彻底改变世界的面貌。我不断地想着这件事情，每隔几个小时就要想一想。"（Durch alle diese Wochen hindurch halte ich im Hinterkopf den Sieg der chinesischen Kommunisten, der das Gesicht der Welt vollständig ändert. Dies ist mir ständig gegenwärtig und beschäftigt mich alle paar Stunden.）

　　布莱希特对中国革命运动及其领袖的态度也可以从他的《图兰朵》（Turandot oder Der Kongreß der Weißwäscher）中看出来。这部1953年创作的剧本以中国为背景，其中有一个未出场的人物——何凯（Kai Ho）领导人民起义。农民沈阿山（A Sha Shen）带着"红书"（rote Bibel），道出了对革命领袖的敬佩："当然要说到那何凯，我这儿有他的书。关于他，我到现在为止只知道：傻瓜们骂他是傻瓜，骗子们骂他是骗子。不过，他人到了哪里，他在哪里思考，那里就是只见稻米和棉花的广阔土地，人们看来也很快活……我们所有的人都会有广阔的土地。都能开展伟大的研究。怎么才能得到土地呢，都写在这本书里。"（Da ist freilich der Kai Ho, hier habe ich sein Büchlein. Ich weiß von ihm bisher nur, daß die Dummköpfe ihn einen Dummkopf, und die Schwindler ihn einen Schwindler nennen. Aber wo er war und gedacht hat, sind große Felder mit Reis und Baumwolle, und die Leute anscheinend froh sind … Wir werden alle große Felder haben und also alle große Studien betreiben können. Und wie wir die Felder bekommen，steht hier.）[14]何凯是一名知识分子，但与那些崇尚空谈、唯利是图、趋炎附势、被布莱希特颠倒字母排序而戏称为"蜕"（Tui，即 Tellekt-Uell-In）的知识分子截然不同，何凯的知识和理论是以实践性为特征的，切合前文提到的洪堡大学主楼里的马克思名言："哲学家们只是用不同的方式解释世界，而问题在于改变世界。"

　　1950年代初，布莱希特读了毛泽东的《矛盾论》德文译本，特别欣赏其中的辩证法思想。1955年，一家期刊问布莱希特："1954年的最佳图书是哪一本？"，他毫不犹豫地回答说："在去年阅读过的图书中，给我印象最为强烈的，是毛泽东的论文《矛盾论》。"尤其令他印象深刻的，是《矛盾论》中关于"主要矛盾"和"次要矛盾"的观点，布莱希特将这理论运用在剧团工作中。这在《对莎士比亚"科里奥兰纳斯"第一幕的研究》中不难找到例证。

　　布莱希特1953年排演根据莎士比亚剧本改编创作的《科里奥兰纳斯》。《科里奥兰纳斯》是莎翁晚年的一部古罗马历史悲剧。马齐乌斯·科里奥兰纳斯最初是罗马共和国的英雄，他性格暴躁，得罪了平民群众，成了罗马的敌人遭到放逐。他转而投靠伏尔西人，带兵围攻罗马。后又接受其母劝告而放弃攻打，这样就又背叛了伏尔西人，最后在战乱中被伏尔西人杀死。布莱希特改编此剧，意在"体验辩证法"（Dialektik zu erleben）。在排演第一场戏的过程中，谈到如何处理罗马贵族与平民的阶级矛盾和罗马人与伏尔西人的民族矛盾时，布莱希特说："照我看，面对敌人入侵采用简单的方法，我们是无法取得进展的。我们必须采用经典方法把握这种错综复杂的过程。我在毛泽东的《矛盾论》这篇论文里勾

[14]　GW，B.5，S. 2264.

划了一个段落。他是怎么说的？"站在他身旁的学生吕莉克女士翻开书本回答道："在任何一个过程中都有许多矛盾，这其中总有一个主要矛盾是起主导的、决定性的作用，其余的矛盾起次要的、从属的作用。他(指毛泽东)举了一个例子，说当日本人入侵的时候，中国共产党人便搁置了反对蒋介石反动政权的斗争……"由此也可以看出，布莱希特不仅自己在学习和运用《矛盾论》，还促使其学生和同事将《矛盾论》中的辩证法思想运用于艺术实践。

在 19 世纪 50 年代，布莱希特受《矛盾论》启发，撰写了《戏剧小工具篇补遗》一文，在其中引用了"矛盾的主要方面"这个概念，讨论唯物辩证法在叙事剧中的应用。《1954：上半年》(1954：Erste Hälfte)这首短诗中也提及了他学习和运用《矛盾论》："我阅读了伏尔泰的书信和毛的《矛盾论》/我在船坞剧院排演了《灰阑记》。"(Ich las die Briefe des Voltaire und Maos Aufsatz über den/Widerspruch./Ich machte den Kreidekreis am Schiffbauerdamm.)⑮1955 年，他在写给德籍华人翻译家和书法家袁苗子的信中称："毛泽东的《矛盾论》给我们的剧院带来了巨大益处。"(Wir haben im Theater großen Nutzen von Mao Tse-tungs Schrift über den Widerspruch.)

去世前一年，布莱希特请袁苗子为他写了一幅《沁园春·雪》，挂在书房墙上，并排的是孔子画像。布莱希特推崇中国古典哲理和智慧，在自己的创作中化用融合了老庄孔墨的思想。

早在 1920 年，布莱希特就与德国表现主义作家克拉邦德(Klabund，即 Alfred Henschke，1890－1928)结识，后者改编的《灰阑记》引发了他对中国文化的兴趣。同年他在日记中记述了自己初读《道德经》的情景，觉得自己的思想与老子有惊人的相似之处。他在《礼貌的中国人》一文中提到老子出关的故事。老子的影响在《老子在流亡途中撰写〈道德经〉的传说》(Legende von der Entstehung des Buches Taoteking auf dem Weg des Laotse in die Emigration，1939)中有突出体现，比如第 5 节：

> Doch der Man in einer heitren Regung
> Fragte noch："Hat er was rausgekriegt?"
> Sprach der Knabe："Daß das weiche Wasser in Bewegung
> Mit der Zeit den mächtigen Stein besiegt.
> Du verstehst，das Harte unterliegt."

正碰着那人高兴把事情追问：

> "他可研究出什么道理？"
> 童子说："滴水穿石，
> 柔弱的水也能把巨石制胜，

---

⑮　GW，Bd. 10，S. 1022.

你懂吗，这就叫柔能克刚，弱能胜强！"（严宝瑜译）

这首诗是布莱希特1938年流亡丹麦时所作。"天下莫柔弱于水，而攻坚强者莫之能共也"（《老子·七十八章》）的思想为流亡中的布莱希特提供了胜利的希望，"柔能克刚"中折射出他战胜法西斯的乐观主义精神。

如果说布莱希特在老子这里接受了"守弱曰强"的哲理，那么庄子"有用之患"的智慧也在他笔下有所体现。比如在《四川好人》第六场和第七场的过场戏中，卖水人老王梦见自己与三位神仙讨论一段文字，内容大致基于《庄子·人间世》中的寓言："宋有荆氏者，宜楸柏桑。其拱把而上者，求狙猴之杙者斩之；三围四围，求高明之丽者斩之；七围八围，贵人富商之家求禅傍者斩之。故未终其天年，而中道之夭于斧斤，此材之患也。"布莱希特流亡瑞典期间创作了《大胆妈妈和她的孩子们》（1939），女主人公安娜·菲尔琳，带着两个儿子和一个哑女，拉着货车随军叫卖，依靠战争为生，最终家破人亡，却仍然不思悔悟。布莱希特让剧中的大胆妈妈这样说："那些专门讨男人喜欢的人的命是最苦的了。她们为男人玩弄，直到她们死掉。要是不得男人的欢心，她才能继续活下去……这就像那些长得笔直的树木，它们常常会被砍去当屋梁用，那些长得曲曲扭扭的树反而可以安安稳稳地欢度年华。"这关于树木的比喻显然基于庄子"材之患"的思想：有用之材难逃厄运，而无用者"立之途，匠人不顾，反而能得尽天年"（《庄子·逍遥游》）。

布莱希特也推崇墨子。上文提及的那位与布莱希特长期合作的音乐家汉斯·艾斯勒回忆道："尤其1920至1930年，中国哲学对布莱希特产生了重大影响，我指的是作为思想上的启迪。"伴随布莱希特度过1933-1948年艰难的流亡岁月的，是两件和中国有关的物品，一件是孔子的画像，而另一件就是汉学家佛尔克（Alfred Forke，1867-1944）的《社会批评家墨子及其门生的哲学著述》（1922）一书。

墨子的朴素辩证法和伦理学给布莱希特留下了深刻的印象，他陆陆续续写下了大量格言和随笔，后来由他人编成了《墨翟/易经》（Meti, Buch der Wendung）。这本书反对形而上学，崇尚"伟大的方法"（Große Methode）即马克思主义的唯物辩证法（这也是"介入思维"即"eingreifendes Denken"，强调改变世界的实践性），并与《易经》的朴素辩证法思想、与墨子的三表法（drei Methoden）联系起来。但也有学者认为《墨翟/易经》与墨翟学说关系不大，墨翟这个名字是后来编辑者的"画蛇添足"。《墨翟/易经》或可与墨子的观点两相比较。《墨子·七患》中云："故时年岁善，则民仁且良；时年岁凶，则民吝且恶。"我们很容易联想到布莱希特笔下的名言："先吃饱肚子，才能讲道德"（《三毛钱歌剧》里匪徒头目"尖刀麦基"语），或者《管子·牧民》中说的"仓廪实而知礼节，衣食足而知荣辱"。《墨翟/易经》中还有与其他中国先哲、西方思想家、政治家、马克思列宁革命理论相关的内容，有对欧洲时事的评论，对"伟大的秩序"（Große Ordnung，即社会主义）、"协会"（Verein，党，尤指苏共）和知识分子问题的探讨，有时几乎就是将墨子作为自己的传声筒。有本论著的标题很有意思：是China，还是Chima？为我所用的拿来主义，在布莱希特的创作中颇为常见，他注重"材料价值",酷爱"旧材料的新加工",当然对所谓"抄袭"的指责也不以为然。

　　恐怕谁也不会因为书名上写着 Me-ti,就认为里面讲的主要是墨子思想了。《墨翟/易经》中主要人物大都取了"中国名字",作为一种"仿汉间离"手段(chimesische Verfremdung),如马克思(Ka-meh)、恩格斯(Eh-fu)、列宁(Mi-en-leh)、斯大林(Ni-en)、布莱希特本人(Kin-jeh),与他过从甚密的前辈著名作家福伊希特万格(Feuchtwanger)(Fan-tse),还有友人、合作者如露特(Ruth Berlau)(Lai-tu),希特勒(Hi-je)。地名也是如此:德国(Ga)、美国(I-jeh)等等。

　　《墨翟/易经》在风格和形式方面有模仿的痕迹,不过也不能排除受其他中国典籍的影响。布莱希特的《凯诺先生的故事》(Geschichten vom Herrn Keuner)就显示出不少可与孔子《论语》相比的体裁特征,如:"某某曰"的格式、独白和对话结构、人物的教学关系、简捷的行文、无连贯的排列以及省略或不精确地交代时空背景等。布莱希特凭借佛尔克的墨子译本接触墨家思想,同时也通过其中《非儒下》一章间接地接触了一些孔子思想。这以后布莱希特通过卫礼贤的《论语》译本、阿瑟·韦利的《论语》译本和《中国古典哲学三流派》及卡尔·克劳的《孔夫子轶事》了解孔子思想。布莱希特对这位中国先哲抱有浓厚的兴趣,在《工作日志》及未完成小说《蜕》(或译《知识分子》、"图依小说")中提及了孔子的命运遭际。在他看来,孔子是对后世有巨大影响的杰出人物,在此意义上他在《流亡者的对话》中将孔子和马克思相提并论。在一篇转译汉诗的说明中,布莱希特在不舍弃文艺的娱乐作用的条件下,通过援引原译者的话对孔子注重文艺的教育职能加以首肯。在《墨翟/易经》中,布莱希特不无偏颇地认为孔子作为教育家的成就不过尔尔,对其崇礼兴乐的保守倾向和敬鬼神而远之的不彻底无神论也持怀疑态度。布莱希特将孔子的"举止"称为"正义的",并在《孔夫子》[16]一文中指出,这种"举止"不乏引用仿效的价值。在他看来,这位思想家的道德观念并不能有效地解决社会问题。另外,布莱希特在歌德身上看到了一个德国的孔子,因为两者都强调自我修养,对暴风雨式革命态度冷淡,都有改良社会失败及死后被后世人利用的经历。

　　布莱希特认为墨子和自己在反对侵略战争、批评宿命主义、善恶基于温饱等问题上有相通之处。他通过墨子译本《非儒下》一章,认识到孔墨两家在不少方面是相互对立的。这种认识以不同方式在其作品中表现出来:墨子《非儒下》一章抨击孔子安贫不重利、谋道不谋食的思想,指责儒家"惰于作务"。布莱希特根据佛尔克的译本,将这理解成孔子对做生意无兴趣,写入譬喻剧《四川好人》中。该剧假托四川环境,批判了资本主义社会中"行善"和"活命"不能两全的冷酷现实。而孔子的"惰于作务"则被用来增强这种批判的艺术感染力。儒家文献《礼记》中《学记》篇讨论教学方法时用"撞钟"作比喻,墨子《非儒下》则批评儒家"君子若钟,击之则鸣,弗击不鸣"是不负责任的消极态度,而布莱希特在《四川好人》中利用这句话凸显一个剧中人的荒谬。《墨翟/易经》中的一篇短文写了两个针锋相

---

⑯　GW,Bd. 18,S. 75.

对的人物"孔"和"墨翟"。"孔"暗示了孔子的几点思想,"墨翟"一方面表达了作家要陈述的意见,另一方面在他身上作家学习墨家的痕迹依稀可辨。布莱希特无意深入研究孔墨对立,而是利用这冰炭之势来展开对家庭及社会问题的讨论。

布莱希特在《写真理五难》一文中指出,在反法西斯斗争的艰难条件下传播真理,计策是必要的,并援引孔子编修《春秋》以一字褒贬人物、臧否事件为例。在《工作日志》及其他作品中,他还多次提到孔子的"正名"。正名,即辨正名称概念,使名实相符,首先是孔子的为政之道,是针对当时社会等级制度日益崩溃的局面而提出的对策。布莱希特认为孔子的"正名"说有现实意义,可以用来批判纳粹蛊惑人心的宣传中滥用语言、名实相悖的现象。他在一系列政论艺评中用其他名称概念来代替法西斯滥用的名称概念,以期削弱希特勒宣传的欺骗作用,类似的"正名"手法在布莱希特各种体裁的文艺作品中也不时可见。由于条件的局限,布莱希特对孔子的"正名"的认识并非毫无偏差误解。另外,孔子的"正名"和布莱希特的"正名"目的性质迥然不一,具体方法也不尽相同。在他那里,孔子的"正名",就像老子的"以柔胜刚"一样,只是在黑暗势力高压恐怖下传播被压制、被掩盖的真理的一种克敌制胜的计策。

在流亡中,布莱希特受卡尔·克劳《孔夫子轶事》一书的启示,拟了《孔子一生》(Leben des Konfutse)的九场提纲,之后又再度酝酿创作此剧。唯一完成的一场《姜罐》在作者死后才问世公演,其主要内容是幼年的孔子和邻家孩童"陈俎互,设礼容",在上课时演习繁文缛节的故事。它工笔细绘了作者十年前在几篇短文中已初见端倪的态度:孔子崇尚礼仪规范以维持古制,"在新基础上再生旧举止",是不合时宜和注定要受挫的。可以认为《孔子一生》剧还带有譬喻性质,是和现实斗争相结合的。它的写作和著名的卢卡契布莱希特论战在时间上大致吻合:布莱希特描写孔子基本上是固守前人礼仪的立场,是否也是对卢卡契提倡因袭批判现实主义框框的隐晦的批评?布莱希特还将孔子对现实做些许损益的改良活动搬上舞台,其矛头是否也同时对准了他一贯抨击的上世纪初德国政治生活中杯水车薪的改良主义和类似的妥协让步的思想?作家还打算把此剧作为《罗莎·卢森堡的生死》的羊人剧,与后者合并成一个"完美的整体",似乎意在通过这两个人物使扬汤止沸和抽薪止沸,保守和激进的政治立场形成强烈对比。另外,布莱希特考虑让孩子来演此剧是否能取得较好的"离间"效果。他还认为该剧应带有幽默色彩,一方面因为喜剧形式和"离间"效果有内在联系。另一方面更是由于戏中描写了一些随着历史发展变化就失去了存在的必要性、因而是滑稽可笑的陈腐观念。

布莱希特是注重实践的马克思主义者,他通过诗歌翻译和戏剧创作等文艺形式关注和支持中国革命运动及其领袖,期待"东方的崛起"与"艺术的复兴"。布莱希特对中国的传统文化艺术抱有浓厚的兴趣,也不时在自己的作品中创造性地运用先秦诸子的思想和智慧,间或有误,但基本上是大醇小疵。总体而言,布莱希特并非作为书斋学者,并非出于猎奇趋时,而是作为一位积极干预生活、力求改变世界的文学家和艺术家,围绕现实生活的需要和进步事业的实践而对中国先哲臧否褒贬为我所用的。

⬤　练习、调研与思考：

一、试分析歌德的著名组诗《中德四季晨昏杂咏》中有哪些中国元素？

二、布莱希特的名剧《高加索灰阑记》(Der Kaukasische Kreidekreis)和李行道的元杂剧
　　《包待制智勘灰阑记》颇有可比之处。克拉邦德翻译改编了《包待制智勘灰阑记》对魏
　　玛共和国时期的戏剧界也不无影响。类似的情节也见于西方，如《圣经·旧约》所罗
　　门王判案故事。阅读《高加索灰阑记》，探讨"灰阑记"故事在该剧中所起的作用。

三、有人认为布莱希特《四川好人》这部譬喻剧是以关汉卿《救风尘》杂剧为蓝本创作的。
　　阅读这两部剧本后，请就此观点发表评论。

四、上世纪六十年代初，中国著名导演黄佐临先生比较了斯坦尼斯拉夫斯基、布莱希特、
　　梅兰芳的风格，是为后来的"世界三大戏剧体系"说的雏形。查阅资料，分析三者的异
　　同。布莱希特从梅兰芳的京剧表演中获得了什么启发？

五、布莱希特流亡丹麦期间，曾基于阿瑟·威利的英译本《中国诗歌170首》，翻译了7首
　　中国诗歌，尤其对白居易的诗歌赞赏有加。试对比原文和译文，归纳布莱希特译诗的
　　特点。

六、德国汉学家卫礼贤译介的东方思想和中国文化对作家黑塞、心理学家容格等产生了
　　不小的影响。查阅相关资料，就此主题做一个课堂小报告。

七、作曲家马勒的交响曲《大地之歌》与中国古代诗歌之间的关系也一度为人关注。对此
　　你有所了解吗？

八、"中国文化走出去"如何才能达得更好的效果？

九、请根据自己的兴趣从下列推荐书目中择其一二展开阅读：
　　Yun-Yeop Song „Bertolt Brecht und die chinesische Philosophie"
　　余匡复《布莱希特论》
　　贝托尔特·布莱希特《陌生化与中国戏剧》。张黎，丁扬忠译

第十四单元 德语国家教育的演变和发展

　　尽管经历了两次世界大战和战后长期的分裂,今天的德国仍是一个教育大国,与美国和英国同属最受推崇的留学目的国。据统计,目前德国拥有 383 所高校,其中有 103 所综合大学,就学人数达 198 万。[17] 德国在教育上取得的成就并非一蹴而就的成果,而是经历了漫长的发展和演变,最终才形成了自己的教育理念和办学特色。

　　中世纪的德国贫穷落后,政治上分崩离析,没有一个有效运转的统一政治体。在这种情况下,发展文教事业几乎不可能。于是,教堂和修道院就成为当时独一无二的信息和教育中心(Medien- und Erziehungsmonopol)。尤其在卡尔大帝统治时期,教会在世俗社会中的作用得以在各个方面彰显。教会通过彼此间的相互联系,也搭建起了整个精神世界的网络。教会培养的对象并不局限于教士,也包括家境尚可的世俗子弟。这里的教学以研修教义为主,同时也涉及古典时期的一些传统文化。教会的教育体系为社会培养出了一大批人才。大学作为一种新兴的教育机构,其师资一般拥有教会背景,贵族子弟多接受私人教育,而市民阶层背景的世俗子弟上大学则主要学习神学或法学。

　　图书资料作为教育的重要组成部分,此时一般属于个人收藏。确切地说,只有具有相当实力的王公贵族才有能力收藏书籍,并形成贵族的图书馆(Hofbibliothek),例如根据历史记载,亚琛(Aachen)皇家图书馆在 9 世纪时就以其藏书质量和书籍装帧的精美而闻名于世。当然,与今天的图书馆相比,中世纪早期的图书馆规模尚有限,多是些只拥有数百卷书籍的小型藏书机构。[18]

　　尽管受到书籍的复制和传播方式、资金和受众少等因素的影响,卡尔大帝执政时期还是全面地促进了教育和科学的发展。他希望凭此加强国力,扩大帝国对周边的影响。在

---

[17]　参见 Auswärtiges Amt, S. 119.
[18]　这一时期比较有名的是圣加仑(St. Gallen)修道院图书馆,在 9 世纪时记录藏书 428 册。同时期的穆尔巴赫(Murbach)图书馆记录藏书为 335 册。而当时一些规模较大的修道院藏书相对较为丰富,如富尔达、图尔、累根斯堡等地。

其治下最著名的文教成果当属一本宏大的《大词典》(Liber Glossarum)。[⑩] 同时,卡尔大帝希望改革拉丁语教学,建立起稳固规范的书写模式,将其在整个欧洲普及。这样,他就能在广大的疆域里推动统一文化的形成,加强不同地区思想界的交流。出于同样的目的,卡尔大帝还曾在公元 813 年建议大主教们为传播圣经推动罗曼语和日耳曼语的发展。而他本人也对日耳曼语言和传统文化颇感兴趣,曾收集日耳曼民族的英雄史诗。在他的支持和参与下,古高地德语和文学得以形成和发展。今天人们依旧可以从富尔达(Fulda)的老城和教堂修道院的历史遗迹中,领略这座当年文化重镇的风貌。

12 世纪起源于意大利的文艺复兴对教育和科学而言是一次不折不扣的重生。当人们通过对穆斯林和犹太人的研究著作重新认识源于古希腊和古罗马哲学及自然科学的价值时,科学和教育的新时代就开始了。[⑩] 12 世纪末 13 世纪初,亚里士多德的重要著作都已通过阿拉伯语或古希腊语翻译成拉丁语。而对古典科学所包含的四门高级学科(Quadrivium)[⑩]的重新认知和接受则构成了现代意义上科学的基石。

到了 13 世纪上半叶,一种新的教学模式——大学逐渐形成,并很快发展起来。起先在意大利和法国,随后在英国和西班牙都出现了这种教学机构。此时的大学是由教师和学生组成的社团发展而来的一种新的专业授课模式。与此相对应,从 11 世纪开始,教会学校日渐衰落。而在今天德意志的土地上,按照源于法国和意大利的模式,也开始出现了新的高等教育机构——大学,如 1386 年创建的海德堡大学、1392 年创建的埃尔富特高等学校(Erfurter Hochschule)、1566 年的斯特拉斯堡大学(Universität Straßburg)及 1622年的科隆大学等。

此时德国土地上的大学有一个共同特点,即臣服于统治者,为其培养未来的官员和教士。[⑩] 一个地区拥有一所大学,不仅意味着在教育体系上获得独立,而且也可以扩大其对周边地区的影响。此时高等教育的发展还处于起步阶段,在与教会学校的抗衡中并非总能占据上风,还需要皇家和教宗的认可和批准,同时也需要大众的认可与支持。[⑩] 中世纪的大学规模相对较小。据统计,在 1618 年时,全德约有 8000 名大学生,而经过了"三十年

[⑩] 《大词典》大约成书于公元 8 世纪,使用拉丁语编成并按字母排序。它不仅是一本辞书,而且是一本百科全书,涉及语法、医学、宗教诸方面的解释和文本。中世纪时,这本词典是学者常用的一般性参考工具书。

[⑩] 12 世纪上半叶,英国、法国以及其他地区的一些知识分子翻译了用阿拉伯语记录或翻译的文献。12世纪中叶,西班牙出现了专门的"翻译学校",翻译的主要是医学、天文、地理和数学等古希腊时期的文献著作。

[⑩] 指中世纪大学的四门高级学科:算术、几何、天文和音乐(Arithmetik, Geometrie, Astronomie und Musik)。当时的学者认为世间万物皆可通过这四门学科的知识得以解释和认识。

[⑩] 中世纪的宗教改革因圣经的翻译和印刷极大地促进了教育的发展。但教学内容除了基本的读和写之外,主要还是讲授宗教教义。另外,算术也作为一种技能而属于教学的基本内容。这种教育体制培养的人才主要是未来的牧师和公务员。自然科学在教学中还不受重视。

[⑩] 以德国现存最古老的海德堡大学(Ruprecht-Karls-Universität Heidelberg)为例,这所建立于 1386 年的大学最初是选帝侯(Kurfürst)在取得教宗的允许后成立的,旨在培养公国所需的教会人士及政府公务员。同时,以大学为中心,也形成一个文化中心,增强了自身对周边的吸引力。

战争",到了 17 世纪末 18 世纪初,在德意志神圣罗马帝国治下,甚至连这个数字都不能保证。[⑱] 这场空前的大战乱对文教事业的破坏极大,连著名的海德堡大学都因此而停办数年。在战后的恢复时期,各地展开了一轮新建大学的热潮。据统计,到 1715 年,德意志神圣罗马帝国境内有 30 所大学。[⑲] 上大学的主要是市民阶层的男性子弟。此时女性教育依然不受重视,只有贵族或上流社会的女子才有接受教育的机会。贵族子弟的教育多是以家庭教师为主的私人教育。至于私人教育与公立教育孰优孰劣,在当时的情况下很难一言以蔽之。对此,狂飙突进时期的作家伦茨(Jakob Michael Reinhold Lenz)笔下的剧作《家庭教师》(Der Hofmeister)有着生动的刻画。

此时的大学并没有真正接受新兴的自然科学,很少设置这方面的课程。[⑳] 大学生活也乏善可陈,大学生都住在寄宿学社(Burse)中。学校中存在大量陈规陋习,贵族大学生享有特权并享受专为他们开设的某些课程,而市民阶层大学生往往靠给贵族学生做私人随从来维持生活。这些情况表明,当时的大学与今天人们所了解的所谓教学科研之地的大学有着很大差异。其实在中世纪,学术和科研的中心并非大学,倒是贵族的府邸。文理中学和一些特立独行的人对科学的贡献更为巨大。

奥地利在哈布斯堡家族的统治下,政令相对畅通,统治者也极为重视教育的发展。1774 年,在玛丽亚·特蕾西亚领导下,奥地利进行了学校教育改革。这一改革不但促进了学校和教学的发展,而且为中央集权的统治奠定了重要基础,使得哈布斯堡王朝统治下多民族、多文化、多宗教的人民得以接受共同的教育。以波希米亚为例,1781 年时就已有 42% 的孩童能够上学接受教育。[⑲] 但总体而言,虽然德意志神圣罗马帝国踉踉跄跄地进入了新时代,可大学仍是一副中世纪的旧面孔,由校长领导下的学院构成。授课内容并没有多大改变,教授的人数非常有限,他们属于公务员阶层,这在很大程度上限制了学术研究的发展。

此时,图书的印刷对科学及学科的发展起到了极大的促进作用。在出版的图书中,虽说宗教书籍依然占据主导地位,但其他方面的书籍也日益增多。尽管此时书籍的价格不菲,但在贵族宫殿或一些城市中,已经逐渐建立起藏书丰富的图书馆。需指出的是,此时图书的出版已受到新闻检查制度的影响。有违宗教信仰的书籍被禁止出版,这种检查制度后来又扩展到与政治相关的领域。图书的出版极大地促进了科学和专业的交流和进步。尽管当时交通不便,但凭借出版的书籍,业内人士依然可以进行有效的交流和学习。在这种背景之下,大学逐渐成为学术研究之地。于是,自然科学如物理、化学、植物学等学

---

⑱　参见 Press, S. 150.

⑲　参见 Press, S. 149.

⑳　例外当然也有,1700 年,普鲁士选帝侯弗里德里希三世建立了柏林科学院(为"普鲁士皇家科学院"的前身),并任命莱布尼茨为首任院长。在这里的新兴学科,无论文科还是自然科学都受到重视。虽然科学院的发展之路并非一帆风顺,但却极大地促进了普鲁士的科学文教事业,为其国力的增强奠定了基础。

⑲　参见 Vocelka, S. 242.

科出现在大学的教学课程中,并且吸引了越来越多的人投入到相关学科的研究和发展之中。

　　就德语国家的教育体制而言,19 世纪初是新时代的开启,人们甚至可以称之为哥白尼式的转变(kopernikanische Wende)。在此之前,德国没有推行统一的普遍义务教育,因此读书识字的人并不多。学校也缺乏统一的管理机制,不存在按照年龄的分班式教学,很少有教学法和教学规划,也不讲究因材施教。所谓的"学校纪律"(Schulehalten)是唯一的管理章程。教师队伍鱼龙混杂,没有相关的培训机制。教学内容主要是讲解宗教教义,教育大权掌握在教会手中。当时的社会等级森严,若想像中国古代那样学而优则仕,希望通过自己的能力改变社会地位,可能性则微乎其微。

　　19 世纪上半叶,德国的教育得到极大的改善。普鲁士通过普遍的义务教育制朝着全民消除文盲的目标迈进了一大步。1914 年前,小学(Volksschule)已使绝大多数学龄儿童得以接受初级教育。这一巨大进步极大地减少了文盲的比例,提高了人口素质。但此时的城乡差别仍然巨大,乡村学校的设施和条件远比不上城市。例如,虽然乡村学校已开始按照年龄分班,但几乎还有三分之一的学校只设立一个班级。也就是说,6 岁到 14 岁的孩童得在一起上课。而在 1911 年左右的城市中,四分之三的学童所上的小学就已被分成了八个学期。上过小学的学童能继续上私立或公立的中学(Mittelschule)。

　　城市里已经形成了现代意义上的教育体系。学校普遍开始按照年龄分班,而传授知识和技能也成为一种职业,教师还创建自己的行会并出版杂志等。在学校建设中,政府极为注重教师的培训。普鲁士自 1806 年起专门设立了培养未来教师的研修班(Lehrerseminar),当时在整个普鲁士有 11 个这样的教师研修班。威廉帝国建立的第二年,即 1872 年,德国境内已拥有 64 个教师研修班。每年结业的教师从 1822 年的 1800 人,增至 1870 年的 4786 名。[18] 到 19 世纪 60 年代,约有三分之二的教师接受过相关培训。通过政府和民间的努力,德国的教育水平明显高于当时的其他国家。从 1872 年起,宗教课程变得越来越少,而符合新时代的课程不断被引入课堂。此外,社会上还开办了许多教授技能的学校,旨在培养专门人才,以适应社会及市场的需要。

　　普鲁士在 1812 年创建了文理高级中学(Gymnasium),而到了 1834 年,政府就将高级中学毕业考试(Abitur)确定为上大学的唯一资格认证。在此时的社会中,教育已成为可以改变社会地位的一种途径。不过,随着社会的飞速发展,人们也很快意识到这种教育体制所存在的局限性。文理高中只注重人文传统,尤其强调熟练掌握拉丁语和古希腊语,这在工业革命后期显得与社会实际相脱节。[19] 于是改革者呼吁建立新型学校,传授新的语

---

[18]　参见 Siemann, S. 253.

[19]　文理中学设立之初是以古代培养综合人才的模式设立的,其课程主要内容是拉丁语、古希腊语、德语、算术。这里培养的人才不以社会市场需求为导向,也非专门人才。专科人才的培养主要是各种专业学校的任务。因此,多数教师都是学语言文学出身。这种设置使自然科学不受重视,使文理中学成了学习文学和历史文化的学校,因而备受诟病。

言、数学和自然科学等实用知识,进而形成了日后的实科中学(Realschule)。

19 世纪初,大学在结构、办学思路和社会功能方面经历了彻底的改变。先前的大学有着与普通学校类似的结构,目的在于培养国家需要的公职人员,如法官、教士、医生以及此时新出现的文理高中教师。而之后的大学逐渐演变成为教学科研的场所,形成了自由研究的风气。在大学内部,结构的改变也影响到专业的发展。过去作为大学预科或研习基础知识的哲学院,现在成为独立完整的、与其他专业地位同等的专业学院。而由哲学院发展出来的自然科学,在 19 世纪下半叶也取得了日益重要的地位。1789 年,德意志神圣罗马帝国境内有 35 所大学,约 7900 名大学生,其中 40% 就读于哈勒、哥廷根、耶拿和莱比锡等大学,其余的分散在其他大学,每校的平均人数在 150 人左右。经过德意志神圣罗马帝国解体、拿破仑入侵等历史事件,19 世纪初的德国土地上还有 19 所大学约 13000 名学生。[190] 而到 1914 年,在校学生数已达 8 万人,比帝国建立之初的 1871 年多了 300%,而在同一时期,帝国人口仅增加 58%。[191]

第一次世界大战前,德国的高等教育已享誉世界。在医学界和自然科学界,德国诺贝尔奖获得者所占比例很大。对此,将大学定位成教学与科研之地的洪堡功不可没。同时,工业大学(Technische Universität)在威廉二世时期也得到长足的发展,并在 1899 年取得博士学位授予权。

另外,在科研领域,除了大学以外,各种专业的研究所、医学院等机构也蓬勃发展,形成了一支强有力的科研力量。自从洪堡在普鲁士进行教育改革以来,其独立大学的思路也在其他德语国家得到认可和传播。卓有成效的教育改革不但极大地促进了德国工业和经济的发展,也根本地改变了社会结构,形成了有教养的市民阶层。据统计,从威廉帝国建立的 1871 年到第一次世界大战爆发的 1914 年间,德国受过学校教育的市民阶层人口增长了 65%。[192] 当然,家庭的经济实力是教育最基本的保障,穷人家的孩子能接受到良好的教育,尤其是高等教育的机会相对要少,因此形成了巨大的社会鸿沟。

二战结束后,德国的科学文教事业得以恢复和发展。为了保障人们平等接受教育的权利,国家以法律形式确保资助中低收入家庭子女的学业。这一法律被称为"联邦教育促进法"(Das Bundesausbildungsförderungsgesetz,缩写为 BAföG)。这一措施成效显著。以 2008 年为例,在德国就有 82 万多名学生获得资助。另外,1968 年的学生运动冲击了旧的教育体制,改变了老牌大学某些陈腐的风气,也在某种程度上促进了教育体系的改革。联邦德国成立了许多新大学,政府也鼓励普通人家子女上大学。凡此种种,都极大地促进了教育事业的发展。

德语国家历史上形成的教育优势除了体现在结构和质量上以外,其大学授课理念也颇有特色。对学生而言,宽进严出是德语国家大学的一个显著特征。学生靠学分

---

[190]　参见 Siemann, S. 256.
[191]　参见 Ullrich, S. 349.
[192]　参见 Ullrich, S. 284.

(Schein)来获取毕业资格。若要取得学分，最重要的是能完成研讨型课程（Seminar）中的学期工作量，并完成学期论文。这种研讨型课程（Seminar）在大学教学中，是最基本、最重要，同时也是使学生获益最多的一种课堂教学形式。其余如大课（Vorlesung）、练习（Übung）等课程类型虽然占有相当周学时，但基本上只起到辅助考核作用。[13] 因此，就教学形式而言，德语国家大学执行的是以研讨型课程为主要授课形式的研讨式教学。

以文科的研讨型课程为例，在整个过程中，学生花费大量时间和精力用于围绕课程要求进行独立思考与研究，因此课程的运行主要由学生自己掌握。学生遇到困难时，教师给予相应的支持和帮助。在研讨型课堂上，教师的职责不在于"授业"，而是扮演着组织者和技术支持者的角色，负责安排进度，指出学生报告中的明显错误，对不明确的东西作出解释。这种教学方式能在最大程度上培养学生的主动性、团队合作精神以及发现问题和解决问题的能力。

具体来说，在学期开始的第一堂课上，教师描述整个学期的教学内容和目的。学生会自己报名索取本学期想要研究讨论的题目，自由结合成小组，并自行在小组中分派工作。学生的工作量中很大一部分在于查阅和整理资料，这一过程虽极耗时费力，却能训练学生的组织和执行能力，训练他们从不同角度出发，寻找可用资源，而非局限于某一特定专业和教师提供的有限资料。

由此可见，德国学生的主要工作在课下。课堂上的主导是学生自己，课上时间用来做专业报告和进行讨论。课堂进程主要是要求学生汇报并演示自己研究和思考所得，并作出评判。越是成功的课堂，教师在课堂上所起的作用就越少。相反，如果教师在课堂上过多占用时间，反而会引起学生的不满。做报告的学生面对全班二十余名同学，需要提供参考资料，并作出有条理的报告。在报告中，他（她）应对各种资料进行评价并论证自己的观点。要做到这一点，学生需要自己在课前大量阅读和讨论，形成站得住脚的观点。这种自学的过程也是学生学习并逐渐掌握独立思考、发现问题和找出方法解决问题的过程。与此相适应，其课堂桌椅多布置为环形，便于学生课堂讨论，减少教师作为主导的作用。

时至今日，德国已建成完善的教育体系。其职业教育和培训机制也同样卓有成效。德国的职业学校（Berufsschule）重视实际操作经验，其教学与企业实践紧密相连，使学生掌握一技之长，为就业做好准备。另外，继续教育（Fortbildung）也办得颇有声色。早在1985年，当时的联邦德国教育与科研部就提出了"每个人都应该终生学习"的口号，提倡终身教育。继续教育得到法律的保障，为专业人才进一步深造创造条件。同样，在奥地利也有类似的业余大学（Volkshochschule），使接受教育成为国民生活中的一个重要组成部分。[14]

---

[13]　专业不同，对大课（Vorlesung）的设置和要求也不同。德国大学文科（文学）类的许多专业，不出具大课学分，也不进行考察。学生毕业所需学分，完全得之于研讨型课程。

[14]　参见 Speiser，Wolfgang：Schwerpunkte der österreichischen Volksschularbeit 1946–1971. In：Erwachsenenbildung in dieser Zeit. Beiträge aus Österreich zur Theorie der Erwachsenenbildung. Graz，Wien 1972，S. 22.

　　今天,为了应对全球化发展,德国和奥地利作为"博洛尼亚进程"(Bologna-Prozess)^⑩的发起者和参与国采取了不少措施,如加强国际交流,加大对本国教育的宣传,改变学制并增设学士学位,采取了灵活宽松能吸引外国留学生的措施等。德语国家的各类教育与文化机构也加强了与我国相关机构的交流与合作,其各级代表处也在中国组织教育展和推介会,吸引中国学生出国留学,双方的合作愈加密切。这种新变革给德国教育在整体上带来的冲击是巨大的,而对其效果的评价尚需时日,非短期内就能作出是非评判。

---

⑩　1999 年,29 个欧洲国家在意大利城市博洛尼亚开会,讨论欧洲高等教育改革计划。该计划旨在建立彼此认可的教育体制,进而整合参与国的高教资源。会议确定,从 2010 年起,"博洛尼亚进程"签约国的大学毕业证书和成绩在所有签约国得到认可,大学毕业生可自由选择在其他欧洲国家申请学习硕士阶段的课程或者寻找就业机会。"博洛尼亚进程"旨在实现欧洲高教和科技一体化,建成欧洲高等教育区。

🔵 **练习、调研与思考：**

一、请阅读狂飙突进(Sturm und Drang)时期德国作家伦茨笔下的剧作《家庭教师》，并根据书中的描述，勾勒出当时大学生活的一个侧面。

二、请查找资料，描述威廉·冯·洪堡的教育理念，并简要说明这种理念对后世的影响。

三、查找有德国留学背景的中国近代文化名人，如蔡元培、马君武、季羡林等。试分析他们在德国的求学经历对其后来在国内的发展所起的影响。

四、德语文学中的成长小说(Bildungsroman)往往描述了主人公的成长历程，请以戈特弗里德·凯勒(Gottfried Keller)的小说《绿衣亨利》(Der grüne Heinrich)为例，分析主人公所经历的学校教育与今天德语国家的教育理念之异同。

五、请查看你所在大学和一所德语国家大学，最好是你所在大学的友好学校的类似专业的教学大纲，对比两校教学大纲构成之异同，并分析由此反映出的两校教学理念之差异。

六、在国际化的浪潮中，德国大学也面临改革的问题。一方面，因学业时间长、难度大而为人诟病；另一方面，免费或较低的学费标准也对政府财政是个较大的负担。请查阅资料，简述"博洛尼亚进程"的目的。

七、近些年来，德国很多地方办起了"儿童大学"(Kinder-Uni)。2010 年上海世博会期间，德意志学术交流中心(DAAD)也举办了多次不同主题的"儿童大学"。请查找资料，了解"儿童大学"的创建历史、办学理念及特色，探讨其对我国教育界有何启示。

八、请根据自己的兴趣从下列推荐书目中择其一展开阅读：
Gottfried Keller „Der grüne Heinrich"
Jakob Michael Reinhold Lenz „Der Hofmeister"

第十五单元　德语文学的经纬

　　德国与瑞士、奥地利构成德语圈,东西两侧没有明显的自然边界,在欧洲当轴处中的地理位置对它的历史不无影响。在文学方面,德国与周边国家接触频繁,有取有予,在相互渗透的文化网络中形成了千丝万缕的联系。

　　古希腊罗马文学为欧洲各国文学的源头之一,对在欧洲活语言文学中历史悠久次于希腊和英国文学的德语文学也不例外。有种意见认为,英、法、意、荷等国侧重继承古罗马的遗产,致力于建立古希腊罗马文化与基督教的和谐,而一般偏爱古希腊文化的德意志人那里则可以感受到古希腊罗马文化与基督教之间的紧张关系。⑲不管是否同意这种特点概括,德语作家从德国的莱辛到奥地利的霍夫曼斯塔尔,从崇奉日神精神的温克尔曼(1717-1768)到高扬酒神精神的尼采,都不断从古希腊罗马文学中获得启迪,却是无可置疑的事实。

　　在 8 世纪前,日耳曼人的文学如咒语等一直是口耳相传的,之后才有文字记载的作品。首先可提到的是英雄史诗(民间史诗)。从 9 世纪日耳曼史诗《希尔德布兰特之歌》之后到约 1200 年德意志英雄史诗《尼伯龙根之歌》问世之前,欧洲各地均诞生了英雄史诗,如法国的《罗兰之歌》、西班牙的《熙德之歌》、俄罗斯的《伊戈尔远征记》以及冰岛流传的"埃达"和"萨迦"。

　　对中世纪的古高地德语与中古高地德语文学(750-1350)的考察也离不开欧洲文化这个宏观语境。若根据作为文化载体的社会阶层进行划分,此时的文学系先后由"僧侣文学""骑士文学"和"市民文学"组成,当然三者并非泾渭分明,而是在一定程度上交叉叠合的。原则上与古希腊罗马文化格格不入的基督教文化在中世纪起着重要作用,基本上属于僧侣或称教会文学范畴的拉丁文文学,旨在播扬教义,为神权统治服务,从一个侧面体现了以力求克服此岸和彼岸、灵与肉、神性与人性的二元论为特征的中世纪精神。

　　十字军东征对欧洲各民族的交流起了巨大的推动作用,与文化昌明的伊斯兰地区也有了进一步的接触。这在 1200 年前后德语文学的第一次高峰期得到了充分的体现。法

---

⑲　Dietrich Bonhoeffer: Ethik. München: Kaiser 1988, S. 96 - 97.

国文学对德语文学有几次影响过程,其一就是十字军东征期间产生的骑士文学。稍迟于法国的德语骑士文学是世俗化的产物,由宫廷史诗(或称骑士史诗)和宫廷抒情诗构成。宫廷史诗主要讴歌骑士阶层的德行和理想,多以法国作品为蓝本,如哈特曼·冯·奥埃(约1168－1215)和沃尔夫拉姆·冯·埃申巴赫(1170－1220)等人的一些作品便基于克雷安·德·特洛阿有关亚瑟王及圆桌骑士的传奇。德国宫廷抒情诗受法国普罗旺斯行吟诗人的影响,不无雷同地表达对理想形象宫廷贵妇的崇慕,在1190－1230年期间最为流行。瓦尔特·冯·德尔·福格威德(1170－1227)为其中佼佼者,他的作品不再囿于注重宫廷生活理想化的法国模式,而是在所谓下层抒情诗里转而咏唱普通少女的情感和欢乐。

13世纪起骑士文学由盛而衰,市民文学逐渐取而代之。文学中心由宫廷转向新兴城市。市民文学在法国极盛,民间创作《列那狐传奇》在欧洲各国广为流传,仿作者甚众,后亦成为歌德动物叙事诗的题材。在神秘剧的发展过程中,法国也在一定程度上起着榜样的作用。

但丁(1265－1321)这位承前启后的意大利诗人即使对德国文学而言也标志着一个转折点。新高地德语文学从1350年左右开始,大致延续到1600年,此间具有深刻影响的有文艺复兴、人文主义和宗教改革运动。意大利学者重新发现了古希腊罗马文化的价值,赋予古典哲学家和历史学家以新的生命。14－16世纪,始于意大利的文艺复兴思潮席卷欧洲各国,充满以人为万物之本思想的文学作品出现在法国、西班牙等国,在英国达到顶峰。这一运动也波及了处于封建割据之下的德意志。意大利三杰(但丁、彼特拉克、薄伽丘)以文学著名,对德意志文化发展意义重大的罗伊希林(1455－1522)和伊拉斯谟(约1469－1536)等人则在文学创作之外,更多地从古代语言研究出发投身于人文主义学术运动。

在德国,人文主义思想主要在学者圈中传播,文艺复兴运动不久即为宗教改革的大潮掩盖,因而有人认为"文艺复兴"这一名称用于德语文学不如用于罗曼语族文学合适。[19]德国文学在这一阶段的成就首先离不开马丁·路德(1483－1546)倡导的惊世骇俗的思想革命。路德的辩论文和演讲词中表达的基本观念,对西方各国文学的影响是极其深远的。他"不但扫清了教会这个奥吉亚斯的牛圈,而且也扫清了德国语言这个奥吉亚斯的牛圈"(恩格斯),其以古希腊和希伯来语原本为基础的《圣经》翻译大大促进了德意志民族语言的统一,对德语文学的发展功不可没。

这一时期,德国的民间故事、讽刺作品、"愚人文学"和工匠歌曲各具特色和价值。《愚人船》针砭时弊,不久即被译成五种语言,在国外也引起强烈反响。时人甚至将其作者勃兰特(1458－1521)与荷马、但丁、彼特拉克并列。民间故事书《约翰·浮士德博士的生平》在之后的德国及欧洲文化史上被多次演绎,影响深远。但就总体而言,此时德意志大地上未能产生可与英国莎士比亚、法国拉伯雷、西班牙塞万提斯的杰作比肩的优秀民族文学。宗教改革和反宗教改革之后,巴洛克文学(1600－1720)兴起。巴洛克作为当时全欧盛行

⑲　Gero von Wilpert：Sachwörterbuch der Literatur. Stuttgart：Kröner 1979，S.672－673.

的一种艺术风格发源于意大利,后经法国传到德国,在三十年战争前后发展起来。

17 世纪文艺复兴运动结束后的意大利一蹶不振,西班牙文学自 16 世纪中叶开始的"黄金世纪"已是强弩之末,俄国文学在总体上尚无骄人业绩,唯英、法随着资本主义的迅猛发展,文学界趋于昌盛。法国文学执全欧牛耳,其以古希腊罗马文学为楷模的古典主义尤其在戏剧方面占尽风骚。经受三十年战争浩劫的德国虽不能说乏善可陈,但至少没有震动全欧的大作。

在 16 世纪走了一段相对独立的路之后,德国文学在巴洛克时期作为文学活动中心的诸侯宫廷中以仿效外国为主。"牧人文学"多基于罗曼语族的同类作品。德国戏剧此时的发展受到常在德国集市和宫廷巡回演出马洛、莎士比亚作品的英国喜剧团体的启发。德国文学史上的第一位戏剧大师格吕菲乌斯(1616 - 1664)从被誉为"荷兰黄金时期最伟大的诗人"的冯德尔那里接受了五幕剧、三一律等戏剧规范。奥皮茨(1597 - 1639)的诗论吸取了意、法等国的经验,力倡取法古希腊古罗马,创作符合规范、格律谨严的民族诗歌。他以意大利作品为蓝本编写了德国第一部歌剧,并介绍英国作家锡得尼的牧歌传奇和约翰·巴克莱的小说,促进了德国"牧人文学"和"国事小说"的发展。此时的长篇小说不少也受西班牙 16 世纪中叶兴起的流浪汉小说影响,其中尤其值得一提的是格里美尔豪森(1622 - 1676)的名作《痴儿历险记》。

启蒙运动标志着"人类走出咎由自取的不成熟状态"(康德),它同样也是全欧性的运动,英国的培根、霍布斯、洛克等为之奠定了哲学基础。在英国启蒙运动的影响下,法国跨入了"光明世纪",孟德斯鸠、伏尔泰、狄德罗以及卢梭对欧洲各国启蒙文学的发展起了非常积极的作用。

启蒙运动也在依旧封建割据的德意志留下了屐印。德国启蒙运动文学存在的时期大致是从 1720 年到 1785 年。到 1745 年为第一阶段,代表人物戈特舍德(1700 - 1766)崇尚法国古典主义,主张根据波瓦洛的文艺理论,以高乃依和拉辛为榜样改革德国戏剧。他置理性于情感及想象力之上,置法国和古典戏剧原则于民族性之上,恪守亚里士多德的规范,拒斥莎士比亚等不符合古典主义清规戒律的戏剧家,因而与以英国为楷模的苏黎世学者博德默(1698 - 1783)和布赖丁格(1701 - 1776)爆发了激烈论战。第二阶段的莱辛(1729 - 1781)以其文艺理论与实践为德国民族文学奠定了基础。这位"德国文坛上的阿米尼乌斯"在《汉堡剧评》和《拉奥孔》中探讨了亚里士多德的悲剧论和贺拉斯的模仿说,拒绝无条件因袭有可能束缚自由的"三一律",反对将法国古典主义奉为圭臬。他主张学习莎士比亚,创作的德国第一部市民悲剧《萨拉·萨姆逊小姐》也受到英国作家乔治·李洛的家庭悲剧和理查逊的感伤小说的影响,《智者纳丹》成功地运用薄伽丘《十日谈》中的"三个戒指"的故事,表达了至今尚具现实意义的"容异"思想。

重视此岸价值和弘扬理性教育的启蒙运动开始驱除教条主义神学的正统观念,但却并不完全排斥主观的内心虔敬。如果承认两者均基于开放性的"容异"精神,那么它们就具有一定的互补性质,而不是冰炭不容的。德国虔敬主义者拒斥外在的教会机构,主张在内心世界对神进行体验和感受,与其相应的世俗形式就是18世纪中后期的感伤主义文学,一般认为肇始于英国(扬格以及斯特恩、理查逊)。受启蒙和伤感文学影响、追求"纤巧"的洛可可文学则源自法国,1740年左右传入德国,在巴洛克时代和歌德时代之间架起了一座桥梁。从德国第一部教育小说、维兰德(1733-1813)的《阿迦通的故事》中,不难发现斯特恩、理查逊和菲尔丁的痕迹,格斯纳(1730-1788)洛可可风格的田园诗被译成多种文字发表,跨出德语区赢得了众多读者。

这位瑞士作家的代表作《田园诗集》(1756)问世前一年,"日内瓦公民"卢梭发表了他著名的"第二论文"即《论人类不平等的起源和基础》,其划时代的思想极大地促进了欧洲各国从启蒙运动向浪漫主义的转变。德国情况略有不同,在浪漫主义兴起之前和同时还出现了甚有特色的"狂飙突进文学"和"古典文学"。

"狂飙突进"文学(1767-1785)是德国启蒙运动的继续发展,在反专制、反教会以及强调文学民族性方面的态度更趋激进,也是思想自由的青年人反对老一代陈规旧习的叛逆运动,对片面强调冷峻的理性、"进步"和"规则"的做法提出了疑问。风华正茂的青年作家渴望自由,崇尚感情、幻想、主体性,追求狂放不羁的绝对个人主义。他们憧憬理想化的自然秩序,大声疾呼推翻专制主义,唾弃封建道德和等级观念。既是启蒙主义的集大成者又是启蒙运动的超越者的卢梭,其自由精神在此得到了汪洋恣肆的表现。"狂飙突进"文学作品也携挟着浪漫主义及感伤主义气息,这和《新爱洛绮丝》的影响同样是分不开的。"天才"说的产生也受到英国扬格《试论独创性作品》等论文的启发。

作为德国这一运动的精神领袖,赫尔德(1744-1803)视莎士比亚为"天才"的典型代表,受狄德罗思想的熏陶,其关于民间文学的主张则与卢梭的文化悲观主义姻娅相连。其文艺理论注重民族题材、民族风格和民族情感,在促进德语的发展以及搜集与研究国内外民间文学方面贡献卓著,对欧洲文学比如西班牙和葡萄牙文学中的"罗曼采罗"谣曲和史诗的传播和变革也起了某种作用。英国民间谣曲及故事受到赫尔德、毕尔格(1747-1794)以及后来的格林兄弟这些热心民间文学者的青睐,他们的态度又影响了英国浪漫派诗人,如司各特就搜集、仿作古民谣,并将毕尔格模仿英国谣曲创作的《莱诺蕾》译成英文。

在艺术实践方面,"狂飙突进"作家中成就最大的是德语文学史上的灿烂双星——歌德与席勒。描写反暴政英雄的《铁手骑士葛兹·封·贝利欣根》受莎士比亚的影响,就像伦茨(1751-1792)的剧作《士兵们》(1776)一样,在戏剧形式上打破了传统的羁绊。《少年维特之烦恼》这部受理查逊和卢梭影响的作品风靡全欧,它赞美自然和纯朴,高扬天才和个性,感情奔放,并糅杂着感伤色彩,引起了极大共鸣,亦不乏仿作者,如意大利的福斯科洛。席勒的《强盗》和《阴谋与爱情》也集中反映了"狂飙突进"的大无畏战斗精神。歌德和席勒登上文坛,意味着德国文学开始具有广泛影响。

真正将德国民族文学提高到全欧以至世界水平的是古典文学,一般是指歌德和席勒在魏玛珠联璧合的十年(1794-1805)。它并非对17世纪法国文学迟到的模仿,也不同于广义上作为一种文学流派的古典主义,而是在德国特定历史文化条件下产生的、和"狂飙突进"文学一样具有鲜明德国特色的文学现象。

在贫穷落后的德国,启蒙思想未能导致像 1789 年法国大革命那样的社会政治现实的巨变。学者和诗人更多的是在思辨的精神世界中冲击巴士底狱,构筑资产阶级的理想大厦。康德、费希特、黑格尔和谢林的德意志古典哲学对古典文学以及浪漫主义文学具有重大影响。

称这十年的文学为古典文学,不仅仅因为它是德国文学继 12 世纪第一次高峰之后的又一个堪为典范的鼎盛期,也是由于它承袭了文艺复兴时期人文主义的传统,以希腊的古典文化为楷模。温克尔曼将希腊艺术特点概括为"高贵的单纯和宁静的伟大",古典文学作家以集真、善、美为一体的日神型希腊艺术为价值取向,力图在人类与自然、法则与自由、现实与理想、社会与个体、理智与情感、义务与欲求之间建立一种和谐的关系,创造完美和谐的艺术作品,培养完美和谐的人而不是参与激进的社会政治变革。

席勒在《唐·卡洛斯》(1787)后完成了从"狂飙突进"到古典主义的过渡,给世界文坛留下了大量杰作。在意大利旅行期间,歌德通过研究古希腊罗马艺术转向了古典主义思想,成就斐然。这位"世界公民"同国内外学者有广泛联系,深信一种"世界文学"必将问世,晚年诗作《西东合集》(1819)还涉及欧洲文化圈之外的思想和文学。《浮士德》与荷马史诗、《神曲》《哈姆雷特》合称欧洲文学四大名著,反映了文艺复兴以降欧洲的历史。歌德这本毕生巨著第二部中浪漫主义已露端倪。

1794 – 1811 年还有一些德语作品介于古典主义和浪漫主义之间。让·保尔(1763 – 1825)的小说中可见 18 世纪英国作家理查逊、斯特恩以及斯威夫特的某些特点,他的作品对英、法作家如柯尔律治、卡莱尔、斯塔尔夫人也不无影响。荷尔德林的《许佩里翁》(1797 – 1799)使人联想起他最喜爱的卢梭的书信体小说。

浪漫主义文学运动在 19 世纪初期传遍欧美。德国的浪漫主义文学(1798 – 1835)发展略早于西、意、俄、法、美等国,一般分为前后两期,即耶拿派和海德堡派。浪漫主义作家崇尚瑰奇,拒斥庸常,强调个性神圣、意识自由,继承了"狂飙突进"运动崇尚情感的传统,却无后者反封建、反教会的锋芒,他们偏离了启蒙文学和古典文学世界公民式的理想主义,体现出民族主义倾向和神秘主义色彩。后期的浪漫主义者奠定了日耳曼文学的基础,整理民间的童话、歌谣、传说等文学遗产,使德国抒情诗通过门德尔松、舒曼、勃拉姆斯等音乐家的谱曲誉满天下。

德国浪漫主义文学与欧洲其他国家的浪漫主义相比也有其特点。英法浪漫主义者力求摆脱封建束缚,同情法国大革命,反对政治复辟,多少有点后来萨特所说的"介入型文学"的味道。而德国的情况则大相径庭,浪漫派作家一般注重文学的"非政治化"和"内在化",事实上认同"神圣同盟"统治下的社会现实,弥散着浓厚的宗教和神秘气息,缅怀套上光环的中世纪,而不是对人类未来充满破晓时的希望。

这段时期各国思想和文学交流也很频繁。德国浪漫主义的艺术观通过曾留学德国的"湖畔诗人"柯尔律治等与英国的早期浪漫主义有所接触。英国第二代浪漫派诗人拜伦的作品影响了歌德。斯塔尔夫人于 1810 年撰写的《论德意志》介绍了德国思想和文化,鼓吹效仿莱茵河彼岸的作家如歌德、席勒、施莱格尔兄弟,这些都和英国浪漫主义文学一起推动了法国浪漫主义文学的发展。施莱格尔等对丹麦诗人欧伦斯莱厄也有触动,浪漫主义由此从德国传入丹麦。德国浪漫主义作家中一位具有世界影响的是霍夫曼,其作品风格荒诞、情节离奇,对丑恶的现实社会生活冷嘲热讽,巴尔扎克、波德莱尔、果戈理、陀思妥耶夫斯基以及爱伦·坡均从不同的侧面受到他的影响。德国古典哲学对浪漫主义精神的传播起了相当的作用,早的如英国华兹华斯,他探讨想象力和浪漫派诗歌特色的理论著作吸收了谢林的观点,晚的如美国爱默生等的新英格兰超验主义,其中透露出康德先验论的思想。此外,费希特的主观唯心主义和歌德的《少年维特之烦恼》也影响了浪漫主义。

德国浪漫主义作家在介绍外国文学方面也颇有建树,比如蒂克和奥古斯特·维廉·施莱格尔翻译了塞万提斯、卡尔德隆、莎士比亚等人的作品,吕克特(1788－1866)将东方文学作品引入德语国家。

古典主义和浪漫主义文学后期直至 19 世纪中叶,德国文坛上有两股基本对立的潮流,一是所谓"比德迈耶"文学(1810－1850),一是"青年德意志"与"三月前"(1835－1848)文学。"比德迈耶"文学不问政治,以宗教、传统为价值取向,压抑情感以保内心静寂,向往"妩媚的谦逊",在内容和形式上都崇尚"小巧",情调忧郁低沉,充满乡土气息。与这种保守的阴柔形成鲜明对照的是青年德意志派激进的阳刚。这派作家在法国七月革命和自由主义思想影响下开始写作所谓"倾向文学",试图改变社会现实。"三月前"派文学是指从 1840 年到 1848 年三月革命这段时期投身政治运动的文学家的作品。

这一时期由德国浪漫派传入法国的某些文学特点又复归故土,雨果、巴尔扎克、欧仁·苏、乔治·桑等法国作家引起了人们广泛的注意。拜伦精神在青年德意志派对狭隘道德和反动势力的斗争中也得到体现。

不少激进作家常常为了当前政治斗争的需要而忽视作品永恒的美学价值,为此受到海涅(1797－1856)在长诗《阿塔·特罗尔》(1847)中的嘲讽。海涅在国外的声誉和影响远远大于国内,他长期侨居巴黎,尤与圣西门主义者联系密切,在《论浪漫派》(1836)中与斯塔尔夫人意见相左。他以德法两种文字写作,参与建立两国文学之间的桥梁,其作品中兼有多种思潮、文化和宗教的成分,至今还是比较文学和跨文化交际学的热门课题之一。海涅对欧洲其他国家的作家也有影响,如对有"挪威的海涅"之称的韦尔哈文。

毕希纳(1813－1837)早在 1830 年代创作的社会问题悲剧《沃伊采克》被称为德国第一部批判现实主义的作品。但在现实主义文学(1840－1897)时期尤其是前阶段,德国文学在社会批判方面总体上的成就逊色于其他一些欧洲国家,基本上没有出现如法国的巴尔扎克及稍后的莫泊桑和罗曼·罗兰,英国的狄更斯及稍后的哈代、萧伯纳,俄国的果戈理、屠格涅夫、车尔尼雪夫斯基及稍后的托尔斯泰之类的文坛巨星。德国的批判现实主义文学要到 1871 年德国统一之后,甚至要到 20 世纪上半叶才真正形成声势。

这种相对滞后有社会发展前提方面的原因。在观念方面,相当一部分德国现实主义作家还在古典哲学的"内在性"和"主观性"上徘徊,对现实的批判力度有限,无意像法国和俄国的现实主义作家那样寻求解决社会问题的政治方案,面对社会弊端多少显得有点泰然自若。即使黑贝尔(1813－1863)被视为批判现实主义杰作的《玛丽亚·玛格达莱娜》(1844)也不无泛悲观主义倾向,人类存在的悲剧在他看来如同生死乃是不可避免的。德国现实主义文学因而常被称为"诗意现实主义""心理现实主义"或"市民现实主义"。

　　如果说在欧洲其他国家现实主义文学中长篇小说成就辉煌的话,那么在德国中篇小说则占首要地位。海泽(1830－1914)发展了中篇小说的理论,认为中篇必须轮廓鲜明并有一个象征物为主导,犹如意大利作家薄伽丘《十日谈》中的鹰。他是德国首位诺贝尔文学奖得主,但其在国外的影响逊色于此时的施托姆(1817－1888)和凯勒(1819－1890)。一般认为成就最突出者是冯塔纳(1819－1898),他的叙事诗受英国民间叙事诗的影响,长篇小说《艾菲·布里斯特》揭露与批判了普鲁士贵族社会虚伪的道德规范,使人想起福楼拜的《包法利夫人》和托尔斯泰的《安娜·卡列尼娜》。

　　尼采(1844－1900)突出了希腊文化中酒神的一面,以此摒弃了德国古典文学的和谐价值观。被称为"时代的地震"的尼采在现实主义时期的影响尚属有限,但对后来表达世纪末情绪的文学(如对意大利作家邓南遮)的推动作用极为巨大。

　　在现实主义文学中尚能结合在一起的客观性和主观性在19世纪后期终于开始分道扬镳,分别在自然主义文学和稍迟的印象主义及象征主义文学中得到酣畅淋漓的表现。

　　自然主义始于法国,实证主义、泰纳的决定论及其学生左拉的实验小说对当时文坛的影响巨大,法国的莫泊桑、挪威的易卜生、俄国的陀思妥耶夫斯基以及托尔斯泰都有一定程度上的自然主义倾向。德国自然主义是对古典主义、浪漫主义及其机械模仿者的一种反动,也是跨出德语区、再度与世界文学接轨的一种努力。自然主义者试图以自然科学方法取代哲学思辨,使之成为文艺的基石;主张纯客观描述,追求绝对的逼真,排斥想象、夸张以及独白等不自然的表达手段,不再崇尚直觉、灵感和创造性的天才。

　　法国自然主义的力作是小说,德国自然主义文学(1880－1900)则以《日出之前》等剧作著称。豪普特曼(1862－1946)这位第一次世界大战前后在国内外都被誉为德国文学代表的作家,早期创作受托尔斯泰、易卜生等的影响,他精细入微地描述环境,笔下的人物毫无抵抗地受本能驱使,这些也使读者想起莫泊桑和左拉的某些特点。德国自然主义戏剧的不少特点亦与易卜生的心理戏剧不无联系。

　　正如18世纪崇尚理性主义的启蒙文学运动导致了非理性的逆向运动如"狂飙突进"、感伤主义以及浪漫主义一样,19世纪末苛求客观性的自然主义之后,德国文学中侧重主观性的流派蜂起,"颓废文学""世纪末文学""青春艺术风格""新浪漫派"等方死方生,不一而足。它们之间有同有异,使得相互区分殊非易事。影响面较广、与全欧运动密切联系的是印象主义和象征主义文学(1883－1923)。随着印象主义和象征主义的兴起,传到法国及其他罗曼语族国家的浪漫派艺术传统又部分地回到德国。

　　印象主义的名称来自法国美术界。德国印象主义作家以确切显示细微区别层次的词语、修辞及篇章手段,表达瞬间的、偶然的种种主观印象及其中映现的情绪和心态,爱与死、艺术与生活之间的关系、走投无路的命运为常见的主题。一般认为代表人物有李利恩克龙(1844－1909)、青年时代的霍夫曼斯塔尔(1874－1929)和里尔克(1875－1926)。此外,施尼茨勒(1862－1931)将弗洛伊德的心理分析引入文学,这种手法后来在各国作家那里(如意大利的皮兰德娄,法国的季洛杜和热内,爱尔兰的乔依斯等)得到了更为广泛的运用。

如果说印象主义是基于感觉的,注重分散的印象,那么象征主义就是源自心灵的,注重集中的象征。象征主义诗歌发轫于法国。波德莱尔与魏尔兰、兰波和马拉美一起形成的象征主义流派,在1890年代前后达到高潮(前期象征主义),并传播到欧美其他国家,在20世纪初盛极一时(后期象征主义)。象征主义者非理性的世界观和艺术观导致一种封闭性、神秘主义和唯美主义的纯艺术,局限在少数文学家的小圈子里。格奥尔格结识了马拉美、魏尔兰、纪德等法国作家,接近所谓"格奥尔格圈"的德语作家有里尔克、霍夫曼斯塔尔等。在里尔克的艺术发展过程中,法国雕塑家罗丹和俄国大文豪托尔斯泰的思想起了举足轻重的作用。里尔克的诗歌提出了后来存在主义的基本问题,对欧美文学的影响至今不衰。

到了表现主义文学时期(1919－1925),德语文学的地位又显得相对突出了。1920年代前后的表现主义风行欧美,在德国和奥地利尤为声势浩大。尼采鼓吹的醉迷、狂放的酒神精神在表现主义中得到集中体现。在外国作家中,瑞典斯特林堡的《去大马士革》被称为"表现主义戏剧的胚胎",俄国的陀思妥耶夫斯基、美国的惠特曼、意大利的马里内蒂等也从内容或形式方面对表现主义文学产生了一定的影响。

德国表现主义作家的创作基于第一次世界大战前后的危机体验,他们普遍对当时的社会现实表示厌恶、抵触和反抗。在这些作家看来,艺术的关键不是再现外部世界,而是表现主观精神。他们不再满足于差别细微的印象或神秘离奇的象征,不再崇奉自得其乐的唯美主义,而是带着"全新的激情",以叛逆者的姿态声嘶力竭地呼唤"新人"和"咆哮的生活"。

德国表现主义文学一般可分为1910年后和1915年后两个阶段。前一阶段以诗歌为主,代表人物有海姆(1887－1912)、特拉克尔(1887－1914),而施特恩海姆(1878－1942)在其模仿巴尔扎克连成整体的多部讽刺剧里嬉笑怒骂,有"德国莫里哀"之称。德国表现主义的戏剧对法国荒诞剧奠基人阿达莫夫等产生了一定的影响。卡夫卡受丹麦哲学家克尔凯郭尔的宗教存在主义影响,常被视为"超现实主义"及"荒诞"文学的先驱,其堪称经典的小说尤其在二战之后风行全球,对世界现代派文学的产生和发展具有极为深刻的意义。

自然主义之后流派纷呈的主观主义文学以达达主义告终,所谓"颓废文学"盛况不再。表现主义是最后一个可以与其他流派明确区别的文学运动,在此之后便迎来了多元化的局面。"新现实派"这个概念虽然一定程度上表明了文学的客观主义走向,但从魏玛共和国到第三帝国垮台时期的德语文学(1919－1945)因作家的态度不一,手法各异,很难以某一流派名称概括。

德国是后起的资本主义国家,批判现实主义在普法战争德国统一之后到此时才真正达到繁荣,形成德国文学的又一高峰。鸿篇巨制层出不穷,长篇小说地位突出。著名小说家有曼氏兄弟、黑塞和雷马克等。他们在艺术风格上各有千秋。亨利希·曼于本国文学之外,深受法国作家司汤达、法朗士、福楼拜和左拉的影响;托马斯·曼的作品中除了有歌德、叔本华、尼采、瓦格纳的痕迹之外,更能看出俄罗斯文学如托尔斯泰、陀思妥耶夫斯基作品的特征。黑塞作品涉及东方精神和中国文化。雷马克冷静、精炼的风格与美国作家杰克·伦敦和海明威相似。

德国无产阶级革命文学奉行社会主义现实主义,以苏俄文学(如绥拉菲莫维奇、高尔基、法捷耶夫、肖洛霍夫、马雅可夫斯基)为榜样,这一派的著名作家有布莱德尔(1901 - 1964)、贝希尔(1891 - 1958)等。西格斯(1900 - 1983)的长篇小说也受到 19 世纪法国和俄国现实主义文学影响。在马克思主义作家中较多受到西方社会赞誉的布莱希特(1898 - 1955)是具有世界声望的作家,他从表现主义早期开始就博采众家之长,如《三毛钱歌剧》(1928)取材于英国剧作家约翰·盖依的谣曲歌剧,其强调"陌生化效果"的"叙事剧"理论与实践对 20 世纪世界文学尤其是戏剧的发展起了重要的推动作用。

此时对德国文学具有重大影响的还有法国作家普鲁斯特的《追忆似水流年》和爱尔兰作家乔伊斯的《尤利西斯》。这两部熔弗洛伊德心理分析和柏格森时空观于一炉、运用意识流和内心独白的手法创作的巨著从 20 年代中期起在德语文学中产生反响,如在主张"冲破联系"和"打破现实"的德布林(1878 - 1957)创作的小说《柏林亚历山大广场》(1929)中已有相似的迹象,布洛赫(1886 - 1951)也较早受到乔伊斯等人的影响。

但对这两位现代派作家的接受开始不久就中断了。纳粹统治时期,德国文学几乎不在德国,因为大多数优秀作家都浪迹海外,在望故乡渺邈中创作了蔚为大观的"流亡文学"。而留在国内者的作品或是沦为种族沙文主义"血与土文学"的宣传工具,或是"为抽屉写作"无法发表、至多只能借古讽今的"内心流亡"文学,在与世界文学基本脱轨的法西斯封闭性文化统治下无杰出成就可言。

二战之后,联邦德国的文学经历了对纳粹统治进行反思、既有对社会现实的批判又有"文学私人化"倾向的 50 年代、文学政治化、探讨工业社会中日益严重的社会问题的工人文学兴起的 60 年代以及主观主义卷土重来、文学重向内心世界转移的 70 年代等几个主要阶段。若干主要孕生于德语国家的思潮在其他国家起了较长时间或较大程度的作用之后,又转而对德语国家产生影响,如马克思主义、心理分析、表现主义以及存在主义等。

在所谓"零点"开始的废墟文学中,经历了残酷战争的年青一代作家认为被纳粹滥用的德语急需"砍伐殆尽"式的净化,他们追求语言的朴实无华,一如海明威。文学真空的相当一部分是由脱轨已有十二年之久的外国文学来填补的。

在美国作家海明威、福克纳、斯坦贝克等人的影响下,首尾呈开放性、以寻常人物寻常事为题材的所谓"短篇小说"盛行起来,许多著名作家如博尔歇特(1921 - 1947)、伯尔

(1917－1985)、伦茨、瓦尔泽等都在这方面进行了尝试。普鲁斯特、乔伊斯、沃尔夫、纪德等外国作家的创作手法在德语文学中亦有迹可寻,比如长篇小说进一步摒弃了传统直线叙事的模式,视角、语言、时间等趋于多层次化,将内在和外在、现实和虚幻糅合在一起,这在格拉斯(1927－2015)、卡扎克(1896－1966)、克彭(1906－1996)、约翰逊(1934－1984)等的作品中均有不同程度的反映。瑞典德语作家魏斯 1960 年发表、但早在 1952 年已杀青的"微观小说"《马车夫的身影》被认为已运用了法国"新小说派"的某些手法。法国存在主义作家萨特的回忆录《字句》对德语国家 70 年代起自传作品的发展也起了推波助澜的作用。

1945 年后除了娱乐剧和古典剧之外,英法戏剧家的作品占领了德语国家相当一部分舞台,希尔德斯海姆(1916－1991)和格拉斯的戏剧创作以及汉特克(1942－)别树一帜的"说话剧"就受到法国荒诞剧(尤奈斯库、贝克特、热内)的影响。瑞士作家如弗里施(1911－1991)和迪伦马特崛起后,为布莱希特之后的德语戏剧文学在世界舞台上争得了一席之地。

"简化"成了德语部分诗歌的特征之一,似可以回溯到艾略特的创作风格。策兰(1920－1970)受法国象征主义和超现实主义文学的影响,爱伦·坡在恩岑斯贝格尔(1929－)早期作品中留下了印痕。攻读过汉学的艾希(1907－1972)晚期诗作中甚至带有东亚色彩。克罗洛夫(1915－1999)受到法国和西班牙现代作家的启发。德语国家 1950 年代末还兴起了直接诉诸听觉组合或视觉图像的"具体诗",其主要代表人物有海森比特尔(1921－1996)、扬德尔(1925－2000)、莫恩(1926－)等,1970 年代逐渐衰落后又风行于美国。

民主德国的文学则在苏联文艺政策的指导下尊奉社会主义现实主义,对乔伊斯、萨特之类的"形式主义者"一般持拒斥态度。布莱希特的柏林剧团在表演艺术上的实验受到世界瞩目。库巴(1914－1967)宣传性的诗歌模仿惠特曼和马雅可夫斯基。阿伦特(1903－1984)的某些创作手法与他翻译的智利诗人聂鲁达颇为相似。1960、1970 年代起简单化公式化的现象有所消减。禁区打破后题材得到了开拓,针砭时弊的作品开始出现,在表现形式方面也有探索和突破,如沃尔夫主张"主观的真实性",经常采用蒙太奇、意识流、时空颠倒之类现代派的创作手法揭露现实中的问题。

对两德统一前德语文学横向影响的来踪去迹略行考察后不难发现,一方面德语文学绝非独行特立的现象,它至少是在欧洲文学这个具有相对共性的整体中得到发展的,并不断从其他国家的作品中汲取营养,如中世纪时从法国、文艺复兴时期从意大利、巴洛克时期从西班牙、启蒙运动时期从英国。另一方面德语文学也有独到之处,启蒙运动后德意志自视为"思想家和作家的民族",虽然德语国家的思想家比较引人注目,从路德到古典哲学诸大家,从尼采到弗洛伊德,都对欧洲乃至全球文化的发展起了重大作用;但德语文学也在世界文学的递嬗过程中作出了贡献,并对其他国家的文学产生了影响,比如在由"狂飙突进"文学、古典文学、浪漫主义文学组成的所谓"歌德时代"以及后来的表现主义阶段,这

点就表现得颇为突出。慕尼黑大学教授库恩的下面这段话虽不无偏激之嫌,但也在一定程度上道出了德语文学的特征:

　　"一如德意志历史,德意志文学从总体上看与其说是一个定数,毋宁说是一个问题。所有使欧洲各国文学臻于世界水平的业绩,如在材料的客体化、具备个性的形式、表现世界和心灵深度等方面,德意志文学也都出色地、并且不止一次地完成了,但却始终是在独立状态中完成的,或是超前,或是滞后,或是令人不安地突然爆发出来。法国文学的一以贯之的规范,意大利文学的耀眼光彩,英国文学对社会现实的描述,诸如此类的恒量在德意志文学中均付阙如。许多异国文学基于自己特有的体裁而获得信心和地位,但德意志文学并无此基础。然而,谁要是追求充满个性的综合或是深藏不露的品质,谁就能在德意志文学中得到满足。"[19]

---

[19]　Hugo Kuhn: Die deutsche Literatur. In: Kindlers Literatur Lexikon. Bd. 1. Essays. München: dtv 1974, S.256

⬤ **练习、调研与思考：**

一、在我国极受欢迎的茨威格也以传记小说闻名。他在《伊拉斯谟的成功与悲剧》中突出了这位人文主义者和宗教改革运动家马丁·路德之间的反差。在他笔下，这两位对德意志文化发展意义重大的人物之间有何不同之处？

二、莱辛的《智者纳丹》化用了西方哪部名著中"三个戒指"的故事，表达了一种什么理念？

三、歌德的《少年维特之烦恼》在何种意义上受到了卢梭的影响？

四、你怎样理解歌德关于"世界文学"（Weltliteratur）的思想？

五、海涅在《论浪漫派》（1836）中的见解不同于法国斯塔尔夫人（Madame de Staël），后者对浪漫派持何看法？

六、德语文学的中篇小说（Novelle）颇具特色。诺贝尔文学奖得主海泽（Paul Heyse）认为中篇小说必须具备薄伽丘《十日谈》中的"鹰"。所谓"鹰"指什么？

七、为什么说冯塔纳的长篇小说《艾菲·布里斯特》使人想起福楼拜的《包法利夫人》和托尔斯泰的《安娜·卡列尼娜》？这种类比是否具有合理性？

八、在里尔克的艺术发展过程中,法国雕塑大师罗丹和俄国大文豪托尔斯泰的思想起了
　　什么作用?

九、如何才能"促进各国人民相知相亲,尊重世界文明多样性"?

十、请根据自己的兴趣从下列推荐书目中择其一展开阅读:
　　范大灿主编《德国文学史》1 - 5卷
　　韩瑞祥、马文韬《20世纪奥地利瑞士德语文学史》

第十六单元　德语国家哲学

德意志人素有以理性思辨见长的名声,德国是一个哲学大国,在德国古典哲学阶段和法兰克福学派中就堪称群星灿烂。但一如任何文化成果,德国哲学也是在与世界尤其是欧洲各国哲学的交流中发展起来的。早在日耳曼人和罗马人隔着莱茵河、多瑙河和所谓界墙(Limes)[19]对峙的时候,文化交流就开始了。公元 800 年加冕的卡尔大帝及其继承者大力发展教育事业,开始接触古希腊、古罗马的哲学传统,通过译介创造了第一批德语哲学词汇。

从 11 世纪起,相对独立的德国哲学初露端倪。这时期的德国哲学工作除了与皇权和教权之争有关的理论探讨以及亚里士多德等人著作的引进之外,德国神秘主义哲学逐步形成了,曾在科隆任教职的埃克哈特大师(Meister Eckhart)将之推向高潮。科隆大学今天以大阿尔伯特(Albertus Magnus)的名字命名,这位因学贯东西而有"万能博士"之称的德意志经院哲学家系统介绍了亚里士多德学说,使之为基督教神学服务。

马丁·路德发动的宗教改革改变了罗马天主教大一统的局面。埃里希·卡勒尔在《德意志人》一书中认为,哲学这时在意大利、法国、英国开始显露民族特色,而德国人则更善于吸收和综合,如席勒在残篇《德意志的伟大》中所说:"每个民族都在历史上有它的光荣时期,而集所有时代之大成则是德意志人的光荣"(Jedes Volk hat seinen Tag in der Geschichte, doch der Tag

莱布尼茨

---

[19] Limes 是拉丁语词,复数形式 Limites 本意为道路(Weg),尤其指边界上的道路 Grenzweg,后来泛指边界。在历史上,Limes 指由罗马人在边界上修筑的界墙或类似的瞭望工事。在西方,人们时常将 Limes 与中国的长城相对比。在今天的德国境内,这一界墙曾长达 550 公里,其本身没什么真正的军事价值,但沿线形成的许多边界市场后来都发展成为城市。

des Deutschen ist die Ernte der ganzen Zeit ...）。[20]

　　不过,德意志早期启蒙哲学的杰出代表莱布尼茨(Gottfried Wilhelm Leibniz)既是百科全书式的学者,也是极富创造力的哲人。他创立了微积分学理论和堪称现代计算技术之雏形的"二进位制",后者据称与他接触《易经》的太极八卦排列不无关系——当时"中国风"(Chinoiserie)正盛,耶稣会在促进东学西渐方面功不可没。从数学走向哲学后,莱布尼茨提出了"单子论"(Monadenlehre),认为万物无论有无生命均为单子,无数独立的单子按照"前定和谐"的原则构成"可以想象的各种世界里最好的世界"。即使此岸有种种缺陷和邪恶,那也正如他在《神正论》(Theodizee)中所言,是为考验人、为使人有可能发挥自由等可能性而存在的。

　　沃尔夫(Christian Wolff)发展了莱布尼茨的学说,成为当时德国大学哲学讲坛上的霸主。和他的老师一样,沃尔夫认为中国儒家的伦理学基于人的理性而倍加推崇,这与他认为理性为人之唯一尺度的立场相一致。如此高扬理性触犯了尚奉虔敬主义(Pietismus)的普鲁士国王威廉一世,沃尔夫难免书被查封、人遭驱逐的命运。其门徒鲍姆嘉登(Alexander Gottlieb Baumgarten)被公认为美学奠基人,他使"美学"即艺术哲学成为与逻辑学和伦理学一样的独立分支。

康　德

　　探讨启蒙问题者时常会援引康德(Immanuel Kant)的著名定义:"启蒙就是走出人们咎由自取的未成年状态。"他和其精神先驱之一、"日内瓦公民"卢梭一样,既是启蒙的继承人,又是启蒙的批判者。启蒙高举理性大旗,但在康德看来,在以理性进行认识之前必须先对理性本身、对认识的主观前提进行剖析和考察。

　　在所谓"前批判阶段",康德在自然科学方面提出了关于太阳系起源的星云假说,向上帝创世和世界不变的理论提出了质疑,被恩格斯誉为"在形而上学的思维方式的观念上打开了第一个缺口"。在后来的"批判阶段"中,他对理性进行了全面"批判",剖析和考察了理性的认识能力、理性的实践能力或曰意志能力,寻求沟通理论理性和实践理性的中介。

　　"三大批判"之首是艰深的《纯粹理性批判》,传说有人向康德抱怨说"读你的书十指头都不够用,因为句子太长,我用一个手指按住一个从句,可十个指头用完了连一句话都还没能读完!"在这部巨著中,康德试图在认识论问题上调和英国经验论和法国唯理论,认为知识就其内容而言是经验的(a posteriori),但就其形式而言又是先验的(a priori)。人作为进行认识的主体,本身具备先验认识形式,其中感性的是时空,知性的是形式逻辑和先

[20]　埃里希·卡勒尔.德意志人.黄正柏等译.北京:商务印书馆,1999,第253页。

验逻辑的各种范畴。人能认识的只是事物之表现，而不是事物之本身即"物自体"（Dinge an sich）。于是世界被康德割裂为由必然的自然法则主宰的科学领域和自由的道德或意志领域。

《实践理性批判》（Kritik der praktischen Vernunft）涉及人类理性在理论理性或曰认识能力之外的实践理性或曰道德意志，提出了三条道德法则：人是目的、意志自律、绝对命令。"绝对命令"就是："无论做什么，总应该做到使你的意志所遵循的准则永远同时能够成为一条普遍的立法原理"（Handle so, dass die Maxime jederzeit zugleich als Prinzip einer allgemeinen Gesetzgebung gelten könnte）。这似乎和传统伦理原则"己所不欲，勿施于人"相去不远，但区别主要在于前置的形容词"绝对"。绝对命令除本身外无其他目的，只有无功利、不受任何外力主宰的道德行为才具备真正的道德价值。

在《判断力批判》（Kritik der Urteilskraft）中，康德试图在科学与道德、理论理性与实践理性之间架起一座桥梁。自然王国里人类必须服从自然法则，在自由王国里人类能够拥有自由意志，而在这两者之间是艺术王国。

"有两样东西，我们愈经常愈持久地加以思索，它们就愈使心灵充满始终新鲜不断增长的景仰和敬畏：在我之上的星空和居我心中的道德法则。"康德的这句名言蕴涵着其批判哲学的两大主题：自然与自由。他区分理性的各种功能，限制认识功能从而为自由和道德开辟了空间，力图以此来解决这样一个问题：在服从必然的自然法则的同时，如何保持主体自由这一使人之所以为人的价值？这在真、善、美失衡问题依然存在的今日世界仍有一定的启发意义。

康德身材矮小，但无疑是精神巨人。他生活刻板，传说见他外出散步便可据此判断时间，却在哲学史上掀起了一场"哥白尼式的革命"。他一生几乎未离开家乡柯尼斯堡半步，但其思想却对全球产生了极为深远的影响。席勒甚至如此评价这位德国古典哲学的开山鼻祖："国王造房，小工忙活。"（Wenn die Könige bauen, haben die Kärrner zu tun）。要进入哲学王国尤其是德国古典哲学的王国绝对绕不过康德，在他充满二元论特征的哲学这条路口，后来的思想家们开始继续艰难地探索。

他们中有些人试图以基于主体的形而上学来取代被康德摧毁的基于物体的形而上学。康德的学生、曾任柏林大学校长的费希特（Johann Gottlieb Fichte）创立了唯心主义的"知识学"（Wissenschaftslehre），其基调是绝对的主体性和激进的自由。唯一的实在是"自我"，其矛盾运动由自我设定本身、自我设定非我、非我与自我的统一这三步组成。他试图以正、反、合的方法通过"自我"解决思维与存在的矛盾，表明康德的消极辩证法在他这里开始转向积极辩证法。强调自由、行动、自我实现是其伦理

费希特

学的重点。在《致德意志民族演讲录》中,他论证德意志民族的独特性,呼吁实现祖国的解放和复兴,这种当初在拿破仑铁蹄下表现出来的民族意识以及对德意志民族特性的论证,后来也被人视为普鲁士和第三帝国侵略行为的思想根源,引起不少非议。

谢 林

黑格尔

谢林(Friedrich Wilhelm Schelling)则是客观唯心主义的代表人物之一。他从费希特主观"自我"的立场上后退,认为"一切存在其实为一",提出了强调主与客、心与实、精神与自然之间绝对同一性的哲学(Identitätsphilosophie)。他后期的天启哲学被马克思批评为"在哲学幌子下的普鲁士政治"。

谢林一直处于同为柏林大学教授的黑格尔的巨大阴影之下。黑格尔(Georg Wilhelm Friedrich Hegel)是德国古典哲学的集大成者,他以《精神现象学》《逻辑学》《哲学全书》《法哲学原理》等著作建立了一个空前绝后、包罗万象的思想大厦。

《精神现象学》(Phänomenologie des Geistes)是黑格尔哲学体系的雏形,或可视为人类精神的《变形记》和《奥德赛》。康德对理性认识能力的剖析是静态的,黑格尔则着眼于认识的辩证发展过程,着眼于从意识、自我意识、理性、精神、宗教直到绝对知识的漫长苦旅。由逻辑学、自然哲学、精神哲学三大板块组成的《哲学全书》(Enzyklopädie der philosophischen Wissenschaften)构建了黑格尔哲学体系的大致框架:"理念"的自我发展有三大阶段,经由逻辑学中的纯思想范畴,继续而外在化为自然界,最后又在精神哲学中复归本身,达到主客观的统一。

黑格尔的名字是与辩证法(Dialektik)联系在一起的。在《逻辑学》中,他汲取了康德、费希特、谢林等人的相关思想,使辩证法获得了空前的发展。在他看来,矛盾乃是世界万有的本质,无论自然、历史还是社会都处在普遍的联系与不断的运动、变化和发展中。德语中 aufheben 这个词有充满矛盾的三义:"取消""保留""举起"。中文译为"扬弃"相当传神地表达了黑格尔辩证法的核心思想:既否定又保留,而且是在更高阶段上保留的"辩证的否定"。正题肯定,反题否定,否定之否定的合题则是正题和反题的对立统一,三者构成一个圆环。黑格尔庞大而精致的哲学体系就是由大大小小这样不断递进的三一式圆圈建立起来的,他在论述各个概念、事物和整个体系的发展中一以贯之地遵循这种辩证法原则。后来马克思和恩格斯批判地借鉴了黑格尔客观唯心主义哲学中的辩证法这一合理内核，创立了唯物主义的辩证法。

"合理的就是现实的，现实的就是合理的。"《法哲学原理》中的这句名言常被解读为现行保守制度的辩护词。黑格尔认为普鲁士王国已接近"世界精神"历史发展的顶点，其哲学后来成为普鲁士国家的钦定学说，颇为后世诟病。

德国著名作家君特·格拉斯曾多次将自己的但泽同乡叔本华（Arthur Schopenhauer）和黑格尔对立起来。在当年的柏林大学，叔本华确实徒劳地试图和黑格尔在讲坛上一决高低，失败后孤独地捍卫自己的思想，直到晚年才开始逐渐找到一些知音。[20]

1818 年发表的《作为意志和表象的世界》（Die Welt als Wille und Vorstellung）奠定了叔本华意志论哲学体系的基础。在他看来，"世界是我的表象"，只是对于认识主体而言的存在，万事万物只是意志客体化的产物。与其说"我思故我在"，毋宁说"我欲故我在"；人的内在本质是无理性、无目标、不可遏止的生存意志，知觉、想象、理性均受意志驾驭。在认识论上，他认为直觉高于理性，类

叔本华

似老庄的静观在他那里超越了主客的对立。如果说莱布尼茨的学说是乐观主义的，那么叔本华身上更多的是忧郁气质和悲观精神。他认为人生乃一场无意义的悲剧：人的意志以不断挣扎为特征，却永远得不到真正满足。比起审美和伦理来，宗教式的禁欲才是摆脱这种无尽痛苦的更有效途径：无羁绊才能无缺失，无缺失才能无烦恼。

叔本华的唯意志论向近代德国哲学的理性主义传统发难，不但在西方开辟了后世的非理性主义如生命哲学、弗洛伊德学说、存在主义等等的先河，而且也在 20 世纪初的中国知识分子那里产生了一定的反响。王国维就受叔本华悲观主义的影响颇深，当然他自沉昆明湖并不符合叔本华关于自杀不能真正从人生痛苦中解脱的观点。

费尔巴哈（Ludwig Feuerbach）标志着德国古典哲学的正式终结。这位无神论者认为不是上帝创造了人，而是人创造了上帝。更为惊世骇俗地宣告"上帝死了"（Gott ist tot!）的是尼采（Friedrich Nietzsche）。这位特立独行者不仅对理性，也对基督教展开了无情的攻击，试图撼动西方文化的这两大支柱，"重估一切价值"。

尼采是叔本华的狂热读者，发展了其非理性主义，但并不认同其悲观主义。虽然恬静、均衡的日神精神（das Apollinische）和陶醉、迷狂的酒神精神（das Dionysische）应该结

---

[20]　叔本华的代表作品《作为意志和表象的世界》在发表后无人问津，心高气傲的他曾说："如果不是我配不上这个时代，那就是这个时代配不上我。"但无论如何，他凭这本书获得了柏林大学的教职。叔本华在任上曾为了与他眼中沽名钓誉的诡辩家黑格尔对着干，把自己的课与后者的课安排在同一时间。但很快他的班上就只剩下两三个人，最后一个也不了了之，于是他自己只好灰头土脸地离开柏林大学。一直到晚年成名后，他还对这段经历心存芥蒂，并拒绝了来自柏林普鲁士科学院的荣誉。

尼　采

维特根斯坦

弗洛伊德

合，但他在《悲剧的诞生》(Geburt der Tragödie)中突出的显然还是后者。敏感而高傲的尼采向苏格拉底以来的全部西方文化宣战，无论基督教、社会主义还是启蒙伦理学的"绝对命令"，在他看来都是为了贯彻"权力意志"(Wille zur Macht)而必须挣脱的枷锁。《查拉图斯特拉如是说》等著作大力鼓吹的"超人"(Übermensch)哲学后来被希特勒恶意滥用。在关于尼采是否是纳粹思想先驱的问题上，历来众说纷纭，但他拒斥极端民族主义和反犹主义的立场是难以和法西斯德国的政策相提并论的。

尼采哲学中引人注目的并非理性、逻辑、秩序，而是激情、灵感、活力，其语言读来绝无其他哲学家的晦涩和枯燥，而是极具诗和散文的魅力，远在一般的墨客骚人之上。他甚至称自己在对德语的贡献方面可与路德和歌德媲美。

德语哲学家中惜墨如金的恐非维特根斯坦(Ludwig Wittgenstein)莫属。这位奥地利人被称为写得最少、想得最深的"哲学家的哲学家"，生前只有寥寥百来页著述出版，却在20世纪哲学的"语言学转向"中起了巨大作用。《逻辑哲学论》(Logisch-philosophischer Traktat)以名言"凡是不能说的事，就应该沉默"(Wovon man nicht sprechen kann, darüber muss man schweigen)勾勒出了哲学的局限，死后才问世的《哲学研究》(Philosophische Untersuchungen)提出了"语言游戏说"(Sprachspiel)，语义在于运用的思路也推动了语用学等语言学分支的发展。

德语区的奥地利还出过不少对人类思想具有重大影响的人物。弗洛伊德(Sigmund Freud)的精神分析学说震撼了包括哲学界在内的各个文化领域，西方理性主义传统受到了前所未有的严峻挑战。如果说，哥白尼和达尔文先后以日心说和进化论剥夺了人类在宇宙和动物界的中心地位，那么弗洛伊德使人类的自尊受到了第三次打击：人甚至并非自己的主人，因为主宰其行为的不是理性，而是性冲动和无意识。弗洛伊德的理论在波普尔(Karl Raimund Popper)看来是无法依据事实来检验真伪的，这位对科学哲学卓有贡献的奥地利人后来提出了证伪理论，以可证伪性(Falsifizierbarkeit)作为区分科学与伪科学的标准。

强调历史相对性的狄尔泰（Wilhelm Dilthey）则明确区分了"精神科学"和自然科学。与后者不同，前者的关键是对人的历史性及其产物的认识，因而方法也就有异："我们解释自然，但我们理解精神"（Natur erklären wir, Geist verstehen wir）。这种认为"精神科学"（Geisteswissenschaft）是以体验、表达、理解相联系的三者为基础的观点，对德语区后来的人文科学研究颇有影响。

胡塞尔（Edmund Husserl）试图揭示出一种无前提、更初始的哲学视野，通过现象、本质和先验的"还原"，将哲学建设成一门"严格的科学"。他是如今的显学之一"现象学"（Phänomenologie）的奠基人，但在哲学家圈子之外的影响大不如他的弟子和助手海德格尔。

继承了胡塞尔弗赖堡大学哲学教席的海德格尔（Martin Heidegger）后来偏离了现象学道路，与恩师分道扬镳。胡塞尔作为德国犹太人在"第三帝国"的命运可想而知，海德格尔却在1933年就任弗赖堡大学校长的典礼上发表了《德国大学的自我宣言》的讲话，公开表示支持希特勒纳粹主义运动。尽管次年即因与纳粹当局产生分歧而辞职，但这个难以洗刷的污点还是导致他二战后被禁止在高校授课。1959年退休后，这位20世纪在全世界极具影响的思想家深居简出，在弗赖堡附近托特瑙山的小木屋里度过了余生。

海氏一生著述极多，用语极富诗意又玄奥隐晦，常给其著作的译者留下"一名之立，旬月踟蹰"的烦恼。在1927年的成名作《存在与时间》中，他追问"存在"的意义，认为人的存在是个体的我意识到的一种动态、展开的"生存"，人不是天生现成的"如是"，而是不断生成的"此在"（Dasein）。"存在于世界中"（In-der-Welt-Sein）的人充满了"畏"和"烦"，这并非对特定对象的畏惧和日常生活中的忧愁，而是指基本生存状态："畏"（Angst）是对作为存在之反衬的"虚无"的体验，"烦"（Sorge）涉及人对"面死而在"这一自身局限性的预知。后来海德格尔还对言、思、诗之间关系进行了深刻的思考，对科学技术等现代文明采取批判态度，曾与中国和日本学者一起研究老子和佛学，希冀回归自然的家园和诗意的生存。

波普尔

狄尔泰

海德格尔

雅斯贝斯

和海德格尔并称存在主义两大奠基人的是雅斯贝斯（Karl Jaspers），他主要汲取了克尔恺郭尔等人的思想，发展了自己的存在哲学。在我国，他最为人熟知的思想也许是"轴心时代"。

除存在主义之外，在德国最具影响的当属"法兰克福学派"。自从马克思、恩格斯1848年发表《共产党宣言》后，国际共产主义运动风起云涌，席卷全球。"法兰克福学派"却认为今天的西方社会已与19世纪的"古典资本主义"大不相同，所以致力于马克思主义的"现代化"。它试图跨学科地全面分析现代世界，以实行社会改革、使人摆脱形形色色的束缚和压抑为宗旨，从根本上批判法西斯主义、现代资本主义和科学技术以及一切意识形态，故而称为"批判理论"。

这一影响最大的"西方马克思主义"流派产生于20世纪30年代的德国，因其成员大多曾在法兰克福大学社会研究所工作而得名。霍克海默（Max Horkheimer）在1930年担任该所所长后即网罗各界英才，其中本雅明（Walter Benjamin）、弗洛姆（Erich Fromm）、阿多诺（Theodor W. Adorno）和马尔库塞（Herbert Marcuse）均为学界翘楚。纳粹肆虐时期，社会研究所被迫辗转海外，最后在美国重建。1947年，霍克海默、阿多诺合著的《启蒙的辩证法》发表，从批判旨在破除迷信、最后自己走向野蛮的"启蒙"的角度解释法西斯主义的产生，鞭挞工具理性以及现代社会的种种弊端。二战后，霍、阿两人回到德国，分任社会研究所正副所长。弗洛姆和马尔库塞则在美国活动。马尔库塞在《单向度的人》中概括

哈贝马斯

了现代资本主义社会的基本特征，在《爱欲与文明》中和弗洛姆一样，试图糅合马克思主义和弗洛伊德主义。20世纪60年代学生运动时期，"法兰克福学派"达到鼎盛，但也出现了内部分歧。比如阿多诺并不积极地将自己的激进理论付诸行动，与"左派"学生运动的"精神导师"马尔库塞形成鲜明对比。

"法兰克福学派"第二代的代表人物是当今大名鼎鼎的哈贝马斯（Jürgen Habermas）。他对前辈的"批判理论"进行了清理和改造，以对科学技术的批判取代对资本主义社会的抨击，以改良主张取代马尔库塞"大拒绝"式的激进立场，提出了著名的"交往理论"，以强烈的现实关怀突出了哲学家"公共知识分子"的作用。由于思想精深、体系宏大，他被公认为德国当代哲学、社会学的泰斗，具有极其广泛的影响，甚至有当代亚里士多德和当代黑格尔之美称。

霍克海默、阿多诺去世后，和哈贝马斯并称德国哲学代表的是伽达默尔（Hans-Georg Gadamer）。他早年是海德格尔的弟子，后曾任德国哲学总会主席，1960年出版的《真理与

方法》是阐释学由古典向现代转变的里程碑，书中讨论的"阐释循环""视野融合"，理解的历史性、前结构、语言性及作用史原则等对日耳曼语言文学研究的发展也具有重要意义。

　　如果说谈到阐释学就必定会提起伽达默尔，那么讨论乌托邦哲学时人们绝不会忽略两德统一前民主德国的一位有世界影响的哲学家布洛赫(Ernst Bloch)。他的名字是与关于人类希望问题的百科全书式巨著《希望原则》联系在一起的。布洛赫早年发表《乌托邦精神》(Geist der Utopie)，阿多诺读完后即登门拜访。布洛赫与西方马克思主义的先驱之一卢卡奇(Georg Lukács)也过从甚密，但两人的分歧在德国文学史上著名的"表现主义论争"(Expressionismusdebatte)中充分暴露出来。布洛赫站在布莱希特一边，反对卢卡奇将现代派简单地视为资产阶级的堕落艺术。二战后，他回国并在莱比锡大学任教。1954—1959年，他的煌煌三大卷《希望原则》先后出版，乌

卢卡奇

托邦哲学产生了巨大的影响。"乌托邦"可在与"现实""实干""科学"等概念对立的意义上使用，表示"不切合实际、不诉诸实践、不符合客观规律的空想"。但在布洛赫那里，"乌托邦"更多是指一种人类的普遍意向：对"尚未"的更美好状况的希望。在他看来，世界是一个尚未完成的、向未来的各种可能永远开放的过程，而人类总是在期盼达到更完美的状况。他认为历史是乌托邦思想和"客观关联物"即现实的进步可能性相结合的产物，其"希望原则"不能与空中楼阁相提并论。如今失望的人们常常对他的"希望原则"产生怀疑，但布洛赫若地下有知，也许会像海德格尔一样应用荷尔德林的诗句来回答："哪里有危险，那里也就生长着解救之力"(Wo aber Gefahr ist，wächst das Rettende auch)。

练习、调研与思考：

一、德语中 aufheben 这个词有哪些对立的意义？黑格尔为什么对这个词情有独钟？

> #### "取消""保留""举起"
>
> 　　黑格尔在《小逻辑》中谈到了 aufheben 的同词反义现象。他发现有些词"不仅有不同的意义，而且有相反的意义"。在这位辩证法大师看来，同词反义现象中"显然有一种语言的思辨精神"，他情有独钟的 aufheben 一词便为适例。这个词"具备双重含义，它意味着'保存'、'维持'，同时又意味着'使结束'、'使告终'。'保存'本身就含有否定：事物失去了其直接性，失去了对外在作用开放的此在，以便得以存留。——被终结的同时也是被保存的，它只是失去了其直接性，但并未被消灭。"[202]"说到这里，我们顺便须记取德文中 aufheben(扬弃)一词的双层含义。扬弃一词有时含有取消或舍弃之意，依此意义，譬如我们说，一条法律或一种制度被扬弃了。其次扬弃又含有保持或保存之意。在这意义下，我们常说，某种东西是好好地被扬弃(保存起来)了。这个词的两种用法，使它具有积极和消极的双重意义，实不可视为偶然之事，也不能因此便斥责语言产生出混乱。反之，在这里我们必须承认德国语言富有思辨的精神，它超出了单纯理智的非此即彼的抽象方式。"[203]
>
> 　　对此，钱钟书在《管锥编》[204]开篇"论易之三名"中提出了异议："黑格尔尝鄙薄吾国语文，以为不宜思辨；又自夸德语能冥契道妙，举'奥伏赫变'(Aufheben)为例，以相反两意融会于一字(ein und dasselbe Wort für zwei entgegengesetzte Bestimmungen)，拉丁文中亦无义蕴深富尔许者。其不知汉语，不必责也；无知而掉以轻心，发为高论，又老师巨子之常态惯技，无足怪也；然而遂使东西海之名理同者如南北海之风马牛，则不得不为承学之士惜之。"

二、以下常用术语的汉译分别是什么？

Empirismus	
Rationalismus	

---

[202]　Hegel：Wissenschaft der Logik. Hauptwerke in sechs Bänden，Bd.3. Hamburg 1999，S.94-95.
[203]　黑格尔. 小逻辑. 汉译世界学术名著丛书. 贺麟译. 北京：商务印书馆,1986,第213页.
[204]　钱锺书. 管锥编(第一册). 北京：中华书局,1986,第1-8页.

续　表

Ästhetik	
Kopernikanische Wende	
Dialektik	
These	
Antithese	
Synthese	
Konfuzianismus	
Geisteswissenschaft	
Hermeneutik	
Existentialismus	
Kritische Theorie	
Frankfurter Schule	
hermeneutischer Kreis	

三、以下概念各自源于哪位德国哲学家,其基本含义分别是什么?

Achsenzeit	
Große Verweigerung	
Horizontverschmelzung	
kategorisches Imperativ	
prästabilierte Harmonie	
Umwertung aller Werte	

四、以下各项分别为哪位德国哲学家的名著？

Also sprach Zarathustra	
Das Prinzip Hoffnung	
Der eindimensionale Mensch	
Dialektik der Aufklärung	
Kritik der reinen Vernunft	
Sein und Zeit	

五、康德的启蒙定义源自《什么是启蒙》篇首，比较以下原文和译文：

Immanuel Kant：Beantwortung der Frage：Was ist Aufklärung?

Aufklärung ist der Ausgang des Menschen aus seiner selbstverschuldeten Unmündigkeit. Unmündigkeit ist das Unvermögen, sich seines Verstandes ohne Leitung eines anderen zu bedienen. Selbstverschuldet ist diese Unmündigkeit, wenn die Ursache derselben nicht am Mangel des Verstandes, sondern der Entschließung und des Mutes liegt, sich seiner ohne Leitung eines andern zu bedienen. Sapere aude! Habe Mut, dich deines eigenen Verstandes zu bedienen! ist also der Wahlspruch der Aufklärung.

康德：答复这个问题："什么是启蒙运动？"

启蒙运动就是人类脱离自己所加之于自己的不成熟状态，不成熟状态就是不经别人的引导，就对运用自己的理智无能为力。当其原因不在于缺乏理智，而在于不经别人的引导就缺乏勇气与决心去加以运用时，那么这种不成熟状态就是自己所加之于自己的了。Sapere aude! 要有勇气运用你自己的理智！这就是启蒙运动的口号。（何兆武译）

六、《共产党宣言》是马克思主义哲学的经典文献，比较开头与结尾两段的原文与译文：

MANIFEST DER KOMMUNISTISCHEN PARTEI

Ein Gespenst geht um in Europa – das Gespenst des Kommunismus. Alle Mächte des alten Europa haben sich zu einer heiligen Hetzjagd gegen dies Gespenst verbündet, der Papst und der Zar, Metternich und Guizot, französische Radikale und deutsche Polizisten.

Wo ist die Oppositionspartei, die nicht von ihren regierenden Gegnern als kommunistisch verschrien worden wäre, wo die Oppositionspartei, die den fortgeschritteneren Oppositions-leuten sowohl wie ihren reaktionären Gegnern den brandmarkenden Vorwurf des Kommunismus nicht zurück-geschleudert hätte?

Zweierlei geht aus dieser Tatsache hervor.

Der Kommunismus wird bereits von allen europäischen Mächten als eine Macht anerkannt.

Es ist hohe Zeit, daß die Kommunisten ihre Anschauungsweise, ihre Zwecke, ihre Tendenzen vor der ganzen Welt offen darlegen und den Märchen vom Gespenst des Kommunismus ein Manifest der Partei selbst entgegenstellen.

...

Die Kommunisten verschmähen es, ihre Ansichten und Absichten zu verheimlichen. Sie erklären es offen, daß ihre Zwecke nur erreicht werden können durch den gewaltsamen Um-sturz aller bisherigen Gesellschafts-ordnung. Mögen die herrschenden Klassen vor einer kommunistischen Revolution zittern. Die Proletarier haben nichts in ihr zu verlieren als ihre Ketten. Sie haben eine Welt zu gewinnen.

PROLETARIER ALLER LÄNDER, VEREINIGT EUCH!

《共产党宣言》

一个幽灵，共产主义的幽灵，在欧洲游荡。为了对这个幽灵进行神圣的围剿，旧欧洲的一切势力，教皇和沙皇、梅特涅和基佐、法国的激进派和德国的警察，都联合起来了。

有哪一个反对党不被它的当政的敌人骂为共产党呢？又有哪一个反对党不拿共产主义这个罪名去回敬更进步的反对党人和自己的反动敌人呢？

从这一事实中可以得出两个结论：

共产主义已经被欧洲的一切势力公认为一种势力；

现在是共产党人向全世界公开说明自己的观点、自己的目的、自己的意图并且拿党自己的宣言来反驳关于共产主义幽灵的神话的时候了。

……

共产党人不屑于隐瞒自己的观点和意图。他们公开宣布：他们的目的只有用暴力推翻全部现存的社会制度才能达到。让统治阶级在共产主义革命面前发抖吧。无产者在这个革命中失去的只是锁链。他们获得的将是整个世界。

全世界无产者，联合起来！

七、试将以下康德名言译成汉语:

> Zwei Dinge erfüllen das Gemüt mit immer neuer und zunehmender Bewunderung und Ehrfurcht, je öfter und anhaltender sich das Nachdenken damit beschäftigt; der bestirnte Himmel über mir und das moralische Gesetz in mir ... Der erstere Anblick einer zahllosen Welten-menge vernichtet gleichsam meine Wichtigkeit, als eines tierischen Geschöpfs, das die Materie, daraus es ward, dem Planeten (einem bloßen Punkt im Weltall) wieder zurückgeben muß, nachdem er eine kurze Zeit (man weiß nicht wie) mit Lebenskraft versehen gewesen. Der zweite erhebt dagegen meinen Wert, als einer Intelligenz, unendlich durch meine Persönlichkeit, in welcher das moralische Gesetz mir ein von der Tierheit und selbst von der ganzen Sinnenwelt unabhängigen Leben offenbart ... ㉕

八、如果你有时间和兴趣,可进一步查阅资料,就以下问题作些探索,并在课堂上做个小报告。

- 德国古典哲学和法兰克福学派各有哪些哲学家组成?其主要特点是什么?
- 莱布尼茨创立的"二进位制"与中国古典哲学有何关系?
- 海德格尔曾与中、日学者一起译读老子和佛学。据说他房里挂有《道德经》中"大道废,有仁义;智慧出,有大伪"的条幅。这与他的思想有什么联系?

九、请根据自己的兴趣从下列推荐书目中择其一展开阅读:

Thomas Mann „Der Zauberberg"

Friedrich Nietzsche „Die Geburt der Tragödie"

㉕　Störig, Hans J.: Kleine Weltgeschichte der Philosophie. Stuttgart 1963,S.357.

第十七单元　德语国家的音乐

　　德语国家与音乐间的渊源由来已久，今天德国有诸多享誉国际的交响乐团，而曾经的音乐之都维也纳也一直以其音乐传统给世人带来新年音乐会等艺术享受。说到音乐的起源，西方认为毕达哥拉斯（Pythagoras）是音乐的发明人，[206]而中国的《礼记·乐记》篇在提及音乐起源时则泛泛而谈："凡音之起，由人心生也。人心之动，物使之然也。"无论音乐由来何处，它都能够超越文化和种族的界限，给人带来享受和启迪。正如哲学家叔本华所说："音乐是人人都理解的一种真实的普世语言。"（die wahre allgemeine Sprache, die man überall versteht.）

　　今天提及德语国家的古典音乐，人们首先会想起 18 世纪。因为音乐在这一时期的德语地区得到了长足的发展，首先形成了以巴赫（Johann Sebastian Bach）和亨德尔（Georg Friedrich Händel）为代表的巴洛克时期。正是在他们的努力下，德语地区巴洛克音乐"在内容与形式上突破了中世纪宗教观念的束缚，形成理性与感情的融合，宗教音乐与世俗音乐并存的巴洛克精神"。[207]尽管这一时期严肃音乐的宗教色彩依然浓重，但其世俗性也越来越强。以上两位大家创作了不少源自民歌题材的世俗音乐，反映了民众的日常生活。

　　虽然巴赫在管风琴、提琴和钢琴这三大乐器的作曲方面贡献巨大，且奠定了现代西洋乐几乎所有作品样式的体例基础，但他在世时并没有赢得显赫的名声。此后的海顿（Franz Joseph Haydn）、莫扎特（Wolfgang Amadeus Mozart）和贝多芬（Ludwig van Beethoven）虽极为欣赏巴赫的天赋，但他的音乐还是乏人问津。至于被后世尊为"西方音乐之父"，也是 19 世纪的事了。而与巴赫同庚的亨德尔则在歌剧发展方面给后世留下了重要的线索。

　　18 世纪德语国家在音乐上的另一高潮，毫无疑问是指维也纳古典时期。其实，就当时奥地利的文化而言，留给今天的几乎只有作为音乐之都的维也纳古典主义。这一概念

---

[206]　古希腊哲学家毕达哥拉斯非常推崇音乐，且曾亲自利用数学知识改造乐器，因此而被尊为音乐之祖。他将一根弦绷在由一整块木头做成的乐器卡农上，以此设计了单弦定音器。下部可调节的音码可确定音程。

[207]　杜美. 德国文化史. 北京：北京大学出版社，2000，第 145 页。

来自 19 世纪。[208]当初大家并不知道哪些作曲家应属于古典派,但无论如何引申,海顿和莫扎特都是古典派的顶梁柱。一般公认的说法是再加上贝多芬,但有时也将舒伯特(Franz Seraphicus Peter Schubert)或格鲁克(Christoph Willibald Gluck)列入名单。这一时期西方音乐达到了一个高潮,而所谓古典主义也主要是指以哈布斯堡帝国为中心的音乐发展时期。

维也纳古典主义三巨头中最年长的海顿生于 1732 年。父亲是下奥地利州边境小镇上的一名工匠,后来担任集市仲裁员。海顿最早师从约翰·马蒂亚斯·法朗克(Johann Mathias Frankh),在其指导下,成为维也纳斯特凡大教堂(Stefansdom)唱诗班的歌童。在此期间,海顿开始尝试音乐创作。再后来,海顿担任了音乐家尼古拉·波尔波拉(Nicola Porpora)在维也纳的随从,其"音乐创作的真正基本功"得益于这位意大利声乐大师的悉心调教。

海　顿

1761 年是海顿人生中的一个重要转折点。他开始效力于埃斯特哈齐(Esterházy)家族,先后担任保罗·安东·埃斯特哈齐亲王(Paul Anton Esterházy)和尼古拉斯·约瑟夫(Nikolaus Joseph)亲王的宫廷副乐长。随后几年,他创作了大量交响乐、歌剧、弥撒曲、弦乐四重奏、奏鸣曲等作品。小小的管弦乐队在其带领下发展成为大型乐团。亲王本身也喜好演奏中音提琴,这是一种类似低音古提琴的弦乐器,海顿为此创作了大量的音乐作品。

海顿因在音乐上的巨大贡献和成就于 1791 年获得了牛津大学名誉音乐博士头衔。他正是在这段时间,在维也纳创作了《创世记》《天佑吾皇》《四季》等大量作品,赢得了广泛的国际声誉,享有瑞典皇家学院成员、卢布尔雅那交响乐团名誉会员、维也纳市荣誉公民、巴黎音乐学院成员、圣彼得堡交响乐团名誉会员等头衔。维也纳市还授予海顿萨尔瓦多金质奖章(Salvatormedaille)。1808 年,在一次《创世记》的演出中,海顿最后一次在公众前露面,贝多芬也参加了这一活动。1809 年,海顿在被法国人占领的维也纳去世时,拿破仑的占领军为他举办了隆重的葬礼。在音乐史上,海顿确定了弦乐四重奏的模式,使弦乐四重奏成为公认的最理想的室内乐形式,因而他被称为"弦乐四重奏之父"。

在维也纳,海顿结识了莫扎特,并对他的才华大加赞赏。当海顿在 1785 年听到莫扎

---

[208] 在 19 世纪浪漫主义早期,音乐界希望能在音乐发展史的脉络上,建立一个经典时代,就如同文学界拥有歌德时代一样。于是,以维也纳为中心的维也纳古典主义便应运而生,成为西方音乐史中的重要篇章。

特献给自己的弦乐四重奏时,他盛赞后者的音乐天赋。这名音乐神童七岁时就曾在维也纳皇宫演出,早在童年时期就被父亲带着游历各国并进行演奏。1763 年,莫扎特一家开始了音乐巡演,途经莱茵河畔的法兰克福和巴黎,并于 1764 年春前往伦敦,直至 1765 年夏才返回萨尔茨堡。在法兰克福期间,歌德曾聆听这个六岁音乐天才的演奏。在罗马,教宗克雷芒十四世(Klemens XIV.)授予十四岁莫扎特"金马刺骑士"(Ritter vom Goldenen Sporn)的称号。

莫扎特

在巡演的过程中,莫扎特逐渐熟悉意大利的交响乐和歌剧,并创作了他的第一部交响乐。此后自 1781 年起,莫扎特定居维也纳,受命为皇室谱写歌剧。在这里,他与海顿结下了深厚的友谊,其作品多年来深受海顿的影响,两人很喜欢一起演奏弦乐四重奏。莫扎特甚至写了六首弦乐四重奏赠送给海顿,其水准能与海顿之前创作的第 33 号弦乐四重奏相媲美。海顿此时已停止歌剧和音乐剧创作,而这两种体裁正是莫扎特的强项。

莫扎特与海顿最大的不同在于,前者自从与萨尔茨堡大主教决裂后,还可算是位真正的自由作曲家。尽管生活有时艰辛到食不果腹的地步,但他再也不必为稻粱谋而投靠贵族。同时,莫扎特所涉及的题材更加贴近现实生活。比如在 1785 年写成的歌剧《费加罗的婚礼》(Le Nozze di Figaro)中,他就直接批判了贵族和特权阶层。而在此前 1782 年的三幕喜歌剧《后宫诱逃》(Die Entführung aus dem Serail)中,莫扎特表达了他所持的启蒙主义和人文主义理念,认为在任何一种宗教中,都有高尚的人。时至今日,莫扎特已非一般意义上的作曲家。关于他的著述和文章仅 1992 年到 1995 年的 3 年中就多达 4000 多部/篇。[209]

莫扎特在短暂的一生中共创作了 50 部交响曲、23 部钢琴协奏曲、37 首小提琴奏鸣曲以及其他大量乐章和为数众多的歌剧。因此莫扎特被奥地利作曲家库尔特·帕伦(Kurt Pahlen)称为"是任何时代最全面的音乐天才",因为"还没有哪位大师能够像他一样,将歌剧、清唱剧、交响曲、小夜曲、奏鸣曲、抒情曲、四重奏、合唱曲、弥撒曲、嬉戏曲各项创作发挥到极致"。

如果说海顿和莫扎特算是忘年交的话,那海顿和古典主义另一位领军人物贝多芬之间则是不折不扣的师生关系。后者通过复制的方法学习了海顿和莫扎特的弦乐四重奏,他把印出来的曲调抄写成更为准确的总谱。贝多芬以自己的方式继承了海顿的弦乐四重

---

⑳ Vocelka, Karl: Glanz und Untergang der höfischen Welt. Repräsentation, Reform und Reaktion im Habsburgischen Vielvölkerstaat. In: Österreichische Geschichte 1699 – 1815. Hrsg. von Herwig Wolfram. Wien 2001, S. 393.

贝多芬

奏,并在此基础上开始了对这一创作方式的创新。不久,弦乐四重奏便成为当时维也纳上层贵族沙龙不可或缺的一部分。

为了能在海顿门下学习音乐,贝多芬于1792年离开波恩前往维也纳。当他的第一首钢琴奏鸣曲于1796年3月问世时,已是一位受人尊敬的作曲家和钢琴演奏家。而此时,贝多芬正在巡回演出的路上,途经布拉格、德累斯顿、莱比锡和柏林。这是他第一次也是唯一的一次巡回演出。贝多芬不仅在海顿那里学到了对位法,而且在其他方面也受益颇多。1795年,海顿邀请贝多芬在自己的一个音乐会上演出协奏曲。对贝多芬而言这是一次难得的机会,因为再没有比这更好的广告了。能作为独奏者在海顿的音乐会中演奏自己的作品,这对贝多芬而言是极大的荣誉,同时也说明海顿极为看重贝多芬。虽然一生历尽坎坷,但贝多芬还是创作了大量交响曲、钢琴奏鸣曲、小提琴奏鸣曲、弦乐四重奏以及歌剧、弥撒曲、清唱剧等作品,此外还有室内乐和舞曲等。这些作品对西洋音乐的发展有着深远影响。

瓦格纳

在《当代大学德语》第四册第五单元的课文 Wo, bitte geht's hier zum Kaiser? Wiener Klischees für den Rest der Welt 中,有一段借导游之口对贝多芬生活细节的描述。音乐中的巨人和生活中的怪人在贝多芬身上合二为一,给他同时代及后来的人留下了不少令人津津乐道的奇闻轶事。当这位饱受失聪之苦的音乐家于1827年在维也纳去世时,维也纳民众自发走上街头为他送葬。当时奥地利著名作家格里尔帕策(Franz Grillparzer)在墓前发表了深情的演讲,盛赞贝多芬的天才和成就。然而这位天才的盛名在其身后却并非总是能和音乐之美并列,在第三帝国时期,贝多芬第五交响曲《命运》就整天回响在纳粹的宣传机器中。

在18世纪,宫廷和教会不再是音乐发展唯一的赞助者。社会上经常举行各种公开音乐会,市民阶层也鼓励自家子弟掌握某种或多种乐器,市面上也出现了越来越多的音乐出版社和乐器店。例如海顿就与出版社一直保持着良好的关系,这使得他的作品能够广为传播。这一切都极大促进了音乐的发展,并构成音乐改良和新音乐产生的前提条件。正是在这种背景下,在1754年至1764年间,歌剧的发展也获得了长足的进步。在格鲁克担任哈布斯堡宫廷乐长时,维也纳成为当时新式歌剧——正歌剧(Opera seria)的中心。此前的歌剧表演中,过分强调歌唱家的唱功,而忽视剧情。格鲁克则强调歌剧本身内容的深刻性,以及音乐对歌剧的从属性。正是因为他在歌剧方面作出的巨大贡献,才会有后人也将他列入维也纳古典主义的范畴。

在歌剧方面,19世纪的瓦格纳(Richard Wagner)凭借一生中所创作的14部歌剧而闻名于世。受当时德国浪漫派的影响,瓦格纳歌剧创作中有许多源自古代传说的主题,如著名的《尼伯龙根的指环》(Der Ring des Nibelungen)。另外,他还致力于改革传统歌剧,自己动手创作剧本,强调音乐演奏与戏剧表演并重,形成了非传统的"乐剧"(Musikdrama)。正是他的"瓦格纳风格",成就了拜罗伊特音乐节(Bayreuther Festspiele)。一直到今天,都吸引着世界各地的音乐爱好者。

与瓦格纳同时代的奥地利音乐家约翰·施特劳斯父子,生逢哈布斯堡王朝的盛世。他们以维也纳为创作中心,谱写了数量巨大的圆舞曲、波尔卡(Polka)和进行曲。其家族音乐人才众多,几乎支配了当时维也纳的轻音乐。而被后人推崇为"圆舞曲之王"的小施特劳斯创作的"蓝色的多瑙河"(An der schönen blauen Donau),几乎是奥地利非正式的国歌,并与其父的"拉德茨基进行曲"(Radetzky-Marsch)一样,成为维也纳新年音乐会不可或缺的演出曲目。

小约翰·施特劳斯

尽管20世纪战乱频仍,但并没有阻挡德语国家音乐的发展和繁荣。里夏德·施特劳斯(Richard Strauß)、马勒(Gustav Mahler)、汉斯·普菲茨纳(Hans Pfitzner)、勋伯格(Arnold Schönberg)等都在继承德国音乐传统的基础上,有了更新的创造。施特劳斯曾任柏林和维也纳歌剧院的指挥,并创作了大量歌剧和弦乐曲,成为带有浪漫派风格的作曲家。奥地利作曲家马勒则重视诗歌和音乐间的联系,从歌德的诗歌和浪漫派的童话及传说中寻找题材,创作了交响曲,成为德语国家浪漫派音乐的代表人物。而勋伯格则另辟蹊径,发展出非调性音乐(atonale Musik),成为表现主义的代表人物。他的自由作曲技法打破了音乐创作上的陈规,为后来兴起的电子音乐奠定了基础。[21]

在德语国家,音乐与文学之间的关系从来密切。中世纪德语文学中占有重要地位的宫廷抒情诗(Minnesang)就是一例。在中世纪,尤其是在12 - 13世纪宫廷抒情诗

马　勒

㉑　参见:杜美,第305页。

舒伯特

的黄金时代，出现了奥埃的哈特曼（Hartmann von Aue）等作家，他们的作品流传至今仍可吟唱。这些作品构成了德语文学史的重要篇章。另如前所述，许多作曲家都从浪漫主义的文学作品中汲取灵感，进行创作。而舒伯特则为歌德、席勒、海涅的许多作品写了歌曲，被后世尊为"歌曲之王"。再如托马斯·曼的小说《浮士德博士》（Doktor Faustus. Das Leben des deutschen Tonsetzers Adrian Leverkühn, erzählt von einem Freunde）正是通过刻画一位音乐人的命运，试图对德意志民族的命运进行梳理。

　　音乐除了给人带来美的享受，还在社会和历史发展中起到重要作用。中世纪的音乐为基督教的传播作出了贡献。奥地利萨尔茨堡音乐节（Salzburger Festspiele）为发扬奥地利文化中的人文精神起到了表率作用。二战结束后，在德国的占领军当局还通过古典音乐促进了去普鲁士化的过程。而音乐教育，也是德语国家利用其得天独厚的音乐资源所取得的巨大成就。早在 19 世纪末，奥地利音乐学家吉多·阿德勒（Guido Adler）就系统地研究了音乐学，并将其与教育学融合。而此后的卡尔·奥尔夫（Carl Orff），则在实践和乐趣中培养儿童对音乐的兴趣，形成了以他的名字命名的独创教育体系——奥尔夫音乐教学法。

　　时至今日，德语国家继承和发扬了丰富的音乐传统。音乐成为民众日常生活中重要的文化内容。同时，各种具有国际影响的音乐节也不断给世界各国的音乐爱好者奉献着一场场音乐盛宴。

练习、调研与思考：

回答下面的问题，简述你的看法。

一、请查询德语国家的各种音乐节，了解其起源、历史、发展和特点。咨询其订票事宜，尤其是各种优惠。请就此整理材料作报告。

二、在德语国家的历史上，音乐与文学的关系密切。请查询资料并举例说明两者间的关系。

三、维也纳中央公墓是维也纳一处有名的景点，请查询资料并确定那里埋葬着哪些音乐家，他们在音乐发展史上各起过哪些重要的作用。

四、托马斯·曼曾经在战后的一部小说中描述了一位音乐人的成长历程，这部小说的书名是什么？其主人公是谁？他想创造出一种什么样的音乐？请以此为题，做小报告。为什么有人说这部小说讲述了德意志民族的命运？

五、请根据自己的兴趣从下列推荐书目中择其一二展开阅读：
Thomas Mann „Doktor Faustus“
Eduard Mörike „Mozart auf der Reise nach Prag“
Arthur Schopenhauer „Musik als allgemeine Sprache“
Richard Wagner „Der Virtuos und der Künstler“

第十八单元 德语国家的建筑

　　今天的德语国家不仅是世界上最大的旅游输出国,而且也是他国旅游者的向往之地。[21] 在诸多人文景观中,建筑无疑是旅游者了解这些国家社会与文化必不可少的对象。就德语国家的建筑而言,其开端与发展多受外来文化的影响,其建筑形式也因此紧随时代潮流而变化。时至今日,德国建筑的影响力已与过去不可同日而语,其设计、工艺与理念早已远播国外。细心的旅游者会惊奇地发现,我们国内也有不少德语国家建筑的痕迹,有些甚至是地标式的建筑。不仅如此,德国和奥地利建筑师或建筑事务所也在中国许多城市收获了累累硕果,他们已成为我国城市化和现代化进程中不可忽视的参与者。[22] 这里仅就德语国家建筑的发展与特色略作描述。

施佩耶尔大教堂(罗马式建筑)

---

[21]　德国一直以来被称为世界旅游冠军,但德国同时作为旅游目的地也颇受欢迎。据 2006 年德国旅游中心统计,赴德旅游者的人数高达 5300 万。参见 Auswärtiges Amt, Abteilung Kultur und Kommunikation: Tatsachen über Deutschland. Frankfurt a. M. 2008, S. 182.

[22]　德国建筑设计师如迈因哈德·冯·戈尔坎(Meinhard von Gerkan)和小阿尔贝特·施佩尔(Albert Speer)在中国不仅设计并监督建造了大量单体建筑,如学校、教堂、办公楼等等,而且规划并设计了整个城镇,如上海郊区的安亭和临港新城。

提及今天德国境内最初的建筑痕迹，人们往往会以今天德国莱比锡市附近的哈尔特（Harth）为例，因为在那里发掘出了公元 3 世纪左右村落建筑的遗迹。另外，在今天的科隆和累根斯堡（Regensburg）附近，也还留有古罗马统治时期的建筑痕迹。但那时德国或德意志等概念还很模糊，德国建筑便无从谈起了。本章将公元 962 年奥托一世⑨加冕为德意志民族神圣罗马帝国（Heiliges Römisches Reich Deutscher Nation）皇帝以后的建筑当作德国建筑的起点。因此，德国境内留存至今的 10 世纪左右的石质建筑，才能被贴上德国建筑的标签，也往往被当成最早的德国建筑。其建筑风格在此后的 300 余年间变化不大，被后人称为罗马式（Romanik）。⑭历史上罗马帝国的疆域曾到达莱茵河流域。而德国人的先祖日耳曼人也曾以雇佣兵的身份为罗马帝国南征北战。在宗教信仰上，日耳曼人皈依了罗马帝国的国教——基督教。在文化上，日耳曼人用拉丁语书写自己的语言。由此看来，早期德国建筑深受罗马式建筑风格的影响，就不足为奇了。

沃尔姆斯主教堂（罗马式建筑）

罗马式建筑风格给人以厚重的感觉。其建筑形式简洁而少有纹饰，多呈现为几何形状，墙面用连列小券，厚实的围墙上开有窄小的窗口。此外，亦多见逐层挑出的门框装饰和高大的塔楼。这种形式一方面增加了宗教建筑雄浑庄重的印象和神秘感，另一方面也主要是由于当时的人们对力学原理掌握不够，还需靠敦实笨重的承重墙承载高大的石质上层建筑。⑮罗马式建筑在德国主要流行于 10 至 13 世纪，12 世纪达到巅峰。今天遗留下来的沃尔姆斯主教堂（Wormser Dom）就是德国罗马式建筑风格较为突出的实例。除了建筑式样以外，这座教堂还因藏有 13 世纪德国英雄史诗《尼伯龙根之歌》的古老石刻而在德语文学史中占有一席之地。

在欧洲历史发展的进程中，重商主义（Merkantilismus）思想始终存在。物质财富的积累，使经济实力雄厚的城市有能力资助更多更大的公共建筑，尤其是教堂的建造。13 世纪时，德国逐渐出现了一种源于法国的新式建筑，即人们常说的哥特式（Gotik）建筑。"哥特式"这一概念本来指的是 15 世纪意大利文艺理论家所谓的"野蛮"文化，泛指当时流

---

⑬　公元 962 年 2 月 2 日，教皇在罗马圣彼得大教堂为奥托加冕，奥托从此成为"德意志民族神圣罗马帝国"的皇帝。这一帝国存在了约 800 年之久，19 世纪初在拿破仑的进攻下瓦解。在德国的历史教科书中，亦有将 843 年作为德国历史的开始。在这一年，法兰克王国分为东西中三部分，东西法兰克王国边界也就是之后德国和法国的基本分界。

⑭　罗马式这一概念出现于 1820 年左右，指的是持续到 13 世纪，带有明显古罗马痕迹的建筑式样。又译作罗马风格建筑、罗曼建筑风格、似罗马建筑等，多见于修道院和教堂。

⑮　林徽因曾指出："墙即荷重，墙上开辟门窗处，因能减损荷重力量，遂受极大限制；门窗与墙在同建筑中乃成冲突要素。"参见：林徽因. 林徽因讲建筑. 西安：陕西师范大学出版社，2005，第 18 页。

行于中东欧的建筑艺术风格。但在德国的历史与文化中,哥特式建筑却被赋予意识形态和民族主义的内涵。在 18 世纪德国文学史中的狂飙突进运动中,年轻的歌德曾写过一篇题为《论德式建筑艺术》(Von Deutscher Baukunst)的文章,讴歌哥特式的建筑风格,欢呼其为天才的杰作,使之一变而成为德式建筑的代名词。殊不知,哥特式与日耳曼人中的哥特人并无太大关系。诗人凭借自己丰富的想象给这一原本简单的概念注入了太多的情感因素,使其突然具有德意志民族的象征意义。

马尔堡伊丽莎白教堂
(哥特式建筑)

科隆大教堂
(哥特式建筑)

乌尔姆大教堂
(哥特式建筑)

奥格斯堡市政厅
(文艺复兴式建筑)

哥特式风格传入德国后,便在这里成就了盛名。此式样的建筑多为教堂和市政厅等公共建筑。其最显著的特点莫过于广泛运用线条轻快的尖拱券,以及造型挺拔的尖塔楼,其内部多见镶嵌彩色玻璃的修长花窗。哥特式教堂外观挺拔壮观,内部空间高旷,完全符合当时的宗教观。步入其间,对天国的向往便油然而生。建于 1842－1880 年[216]的德国著名的科隆大教堂(Kölner Dom)是世界最宏伟的哥特式建筑之一。它的外表呈拉丁十字形,高 150 余米。第二次世界大战时,盟国对位于鲁尔区的德国重工业区组织了多次大规模的战略轰炸行动。其中在对科隆的轰炸中,大教堂所在地区却被列为保护区,由此可见其在西方文化史中的地位。另一座同样享有盛名的德国哥特

---

[216]　科隆教堂前后建了 600 年,1842 年是最后一个建筑周期的开始时间。

式教堂是乌尔姆大教堂(Ulmer Münster)，其钟塔高达 161 米，为世界教堂高度之最。在当时，以市民阶层为主体的城市之间竞相建造最高的教堂塔楼。乌尔姆大教堂钟塔的高度在建造时一直秘而不宣，直到最后一刻才公布于世。由此看来，从《旧约》关于"巴别塔"的传说起，人类建造通天塔的竞争一直未曾停止过。

在德国历史上，德意志民族神圣罗马帝国听起来名气很大，但实际上，它只不过是个松散的联合体。其国内有大小三百多个公国，本身亦是欧洲其他列强棋盘上的棋子。从 14 世纪开始，意大利地区就已经脱离了德国皇帝的统治，开始走上民族自决之路。这里的建筑推崇古罗马时代的既有风格，这种回归历史的潮流形成了所谓的文艺复兴式建筑风格(Renaissance)。它在建筑轮廓上讲究整齐划一、比例恰当、线条清晰，因此其建筑多为中央突出，两厢对称。这种风格大约在 16 世纪中叶也影响到了德国，并与哥特式后期以及意大利和法国的一些建筑因素，如雕像、神龛等相结合。德国文艺复兴式建筑物多是世俗建筑，最有名的建筑实物之一是奥格斯堡市政厅（Augsburger Rathaus）。这座大楼的三楼大厅被称为"金色大厅"(Goldener Saal)，其装修的确金碧辉煌，令人叹为观止。由此可见，这座城市的确曾经富甲一方。

德国的土地见证过无数次天灾人祸。经历 17 世纪上半叶三十年战争的痛苦之后，德国人终于在废墟上重新开始日常建设。由于本国政治上分崩离析且文化成就乏善可陈，

金色大厅（奥格斯堡市政厅）

德累斯顿宫廷教堂

其文化和建筑不得不首先模仿外来风格。于是，新兴殖民大国如西班牙、英国、太阳王路易十四统治下的法国以及天主教控制下的意大利等地的建筑，便都成了德国境内诸王公贵族大兴土木时效仿的榜样。其中源于意大利的巴洛克式（Barock）建筑风格传入德国，并在18世纪上半叶结出了硕果。其建筑风格体现于内外对比强烈，外观简洁雅致，追求动式与起伏，建筑、雕塑、绘画浑然一体，而内部装饰则华丽夸张，极尽装饰之能事。德累斯顿的宫廷教堂（Hofkirche）和维尔茨堡的主教宫（Würzburger Residenz）是巴洛克式建筑的两个典型例子。前者建于1738年到1755年间，由意大利建筑工匠设计并施工，以纪念皈依天主教的萨克森选帝侯，是德国萨克森最大的教堂。这座教堂与该市其他巴洛克风格建筑古迹相映生辉，使德累斯顿赢得了"易北河上的佛罗伦萨"的美名。后者被认为是德国最奢华浮夸的宫殿，它是在两位王室大主教的资助下，由一批来自世界各地的顶级工匠共同建造的，建成伊始就被称为"万宫之宫"。比巴洛克式更为奢华的，是在它的基础之上发展形成的洛可可式（Rokoko）装饰艺术风格。它的特点是装饰华美、纤细和轻巧，是18世纪上半叶流行于法、德、奥等国的建筑物室内装饰风格，其在德国的代表作是波茨坦的无忧宫（Schloss Sanssouci）。与巴洛克风格相反，流行于欧洲18世纪的古典主义风格（Klassizismus）则崇尚古希腊罗马文化。其在德国的代表人物有柏林的卡尔·弗里德里希·辛克尔（Karl Friedrich Schinkel）和德累斯顿的戈特弗里德·森佩尔（Gottfried Semper）。此时正值启蒙运动时期，启蒙思想家极力倡导"人性论"，宣扬"自由""平等""博爱"。这种对民主共和的向往，唤醒了人们对古希腊古罗马共和时期文化的推崇。于

维尔茨堡主教宫

是古罗马广场、凯旋门和纪念碑等建筑便竞相成为人们模仿的对象。此外,这一时期考古发掘取得的重大进步,如古罗马城市埃尔库拉诺和庞贝遗址的发现及挖掘,以及此后西西里岛和古希腊遗址的发现,使得许多古希腊、古罗马的建筑残迹得以重见天日,同时也为仿造提供了充分翔实的素材。著名的柏林勃兰登堡门(Brandenburger Tor)就是模仿雅典卫城的山门而建,不仅如此,其他大量公共建筑,如博物馆、剧院、宫殿,甚至富有市民的住宅,也都采用了这种复古风格。㉑

波茨坦无忧宫

㉑　除了古典主义风格(Klassizismus)是复古的,强调模仿古希腊和古罗马,在德国 19 世纪还有个重要建筑风格——"历史主义"(Historismus),也是复古的,但涵义和产生背景与前者不同。历史主义是对不同时期的古建筑风格的模仿,主要盛行时期是约 1820 年至约 1920 年。如果一定要具体区分,它还可分为新哥特式(Neugotik)、新文艺复兴式(Neurenaissance)和折中主义(Eklektizismus)等。

随着科学与工业的发展,德国人在 19 世纪对建筑业的投入超过了以往时代的总和。19 世纪末,在威廉时代的德国出现了一种全新的建筑风格,即青年派(Jugendstil)。青年派拒绝复古潮流,寻求新的建筑和装饰风格,强调减少不必要的繁冗的装饰,倾向体现功能性,给人耳目一新的感觉。德国在 20 世纪真正给建筑界带来震撼的,是瓦尔特·格罗皮乌斯(Walter Gropius)在 1919 年创办于魏玛的"包豪斯"(Bauhaus),[218]这是一所专门培养建筑和工业日用品设计人才的学校,培养和造就过许多现代主义建筑学派的大师。[219]"包豪斯"想找到与大工业发展时期的经济、技术及社会相适应的艺术形式,希望艺术服务于人民,而不是只给贵族和上层社会提供消遣。其理念对当代的建筑艺术及造型设计产生了深远的影响。它讲究功能,主张技术和经济效益的融合,使"简洁明快和功能性作为典型德国设计和建筑艺术的基本原则"。[220]格罗皮乌斯提出了房屋设计标准化和预制件装配的理论与方法,并研制了供装配用的大型预制构件和预制墙板。需要指出的是,这里不能将"包豪斯"简单地划入实用功能主义的范畴,因为那一代人经历了第一次世界大战和战后的困苦,其设计强调社会功能性,希望充分利用有效的资源实现效益最大化,尽量

柏林勃兰登堡门

[218]　包豪斯是由德语 Bauhaus 音译而成,指魏玛市的"公立包豪斯学校"(staatliches Bauhaus),是世界上第一所完全为发展设计教育而建立的学院,因其价值而被选入世界文化遗产。

[219]　包豪斯起源于魏玛,后迁至德绍(Dessau)。该学派最有名的代表当属路德维希·米斯·范·德·罗尔(Ludwig Mies van der Rohe),利奥内尔·范宁格(Lyonel Feininger),奥斯卡·施莱默(Oskar Schlemmer),索菲·托伊伯-阿尔普(Sophie Taeuber-Arp),其他还有保罗·克莱(Paul Klee),瓦西里·康丁斯基(Wassily Kandinsky),约瑟夫·阿尔贝斯(Josef Albers),威廉·瓦根菲德(Wil-helm Wagenfeld),马塞尔·布罗伊尔(Marcel Breuer),玛丽安娜·勃兰特(Ma-rianne Brandt)等。当然,这些人不全都是建筑师,还有现代主义的画家、艺术家和造型设计师。

[220]　参见 Auswärtiges Amt, S. 184.

满足普通大众基本的居住需求。这所学校于 1933 年被解散，因为其代表的社会理想和政治观点有悖于德国保守的、民族主义的价值观和政治思想。纳粹分子认为"包豪斯"是犹太人和马克思主义者的组织。[21]

德语国家虽然与中国相距甚远，但德式建筑风格对中国而言并不陌生。从 19 世纪殖民时代中国被迫打开国门起，尤其是在八国联军侵华时期，德国和奥地利就曾作为西方新兴殖民强国在中国开辟了不少殖民地和租界。这一时期带有明显殖民痕迹的德式建筑，见证了那段对国人而言异常沉重的回忆。如果我们稍加留意，就会在今天的上海、天津、北京、青岛以及其他城市找到花样繁多的西洋风格的建筑痕迹。[22] 属于罗马式的有位于天津的西开教堂以及天津外国语大学主楼（原为 1920 年建立的天津工商大学主楼）；属于典型德国哥特式建筑风格的有始建于 1932 年的青岛天主教堂，即圣弥厄尔大教堂，还有上海的徐家汇天主堂。若提及德国文艺复兴式建筑，则上海市淮海中路 1131 号的席氏家族私人花园住宅便是一个极好的例子。前面提到的青岛天主教堂的内装饰采用的也是文艺复兴时期的模式。同样，巴洛克风格也可以在中国找到例证。兴建于公元 1847 年的上海董家渡天主堂，曾是天主教江南教区的主教座堂，其上段山墙就是典型的巴洛克式样；而对古典主义建筑风格最好的诠释便是上海外滩地区的建筑群。游客若站在浦东的黄浦江岸边放眼望去，对岸那一字排开的上海汇丰银行大楼、外贸大楼（原怡和洋行）、有利大楼（其外装饰也为巴洛克式样）、东风饭店和海关大楼等便可尽收眼底。至于兴起于 19 世纪末的青年派风格，当然也在当时西方在中国的殖民地找到它的落脚处。与其他建筑风格相比，青年派在中国的时兴与欧洲同步。例如今天上海高安路 93 号是建于 1930 年的花园住宅，它的风格即属于德国青年派。另外，现在的青岛迎宾馆本是德国胶澳总督的官邸，始建于 1905 年，亦是德国威廉时代典型建筑式样与青年派相结合的建筑。同样，位于青岛江苏路 15 号的基督教堂，也属那个时期的作品，它的风格是青年派和新罗马式的结合。今天，这些隐没在现代摩天大厦之间的百余年前的德式建筑早已风光不再，它们仅能偶尔给人以恍若隔世的感觉。

建筑乃是时代的缩影。除了体现于个体建筑物或建筑群上的风格流派，城市的整体规划建设也能清晰地彰显时代发展变迁的脉络。散落在德语国家境内的诸多城堡，曾经是封建领主统治甚至称霸一方的根据地。如今它们已被淹没在历史的洪流之中，剩下的仅是供人凭吊的断垣残壁。蜂拥而至的旅游者在海德堡宫殿城堡的废墟上拍照留念时，肯定会清楚地意识到那段历史已经一去不复返了。取而代之的城市建筑，无论经历过何种天灾人祸，都会被一再重建。这恰恰印证了时代的变迁，即从以封闭式堡垒为中心的集权走向以开放式城市为中心的民权的过程。

---

[21]　希特勒执政后，让设计师阿尔贝特·施佩尔（Albert Speer）负责把德国首都柏林改建为"大日耳曼帝国的首都"。希特勒希望将柏林改造成为千年首都，企图以规模宏大的建筑象征大日耳曼帝国的强大。

[22]　这些建筑其实都是对欧洲 19 世纪复古风格的模仿。

　　建筑对时代精神的注释远不止于此。在奥地利文学史上曾有过维也纳现代派(Wiener Moderne)一说,这其中"现代"一词所指,最初就体现在维也纳城的新建之中。19世纪以前的维也纳城建于1548年,曾是一座在1683年抗击土耳其人入侵欧洲中起过重要作用的军事堡垒,也是最早一批引入住宅号码制度和国家邮政系统的城市之一。显然,随着近现代工业和贸易的发展,壁垒森严的城市已不能适应时代的发展。于是奥匈帝国的皇帝要求重新建造维也纳城,拆除城墙并填平城墙外曾用于军事防御的禁区,㉓后来,又在此基础上修建了著名的维也纳环路(Wiener Ringstraße),进而形成了一个开放式的新维也纳城。这种城建思路,对当时的时代精神做了最好的说明。

维也纳霍夫堡皇宫

　　一个开放的城市必然充满自信,而作为当时奥匈帝国首都的维也纳也的确具有自信的资本。尤其在建筑、美术、音乐、文学等文化科学领域,这座大都市是当然的领跑者,也已经是欧洲乃至世界文化发展的中心。在这一世界舞台上,上演着自由主义与集权主义两种新老力量的争霸之战。作为欧洲以梅特涅㉔为首的保守派堡垒,维也纳同时也是自由主义和各种新思潮大展宏图之地。1860年,代表着中产阶级的自由主义者已成为奥匈帝国政坛上一支决定性力量。在这段延续到世纪末的统治时期,这座奥匈帝国的大都会呈现出一幅崭新的面貌。

　　城市的设计规划,体现了新老两种力量较量的结果。维也纳城被分成了老城和以环路为主的新区,两者间的对比十分鲜明。老城区在建筑风格上代表了以贵族为主的第一和第二等级。其最明显的写照无疑是象征着皇权至高无上的、带有明显的巴洛克和洛可可风格色彩的宫殿群(Hofburg),它们是富丽堂皇和尊荣华贵的集大成者。此外,哥特式

㉓　1857年12月20日,奥匈帝国皇帝弗朗茨·约瑟夫下令将城墙周围的禁区用于建造民宅,并组建了城市扩建委员会,负责城市的规划与建设。

㉔　曾任奥地利外交大臣和宰相。

的斯特凡大教堂（der Stephansdom）以及遍布于旧城里巷的其他教堂，则象征着集权中的君权与神权的统一。

以维也纳环路为主的新城区的建筑风格展示的则是第三等级，尤其是新兴中产阶级的风貌。这里的建筑都有象征性的含义，象征着天赋人权与神权、皇权之间的斗争，反映出启蒙思想和自由主义的价值观。如代表议会民主制的帝国议会大厦（Reichsrat），[225]代表中产阶级自治自决的市政厅（Wiener Rathaus），[226]代表最高教育水平的大学（Universität Wien），[227]代表戏剧艺术的皇家剧院（Burgtheater）[228]等。每座建筑都选择了与其功能相呼应的建筑风格：市政厅的哥特式风格令人回想起中世纪的城市自治；皇家剧院的巴洛克风格最能代表奥地利在文化领域的辉煌；剧院是不同政治党派和社会阶层和平共处的场所，体现着平等与博爱；而维也纳大学的文艺复兴式建筑则响亮地发出了理智的声音，象征着经过中世纪迷信的漫漫长夜，科学与理性又重新占据了主导地位，成为自由主义文化的中坚；而帝国议会的古典—古希腊风

维也纳斯特凡大教堂

格则如设计师所说："这种尊贵的古典风格必须以其无可抗拒的力量给人民代表留下庄严而崇高的印象。"[229]（Diese edlen klassischen Formen müssten auf die Volksver-treter mit unwiderstehlicher Kraft erhebend und idealisierend wirken.）帝国议会一方面辅佐皇权统治江山，另一方面则代表着人民利益的诉求，拥有宪法赋予的最高权力。这里选用的古典式风格表明，在这座城市里，古希腊民主思想得以传承，君权受到了限制，自由思想得到了发扬。

今天的维也纳本身就是一座建筑博物馆。在这里，各种流派的建筑风格随处可见，因而维也纳中心城区早已荣登世界文化遗产名录。不过，话说回来，维也纳所代表的人文精神也有被黑暗笼罩的时候。20 世纪初，当时不名一文的希特勒曾来到维也纳谋求发展。维也纳的建筑令他流连忘返，使他觉得自己如同置身于一千零一夜的神话世界之中。[230]

---

[225]　建于 1874 年至 1883 年，设计师为特奥菲尔·汉森（Theophil Hansen）。

[226]　建于 1872 年至 1883 年，设计师为弗里德里希·施密特（Friedrich Schmidt）。

[227]　建于 1873 年至 1884 年，设计师为海因里希·费斯特尔（Heinrich Ferstel）。

[228]　建于 1874 年至 1888 年，设计师为戈特弗里德·森佩尔和卡尔·哈泽瑙尔（Gottfried Semper und Carl Hasenauer）。

[229]　Schorske, Carl E.: Wien, Geist und Gesellschaft im Fin de Siécle. Deutsche Übersetzung von Horst Günther. Frankfurt a. M. 1982, S. 39.

[230]　希特勒曾在其臭名昭著的《我的奋斗》一书中谈到过他在维也纳逗留的日子。转引自 Schorske, S. 43。

维也纳市政厅

造化弄人,三十余年之后,希特勒居然能作为占领者在维也纳环路上接受民众的欢呼。而他梦想中的大柏林居然在设计上选用的也是古典主义风格,这当然和他在维也纳感受到的震撼不无关系。

维也纳大学

　　维也纳环路上的新古典派建筑虽然宏伟壮观，却并未令所有的人信服。新派建筑设计师如奥托·瓦格纳（Otto Wagner）所代表的功能主义（Funktionalismus）就大唱反调。他们认为"必要性是艺术的唯一主宰"（Notwendigkeit ist die einzige Herrin der Kunst.）。[20] 他们强调现代建筑的使用应符合效率、经济和运行简便的要求，简言之，对他们来说，实用性（Nutzbarkeit），即功能决定形式这一点最为重要。维也纳环路两侧许多临街的住宅楼就体现了这种实用性，即底层被用作商业活动区，第二层以上才是住房。在19世纪末，真正让市民感受到时代变迁的还是民居的变化。19世纪是大工业规模化生产的时代，原先以家庭为单位的手工作坊式的生产方式已经逐渐消失，这一点也同样体现在城市的民居建筑中。此时的民居已经摆脱了过去那种工作场所的职能，完全为生活起居所用，由此，功能单一的公寓式住宅楼便应运而生。例如由瓦格纳设计的位于维也纳的办公楼及住宅楼便以其形式简洁、整齐划一，与当时流行的古典派形成了鲜明的对照。这种整齐划一的形式，因其经济实用且便于建造，成为20世纪快速发展的城市中最为常见的面貌。这种功能主义一再被简化和发挥，其影响波及整个世界。我国20世纪六七十年代为解决迫在眉睫的住房问题所建造的大批筒子楼，就是这种功能主义在摒弃美学思维后的极端简化版。

维也纳皇家剧院

　　现代民居与大工业时期城市人口的爆炸式发展密不可分。在奥地利作家格里尔帕策（Franz Grillparzer）笔下的《可怜的乐师》（Der arme Spielmann）和德国作家霍尔茨与施拉夫（Arno Holz/Johannes Schlaf）合著的《哈姆雷特爸爸》（Papa Hamlet）一书中，就有大量关于城市底层民众居住条件的描写，这些描写折射出此时民生的艰难。如何满足日益庞大的居住人口的住房需要，成为包括建筑设计师在内的整个社会关心的问题。20世纪初的柏林，出现了一种物美价廉、舒适整洁的住宅楼，其内部设施简洁实用，浴室、集中供暖设备、阳台等一应俱全，这是一个在当时绝对时髦的现象。这种由现代派建筑师设计，使穷人也能居住得有尊严的住宅楼，被称为"社会保障住宅"（Sozialer Wohnungsbau），是由

[20] 参见 Schorske, S. 69.

国家出资,提供给低收入群体居住的大规模集中住宅区。2001 年,在加拿大魁北克公布的第 32 届世界文化遗产名录中,柏林现代派建筑师于 1913 年到 1934 年间在柏林市内修建的六处"社会保障住宅"赫然名列其上,[23]就是对其民生思想的充分肯定。

奥格斯堡富格尔之家

其实,将住房视为社会保障的基本要素,并以福利住房的形式提供给社会底层人士居住,早在 16 世纪就已经出现在德国的奥格斯堡,这便是有名的富格尔之家(Fuggerei)。富格尔家族早先是富甲一方的商业家族,其财富甚至可以左右当时政局的发展。1516年,富格尔家族用二十余年时间建造一个完整的、拥有 67 幢楼房的住宅区,供穷人居住,目前年收费仅为几乎可以忽略不计的 0.88 欧元。乐善好施对富人而言本不是难事,但能建立专门的基金会,使其有效运转数百年而不改初衷,不啻给富格尔家族平添了颇多传奇色彩。

建筑既是建筑师的名片,也是变化多端的万花筒。它既是古代智慧与技巧的结晶,也是当代最新建筑理念与技术的完美组合。此外,它还能启发我们的思考。比如,当旅游者购买柏林墙的碎块作为纪念品时,应该了解这道能够分裂天空的界墙在德国历史上的来龙去脉。类似的思考,能使我们更深入地了解德语国家的社会与文化,亦能使我们反思自己的文化,使我们能够在文化交流中,更好地学习、借鉴和吸收他国之长,摒弃其短。

---

[23] 这六处柏林现代派住宅群是:1913 年由布鲁诺·陶特(Bruno Taut)设计的法尔肯贝格(Falkenberg)花园城区,1924 年同样由他设计的席勒公园(Schillerpark)社区,1925 年由陶特和马丁·瓦格纳(Martin Wagner)共同设计的马蹄形社区(Hufeisensiedlung),1929 年陶特设计的卡尔·莱吉恩居民之家(Wohnstadt Carl Legien),1928 年赖尼肯多夫(Reinickendorf)的"白城"(Weiße Stadt),以及 1929 到 1931 年由汉斯·沙龙(Hans Scharoun)参与设计的西门子城(Siemensstadt)环形住宅区(Ringsiedlung)。

练习、调研与思考：

一、下面一段原文出自狂飙突进运动时期歌德笔下的《论德意志建筑艺术》（Von deutscher Baukunst），请将原文翻译成中文并查证文中所描述的建筑物是什么，属于哪种建筑风格，歌德为何对此种风格情有独钟？

> Als ich das erst mal nach dem Münster ging, hatt' ich den Kopf voll allgemeiner Erkenntnis guten Geschmacks. Auf Hörensagen ehrt' ich die Harmonie der Massen, die Reinheit der Formen, war ein abgesagter Feind der verworrenen Willkürlichkeiten gotischer Ver-zierungen. Unter der Rubrik *gotisch*, gleich dem Artikel eines Wörterbuchs, häufte ich alle synonymischen Mißverständnisse, die mir von Unbestimmtem, Ungeordnetem, Unnatürlichem, Zusammen-gestoppeltem, Aufgeflicktem, Überladenem, jemals durch den Kopf gezogen waren. Nicht gescheiter als ein Volk, das die ganze fremde Welt barbarisch nennt, hieß alles *gotisch*, was nicht in mein System passte, von dem gedrechselten, bunten Puppen- und Bilderwerk an, womit unsere bürgerlichen Edelleute ihre Häuser schmücken, bis zu den ernsten Resten der älteren deutschen Baukunst, über die ich, auf Anlaß einiger abenteuerlichen Schnörkel, in den allgemeinen Gesang stimmte: »Ganz von Zierrat erdrückt!« und so graute mir's im Gehen vor'm Anblick eines mißgeformten krausborstigen Ungeheuers.
>
> (Ausschnitt aus „Von deutscher Baukunst", 1773)

二、在课文中提到了许多西式建筑式样，请查找你所在城市中带有德国建筑风格痕迹的建筑物，或由德国建筑师事务所承建设计的建筑物，并进一步查找建筑物所承载的历史或人物典故。

三、北京与维也纳都是历史古都，也都在现代化的过程中拆除了城墙并在城市面貌上有了巨大的改变。你如何看待和分析这两座城市建筑的现代化历程？

四、 勃兰登堡门为何而建，当时为什么选择这种建筑风格，此种风格与时代背景有何关系？请简述勃兰登堡门所经历的重大历史事件。

五、 今天德国境内残留的罗马帝国时代修筑的界墙(Limes)，它与中国古代的长城同为边界防御工事。请查阅资料对比两者建造规模的异同，并简述两者在历史上的作用和意义。

六、 推荐作品阅读：
　　Johann Wolfgang Goethe „Von deutscher Baukunst"

第十九单元　德语正字法

　　现行的德语正字法（Deutsche Orthographie 或 Rechtschreibung[23]）是四个以德语为母语的国家和地区，即德国、奥地利、瑞士德语区和列支敦士登，在 1996 年和 2006 年共同协商努力的结果。所谓正字法，顾名思义是指如何正确书写德语的规则。[24] 因为不同德语国家及地区有着各自的语言文化背景，因此要形成一个统一并受各方认可的德语正字法并非易事。自 1998 年 8 月 1 日起执行最新的正字法，并经 2006 年改革以来，与此相关的研究在德语语言学中的地位愈显重要，这里对其发展演变的过程及所遇到的问题作一梳理。

　　在过去很长一段时间中，正字法所涉及的对象仅指词的写法，而这里所说的正字法指的则是在一定时期和某个社会群体中广泛受到认可的书写形式，它既包括词的书写规则，也包括了书写中的所有组成部分，例如标点符号。另外，正字法是语言学中的一个分支，涉及书写规范的理解、描述和解释等方面。今天通行的德语正字法从根本上而言是在第二届正字法大会（1901 年）的决议基础上，由官方认可并确立的书写规范。这种规范的形成并非一蹴而就，而是以有着千余年历史的德语书面语（Literatursprache）为蓝本，经多方共同努力的结果。德语正字法有四个特点：其一，在统一的正字法形成前，德语区已存在着诸多不同的语言书写方式。而在形成统一正字法的过程中，一部由语法、规范、词典组成的正字法工具书成为有约束力的标准。其二，德语正字法强调其标准的普适性，所包含的不完全符合其规范的例外现象相对有限。其三，德语统一正字法的形成是多国官方机构共同努力的结果，因此拥有官方性质。其四，德语正字法依然在发展变化，因此才会有 20 世纪 90 年代的正字法改革，进而确定了现行的德语正字法，但这种变化是遵照既定思

---

[23]　Orthographie 一词本意指"正确书写"，出自希腊语 orthographia，由希腊语词 orthós（正确）与 gráphein（书写）构成。Rechtschreibung 是 Orthographie 的同义词。

[24]　判定语言书写是否正确，主要从德语本身的书写形式及个人、机构和社会约定俗成等诸方面予以考虑。德语正字法主要涉及系统固定性（Systemhaftigkeit）、区域限制（Regionale Gebundenheit）、社会限制（Soziale Gebundenheit）、使用限制（Pragmatische Gebundenheit）和历史限制（Historische Gebundenheit）等五方面。

路来完成的。

　　说起德语正字法的形成和发展必然涉及德语的起源。今天德国人的先祖日耳曼人在历史上本来是生活在罗马界墙(Limes)以外的蛮族,在古罗马史家塔西佗的《日耳曼尼亚志》和好莱坞电影《角斗士》中,我们可以管窥当年这个蛮勇部族的大致情况。后来日耳曼人因为替罗马帝国充当雇佣兵,接触和吸收了古罗马文化,并使用拉丁语字母转写后来成为今天德语前身之一的古日耳曼语。一般认为,今天德语"Deutsch"一词,本意最初指"人民的语言",类似于我们今天所说的方言,泛指在当时与文明人使用的拉丁语相对而言的一种老百姓使用的方言。㉓ 因此从历史的角度看,德语的出身并不高贵。这种用外来语——拉丁语——转写本民族语言的方法对日后形成德语标准正字法造成了相当的困难。

　　从语言学的角度而言,德语属于印欧语系中日耳曼语族的西日耳曼语支。其历史往往被划分为古高地德语(Althochdeutsch)、中古高地德语(Mittelhochdeutsch)及新高地德语(Neuhochdeutsch)等诸阶段。㉔ 按照今天所知,德语书面语形式始见于公元 8 世纪。当时的教士按照卡尔大帝的命令,将一些传教用的经文翻译成德语,以利基督教的传播,进而推动了早期德语的形成。当时的文化中心主要是修道院,而各修道院在翻译转抄经文和诗歌时形成了不同的语言标准,使得德语正字法从一开始就体现出纷繁多变的特点,为后来的规范化和统一化带来了诸多问题。

　　中国早在公元前 221 年,就由统一后的秦政府通过政令确定了中文的书写规范,即我们历史上所说的"书同文"。而德国在 1871 年以前,基本上处于分崩离析的状态,与其说是国家不如说是个地理概念。直到 1871 年威廉一世在凡尔赛镜厅称帝后,才使颁布一部在全国通行且获各邦认可的统一正字法成为可能。就此而言,德语正字法的统一虽然也就是一百多年以来的事,但是它却经历了漫长而曲折的过程。在德语语言学对正字法历史沿革的研究中,人们将其发展大致分为三个阶段:第一阶段是公元 8 世纪至 16 世纪左右,指德语正字法的形成阶段;第二阶段是公元 16 世纪至 18 世纪,指正字法的发展阶段;第三阶段是 19 世纪,指形成统一正字法的过程。

　　德语正字法在最初的发展阶段带有实验的性质。因为拉丁语当时在文化与社会生活中占有统治地位,这使得形成一种德语书写规范缺乏必要性和迫切性。同时,讲德语的地区并未形成自己的文化圈和国家形式,统一的语言规范根本无从说起,因而目前流传下来最早的德语手抄本中的书写形式带有非常浓厚的个人与地域色彩,其书写方式完全取决于当时从事案牍工作的文案或修道院教士的地域及个人习惯。这些人尝试着用拉丁语字

㉓　对"Deutsch"一词的来龙去脉,德语语言学家有不同的看法和解释,此处仅为一家之言。另见:陈晓春. 德语史概述. 上海:上海外语教育出版社,2005,第 71 页。

㉔　古高地德语时期指公元 1100 年以前,中古高地德语时期指公元 1100 年至 1500 年,新高地德语时期指公元 1500 年至今的时期。对德语史的分期历来有不同的划分,这里仅以此三段论为一例。若想进一步了解德语发展的不同分期,可参见:陈晓春,第 1—6 页。

母书写普通老百姓在日常生活中使用的德语,以利信息的交流或教义的传播。但这两种语言间存在着巨大差异,德语中的流音(Li-quida,如 l,r)和鼻音(Nasal,如 m,n)虽可在拉丁语中找到对应字母,但德语长元音在拉丁语字母中却无所对应。因此,德语书写体中出现了标注长元音的多种形式,如双写元音,或单元音后跟字母 h。德语中的塞擦音(Affrikata)也在古高地德语时期出现了 tz,z,zz,ts,pf,ph 等不同的变体。这种书写差异源于地域及方言发音的不同,再加上修道院间不同的书写习惯,使得书写形式无标准可言,书写者更是各行其是。

在此后公元 11 世纪到 13 世纪的中古高地德语时期,用德语书写的手抄本越来越多,德语的书写形式得以继续发展。但长短元音、变元音等依旧未形成统一的书写方式,而规范的标点符号同样也不存在。此时的德文为了分隔语句已经使用句点符号".",而直到 13 世纪才陆续开始使用斜线符号"/"(Virgel)来标注语句或诗句间隔。值得注意的是,大写字母的应用在此时仅限于段落与诗行的开始,偶尔也用于标注句首。而德语拼写中的单元音化(Monophthong)和复合元音化(Diphthong)现象已经出现,这都说明德语书写渐渐形成一定规范并普及开来。[㉗] 尽管如此,在德语书面语形成阶段中,13 世纪到 16 世纪只能算是个过渡时期。

16 世纪是德语正字法第二阶段的开始。随着印刷术的发明和推广,德语正字法逐渐拥有存在的必要性,其发展也步入了正轨。[㉘] 也正是在这一时期,马丁·路德的宗教改革和圣经翻译为德语和正字法的发展作出了巨大的贡献,因为他的圣经翻译使德语的地位获得了极大提高,成为与古希腊语、希伯来语、拉丁语地位相等的所谓神圣语言。于是,以德语为母语的人越来越多地阅读和书写德语。在这种情况下,社会上要求传授正确德语书写规则的呼声日渐增高,由此出现了一些德语语法规范的雏形,如 1527 年瑞士人约翰内斯·科尔罗斯(Johannes Kolroß)写的《书写规则》(schryfftspiegel),1531 年维滕堡人法比安·弗兰克(Fabian Frangk)的《德语正字法》(Orthographia Deutsch),以及 1534 年瓦伦丁·

㉗　早在 14－15 世纪,除了修道院和某些城市的拉丁语学校以外,在使用德语的地区已出现了一些初级的教授德语书写或阅读的学校。这些学校有着不同的语言习惯且传授不同的语法规则,学生通过学习虽说可以阅读德语文本,但并不等于说此时存在着真正的德语读者群。就目前历史语言学家所能收集到的材料而言,学校传授的多为记账等实用性读写技能,如某人因某事欠下多少钱的格式化书写(A schuldet X Gulden für …)。15 世纪时,已经形成了一些记录下来的关于德语书写的规范。如收藏于汉诺威克斯滕博物馆(Museum August Kestner in Hannover)的一本 53 页的手抄本,就包括了语法、发音、语法练习等部分。参见 Kiepe, Hansjürgen: Die älteste deutsche Fibel. Lesenunterricht und deutsche Grammatik um 1486. In: Studien zum städtischen Bildungswesen des späten Mittelalters und der frühen Neuzeit. Hrsg. von Bernd Moeller, Hans Patze und Karl Stackmann. Göttingen 1983. S. 453－460.

㉘　从 16 世纪开始,随着城市市民文化的繁荣,城市中出现了大量教授德语书写的学校(Schreibschule),而市场对于用德语印刷出版的图书的需求量也日益增加,这使人们越来越迫切需要一门能让民族使用且理解的跨地区通用语言。参见 Gallmann, Peter: Duden, Die Neuregelung der deutschen Rechtschreibung: Regeln, Kommentar und Verzeichnis wichtiger Neuschreibungen. Mannheim, Leipzig, Wien, Zürich 1996. S. 16.

伊克尔萨默尔(Valentin Ickelsamer)的《德语正字法》(Teutsche Grammatica)。㉟

虽然这些语法规则与日后统一的正字法还相去甚远,但书写方式的规范化已经渐渐成为学习使用德语者共同努力的方向。尽管 17 世纪三十年战争时期,德国处于混乱纷争之中,但社会上依然出现了一些对正字法发展具有重要意义的文献。如哈勒的古埃因茨(Gueintz)在 1645 年写的《德语正字法》(Die Deutsche Rechtschreibung),又如不伦瑞克的绍特尔(Schottel)写的《德语详解》(Ausführliche Arbeit von der Teutschen Haupt Sprache)等。由此可以看出,德语正字法的确立和演变主要是由学者个人来完成,因为在讲德语的土地上,本该承担此统一正字法责任的官方机构根本不存在,德意志民族神圣罗马帝国实际上是个组织松散的大杂烩,根本没有什么统一的政令。在这种情况下,想要获得来自官方且有助于正字法发展的支持,则非常困难。

尽管面临种种困难,德语正字法依然得到了长足的发展,其统一的呼声到了 18 世纪也随之日渐高涨。究其原因,除了德语作为交流工具变得日益重要外,德国的启蒙运动、民族意识的兴起、科学与文化的发展也都迫切需要有一门统一且规范的本民族语言,从而摆脱法语对本民族语言带来的不利影响。㊵ 就此而言,学者们一直以来为建立统一正字法所做的努力正好顺应了时代要求。在这种背景下,德语书写规范的主要原则被确立下来:其一为发音原则(Lauttreue der Schrift),即德语作为拼音文字应"怎么说就怎么写";其二为历史至上原则(Historizität),如戈特舍德(Johann Christoph Gottsched)所提倡的"按照人们一直以来约定俗成的写法";其三为统一原则(Einheitlichkeit),要么按照词根(Derivation/Abstammung)进行统一,如从 dumm 一词可派生成新词 Dummheit,要么按照类推法(Analogie),如从 abendlich 可类推出 morgendlich;其四为简洁原则(Simplizität),即删繁就简,以方便使用;其五为美学原则(Ästhetizität),反对辅音字母的堆砌和重复,如当时存在的 kk,zz 等书写形式;其六为逻辑原则(Logik),这一点涉及句首字母大写和标点符号的应用。㊶

18 世纪上半叶最著名的正字法理论当推在哈勒出版的《德语正字法指南》(Anweisung

㉟ 根据德语史研究,最早的德语语法规则是瓦伦丁·伊克尔萨默尔 1527 年的 „Rechte weis aufs kürtzist lesen zu lernen"。参见 Kiepe,S. 453.

㊵ 法语对德语的影响由来已久,与当时德语国家上层社会普遍使用的法语相比,德语在说写两方面都不严谨,因此受到了包括本国统治阶级在内的许多人的鄙视和排斥。甚至像莱布尼茨这样的大学问家都用法语和拉丁语作为他的书写语言,而普鲁士国王弗里德里希二世就干脆从未能确切地掌握和使用德语,他甚至还为此感到沾沾自喜。在他眼中,法语才是上等人的语言。另外,1750 年在波茨坦拜访弗里德里希二世的法国文豪伏尔泰(Voltaire)也就当时德语在德国上层社会中的地位作了描述:"这里好像是在法国。这里的人只说我们的法语,而德语是士兵和马匹的语言。"参见 von Polenz, Peter: Geschichte der deutschen Sprache. Berlin 2009,S. 102.

㊶ Veith, Werner Heinrich: Die Bestrebungen der Orthographiereform im 18.,19. und 20. Jahrhundert. In: HSK 2.2. 1985. S. 1484,1485。一直到 19 世纪,这几个原则依然无大变化。参见 Nerius, Dieter (Hg.): Deutsche Orthographie. Leipzig 1987,S. 241.即使在现行正字法中,虽描述和细则略有不同,但这些原则依旧大同小异。参见 Gallmann,S. 32.

zu Teutschen Orthographie)。在书中,弗赖尔(Freyer)首次系统地探讨了正字法所涉及的方方面面。而另一位同时代的重要理论家及文学家戈特舍德则极大地促进了尚未成熟和统一的书面语的使用和传播,尤其是 16 世纪逐渐出现的德语名词大写,在戈特舍德这里变成了固定的语法规则。而 18 世纪下半叶最重要的理论家当推约翰·克利斯朵夫·阿德隆(Johann Christoph Adelung),他出版了一部五卷本的语言学工具书、一部语法书和一部文体学著作。阿德隆正字法影响广泛,当时著名的文学家如歌德、维兰德(Christoph Martin Wieland)等都采用了阿德隆正字法。该正字法的主要意义在于使已经相对固定的正字法以文献形式确定下来,并进一步促进其向统一的方向继续发展。

在德语正字法发展史的第三阶段 19 世纪,语言学作为一门学科得到了认可和长足的发展。在此基础上,特别在历史比较语言学的研究成果基础之上,雅各布·格林(Jacob Grimm)兄弟俩为德语正字法的完善作出了巨大的贡献。他们的贡献主要有三方面:其一,将古高地德语和中古高地德语时期用德语书写的民间文学作品尽量原汁原味地整理出来,并介绍给自己同时代的读者。在此过程中,他们不但通过恰当的语言表达保留了作品的独特风格,而且也丰富了德语的词汇,促进了书写的规范化。其二,雅各布·格林出版了多卷本的《德语语法》(Deutsche Grammatik),对比了日耳曼语族不同语言间的发音差异,以此确定了相对统一的发音标注体系,从历史语言学的角度为正字法确定

雅各布·格林

了理论基础。其三,格林兄弟两人共同出版过一部《德语词典》(Deutsches Wörterbuch),这部词典的意义已经超出了普通辞书的范畴,为新高地德语奠定了历史基础,也为本民族语言文化作出了巨大贡献。在这部词典 1854 年版的前言中,雅各布·格林提出了遵照语言史的认识来改革并制定一个规范的德语正字法的意见。其实早在 19 世纪 40 年代,雅各布·格林的想法就得到了年轻学者的肯定与推崇。1855 年时,他的弟子鲁道夫·冯·劳默(Rudolf von Raumer)就曾将历史语音学原则(das historisch-phonetische Prinzip)定义为:"尽量使你所写的与你所说的保持一致。"(Bring deine Schrift und deine Aussprache möglichst in Übereinstimmung.)㉔但要做到这一点还有很长的路要走,甚至今天的德语也未能完全做到这一点。

㉔ Scharnhorst,Jürgen:Deutsche Orthographie,Probleme ihrer historischen Ent-wicklung. In:Deutschunterricht. Jahrgang 1997,Heft 2. Berlin 1997. S. 70.

直到 1871 年普鲁士统一德国建立了威廉帝国后,统一德语正字法才被提到官方日程上来。此时,繁杂的书写规范已经给官方、学界和媒体带来了巨大的不便,于是当时普鲁士的文化部长法尔克(Adalbert Falk)要求制定一套统一的书写规则,并在 1876 年召开了第一届正字法大会。与会者虽未达成实质性协议,但他们一致认为德语书写应向规范化、统一化、简单化的方向发展。[㉓] 帝国各州的文化部长会后分别颁布推行了各自的"学校正字法"(Schulorthographie)以解燃眉之急,而普鲁士在 1880 年由维尔曼斯(Wilhelm Wilmanns)整理出的普鲁士"学校正字法"成为其他许多"学校正字法"的蓝本,同时也是日后康拉德·杜登(Konrad Duden)在 1880 年出版《德语正字法大全》(Vollständiges Orthographisches Wörterbuch der deutschen Sprache)[㉔]时的主要依据。显而易见,在接下来统一德语正字法的官方行为中,普鲁士占据了主导地位。

康拉德·杜登

正是在这样的历史背景下,康拉德·杜登和他的杜登大词典终于完成了统一德语正字法的大业,并使杜登成为统一后德语正字法的代名词。康拉德·杜登生于 1829 年,曾在波恩学习过哲学和文学,并于 1854 年取得博士学位。此后他曾是文理中学的教师并当过校长。因为杜登词典,他被称为德语统一正字法之父。1911 年,杜登以 82 岁高龄辞世。杜登虽然参加了第一届正字法大会,但让他真正崭露头角的是 1901 年的第二届正字法大会。这次会议促成了统一的德语正字法,颁行了得到德国、奥地利、瑞士的学校及官方认可的德语正字法。[㉕] 这次会议的结果形成了一个 20 页左右包含 6200 词条的书写规则,被收入 1902 年第七版杜登词典中,由此使杜登词典成为带有官方性质的正字法权威。这部词典从一开始就享有盛誉,包括瑞士在内的德语区都在使用这部工具书。出于编纂工作的需要,德国学者成立了杜登词典的编辑部。直到今天,这个编辑部依然在收录并整

㉓ 与会者认为,一些长久以来就存在争议的问题应该在统一正字法中得以解决。如:尽量少用 th,如用 Teil 来取代 Theil,用 Tür 来取代 Thür;又如:外来词中的字母 c 在部分情况下应该转写为 k 或 z,如 Casse 应写为 Kasse,而 Centner 应写为 Zentner;等等。但与会者对于统一正字法该对现行书写习惯作出多大改动的意见并不统一。

㉔ 1880 年的《德语正字法大全》即是日后杜登大词典的第一版。这一版杜登词典实际上只是一个包含了一些例子的词汇表,但杜登一直不断对此进行完善和改进。此后不久的第二版在此基础上成为一本着重于正字法书写规范的词典。而到 1887 年第三版时,这本词典已有 260 页,包含了真正的词义解释,并针对某些生僻词或外来词提供了词源注释。到了 1893 年第四版时,词典收录了文学作品中的口语表达词汇和其他领域的专业术语。此后的第五版更多地收录了航海、法律和军事等方面的专业词汇。1900 年时,第六版杜登词典形成了 384 页 32000 多词条的规模。

㉕ 此前已于 1880 年在普鲁士推行的"学校正字法"并未得到帝国首相俾斯麦的认可,因此并不是一部真正意义上的德语统一正字法。

理新的词汇。长久以来就一部统一正字法所引起的争论，至此画上了句号。但这次会议取得的成就并不完美，它还留下了一些尚未解决的问题，例如长久以来困扰德语的名词大小写之争。因此第二届正字法大会实际上并非正字法发展的终止，而是一场改革的开始。人们面临的主要问题是规范并简化书写规则，即克服德语书写中存在的大量例外和多种写法并存的现象。

自从杜登词典的地位确立后，编者的主要精力就放在了正字法的完善和改革上。1905 年第八版杜登词典进一步充实了词汇，克服了许多一词两种写法的现象，方便了使用者的查阅。但直到 1915 年的第九版，这本词典才改名为《杜登：德语及外来语正字法》(Duden, Rechtschreibung der deu-tschen Sprache und der Fremdwörter)。从此，杜登词典的名头渐渐盖过了它的编纂者的名字，进而使杜登成为一个全新的概念，即标准正字法工具书的代名词。这一版的正字法与今天通行的写法已经极为接近，在最初的几版中时常困扰使用者的例外或多种写法并存的现象已经得到有效的消减和控制。这一版杜登所收录的词汇较上一版多出一倍。从 1929 年的第十版开始，这本词典正式被称为《大杜登》(Der Große Duden)，即我们常说的杜登大词典。

即便在战乱频繁的三四十年代，《大杜登》也出过两个新版本，但所收词汇及词义解释却受到纳粹宣传的影响。基于此种现象，战后的 1947 年很快出版了第十三版，剔除了纳粹时期的一些用语和释义。1951 年又出了新一版杜登词典。此时东西德分裂已成事实，这也直接影响到出版业。在东德私营企业国营化的过程中，原设在莱比锡的出版社被其所有者迁到了西德的曼海姆，从此杜登词典的出版就有了两套班子，但各自出版的词典依然叫《大杜登》。两者的差别主要体现在选词和对某些词义的解释上，但这并未影响正字法的发展方向。西方认为莱比锡收录的新词汇实际上是"布尔什维克化"和"俄国化影响"的结果，与东德的政治意识一并在西方阵营受到排斥。1951 年莱比锡的这一版杜登词典收录了许多东方社会主义阵营的新词汇；作为回应，曼海姆于 1954 年也出版了自己的第十四版，这使得两个杜登编辑部的关系变得紧张起来，最典型的例子就是，1961 年曼海姆出的杜登词典第十五版，被莱比锡方面称为"非法的第二版"。

作为标准正字法的查阅工具，杜登大词典在问世以来的一百多年间经历了多次修订。虽然在东西德分裂时期有莱比锡和曼海姆两个中心，但其在使用者心中的地位再也无从撼动。正字法从最初的大小写、音节划分、连字符、省略号、转写外来词的规范写法，扩展到包括标点符号在内的更多领域。但尽管如此，德语正字法的统一并未使存在的所有问题得到很好的解决。因此人们对改革正字法的呼声从一开始就有所期待。

为了进一步完善德语正字法，1996 年 6 月 1 日，德国、奥地利、瑞士、列支敦士登四国官方代表在维也纳召开了第三届正字法大会。此次会议致力于从两方面完善 1902 年起使用的正字法：其一，从内容上使正字法的规则更为标准，以达到简化和方便使用的目的；其二，尽量克服和取消正字法中的例外、特例等情况，使书写规则便于理解和掌握。具体来说，改革后的新正字法主要在拼写（Laut-Buchstaben-Zuordnungen）、复合词分与合的书写(Getrennt- und Zusammenschreibung)、连接符(Schreibung mit Bindestrich)、大小写(Groß- und Kleinschreibung)、标点符号的使用(Zeichensetzung)、移行拆词(Worttrennung am Zeilenende)等六方面进行了完善和简化。与会者一致同意在各自影响范围内推行新的德语书写规则,并确定从 1998 年 8 月 1 日起使用新的正字法标准,其过渡时期持续到 2005 年 7 月 31 日。也就是说,我们今天教科书上的德语书写规则遵照执行的是 1996 年颁布的最新正字法。但新正字法的推行并非一帆风顺,许多个人与机构都对此明确表示反对。以上四个国家的国民对此也反响不一,其反对者大有人在。[26] 同时,这几个国家历史上形成的书写习惯,也使正字法的推行受到的阻力颇大。[27]

日耳曼学学界对于德语正字法的研究早已展开。19 世纪末,当时大学和其他学术机构就已将正字法作为研究对象,研究的主要方向集中在语言史和德语方言史等方面。1945 年后,正字法的研究逐渐形成了两个中心,一个是 1969 年在西德成立的语言学中心研究院(Zentralinstitut für Sprachwissenschaft),另一个是 1974 年在东德成立的正字法研究会(For-schungsgruppe Orthographie)。尽管意识形态不同,但双方都在大小写、正字法改革等方面作出了自己的贡献。而在 1996 年正字法改革后,语言学家又开始着力探讨正字法变革对不同社会领域的语言发展变迁所带来的影响。这些都为有志于了解和研究德语正字法的人开阔眼界,并提出了新要求。

---

[26] 按照奥地利报纸 Die Presse 的调查,甚至在 2000 年还有 69% 的奥地利人反对新颁布的正字法书写规则。参见 Die Presse 在 2000 年 8 月 9 日的报道 "Österreich: 69 Prozent gegen Rechtschreibreform"。

[27] 已经出版到第 39 版的《奥地利词典》(Österreichisches Wörterbuch)就收录了以 1998 年为界线的新旧两种正字法,可见旧的书写方式在生活中还很有市场。参见 Markhardt, Heidemarie: Das Österreichische Deutsch im Rahmen der EU. Frankfurt a. M. 2005. S. 41.

练习、调研与思考：

一、美国作家马克·吐温有一段关于德语的描述，请将德语翻译成中文并从正字法的角度，对文中的描述做出解释。

> Es gibt ganz bestimmt keine andere Sprache, die so unordentlich und systemlos ist wie das Deutsche. Hilflos schwimmt man hin und her und wenn man glaubt, endlich festen Boden und eine Regel gefunden zu haben, liest man：»Der Lernende merke sich die folgenden Ausnahmen.« Man überfliegt die Liste und stellt fest, dass es mehr Ausnahmen als Belege für die Regel gibt.

二、翻译下列段落，判断一下引言符合德语正字法的哪些原则。
- „Kein Laut soll mehr als ein Zeichen haben und umgekehrt.“ – Klopstock（1778）
- „Schreibe，wie es die geschichtliche Fortentwicklung des Neuhochdeutschen verlangt！“ – Jakob Grimm（1882）
- „Notwendigkeit von Gesetzen，die nicht willkürlich，sondern so verständlich und logisch wie möglich sind.“ – Johann Christoph Adelung（1782）
- „Maxime der Vereinheitlichung kann auf Kosten einer vollkommeneren Orthographie gehen.“ – Rudolf von Raumer（1855）

三、Orthographie 一词是什么意思，查哪些词典能找出这个词的起源与词义变迁？

四、德语词 germanisch 和 deutsch 是什么意思？请从语言史及正字法的角度阐述并分析这两个词的词义变迁，并对比你所查阅的词典或书籍。

五、德语（Deutsch）如何从蛮族的语言演变成德意志民族的母语（Muttersprache）？请查阅《杜登词源词典》和《格林德语词典》，就这个词的词义演变作一描述。

六、简述杜登其人其事以及用他的名字命名的词典的历史。

七、简述格林兄弟为德语正字法的发展作出了哪些贡献。

八、为什么中国能在秦朝时做到"书同文"，而德语正字法却在历史上经历了这么多波折？你如何分析这种差异？

九、新正字法在德语媒体中受到的阻力很大。2001 年《法兰克福邮报》宣布重新采用原先的正字法，2003 年《南德意志报》和《明镜周刊》也在自己的出版物中恢复使用旧正字法。其中原因何在？你如何看待这种现象？

十、请根据自己的兴趣从下列推荐书目中择其一二展开阅读：
  Duden „Das Herkunftswörterbuch"
  Bastian Sick „Der Dativ ist dem Genitiv sein Tod"
  Bastian Sick „Der Dativ ist dem Genitiv sein Tod，Folge 2"
  陈晓春《德语史概述》

第二十单元　德国的社会市场经济

　　1945年,德国作为发达国家立国之本的工业完全被摧毁。在一片废墟和萧条中,幸存的人们开始思考重建家园的问题。东部占领区因受苏联的影响,逐渐形成了计划经济的模式。西部占领区,即后来的联邦德国创建了一种新的社会经济体制,即以市场为导向,但又不排除国家和社会影响力因素的社会市场经济(Soziale Marktwirtschaft)。这种体制在德国的战后重建中起到了极大作用,它不仅促进了该国经济的高速发展,而且使一个有着高福利和分配较为合理的社会得以在此基础上建立起来。

　　社会市场经济这一概念最早出现在阿尔弗雷德・米勒-阿尔玛克(Alfred Müller-Armack)[28]1947年的一篇专业论文之中。作为一种经济学说,米勒-阿尔玛克的秩序自由主义理念往往被纳入弗赖堡学派(Freiburger Schule)。[29] 在他的社会市场经济理念中,作为个体的人及其需求是整个经济体系的核心。也就是说,经济是为人服务的。在这一经济体系中,社会和市场是一种共生的关系(eine Symbiose des Sozialen und des Markts)。一方面,成效和活力在经济活动中得以体现;另一方面,社会保持和谐,而非各利益集团间相互倾轧或一方独大。这种关系确保了社会的平衡与协调发展。

　　经济体系的建立,完全不同于日常经济决策,是一种长时效的运转模式。它需提供长期有效可靠的框架,支持经济体有效运转。不然的话,如果各行各业只图眼前利益,不做长远打算,最终会危害国家的经济发展和社会稳定。也正是出于此种考量,联邦德国的社会市场经济十分强调经济学与社会伦理学的结合,这是建立社会市场经济体系的两大基础。从经济学角度讲,强调自由主义提倡的市场有效运营,保障自由市场、自由竞争、个人

---

[28]　阿尔弗雷德・米勒-阿尔玛克在1947年的一篇专业论文中首先提出了"社会市场经济"这一概念,并将其定义为"市场自由与社会平衡相联系的原则"(Das Prinzip der Freiheit auf dem Markt mit dem Prinzip des sozialen Ausgleichs zu verbinden)。早在二战期间,米勒-阿尔玛克就与后来的联邦德国总理艾哈德有联系,曾参与战后经济的规划工作。1958年到1963年间,他曾担任负责欧洲事务的国务秘书一职。

[29]　弗赖堡学派是一个严格意义上的学术流派,其创始人欧肯(Walter Eucken)及早期核心成员都是弗赖堡大学的师生。其核心理念介于亚当・斯密的放任自流与凯恩斯的国家干预之间,因而被称为秩序自由主义(Ordoliberalismus)或新自由主义(Neoliberalismus)。

所有权和契约自由。而这里所说的自由贸易并非无条件的自由,而是需要注意市场运行中的一些反常情况,防止对自由贸易的无节制滥用。这就涉及社会市场经济的另一重要思路,即源于教会的社会伦理学。由于历史原因,教会很早就从伦理学的角度考虑到藏富于民的财富分配方式。而这也符合近现代民主主义者和工会等团体的观点,即经济应该为人服务,而不是人为经济服务。经济学和伦理学的结合,使社会市场经济一方面充满活力,另一方面又能使政府通过社会救助、税收机制、国家资助或价格体系来影响对个人的劳动成果付酬,从而将个人与社会结合成共生体,达到个人利益和社会利益的平衡。

阿尔弗雷德·米勒-阿尔玛克曾将社会市场经济定义为由竞争规律决定、带有社会保障的经济制度。这种经济形式并非一成不变或放之四海皆准的固定模式,而是一种开放的、灵活的体制,需要不断调整才能适应发展。正如克里斯蒂安·瓦特林(Christian Watrin)所说,社会市场经济体系是一种开放的体系,它不断地受到新认知和新发展的考验,并因此能够而且必须得到不断的改进。由此可以看出,社会市场经济是介于自由市场经济和集中控制经济之间的一种经济制度。

联邦德国社会市场经济的有效运转,需要三个要素,这就是私有制、市场主导和国家监管。而集中控制经济则更强调财产集中分配、国家管理和财产归公。位于自由市场经济与集中控制经济之间的社会市场经济到底更接近于哪一端,是由国家政治决策,而非经济决策决定的。例如,社会中因收入多寡而形成了不同的利益团体(简言之为穷人和富人),他们对国家税率的制定有着不同诉求,因而衡量最高所得税应偏向上限还是下限,不能单纯依靠经济标准,而需更多考虑未来宏观方向上的整体发展。这时,政治决策的分量就超过经济决策。

艾哈德

德国的社会市场经济发展到今天,经历了不同阶段。在这一进程中,它在自由市场经济和集中控制经济两极间处于不同位置。在前西德基督教民主联盟执政期间,尤其在艾哈德(Ludwig Wilhelm Erhard)时代,这位被称为"社会市场经济之父"的德国前总理的经济政策更倾向于自由市场经济。他注重市场的自由竞争,反对垄断,其主导经济的口号就是"增长、增长、再增长"。他从1949年起担任阿登纳内阁中的经济部长,以社会市场带动经济迅速复苏,成就了德国战后的经济奇迹。艾哈德认为,若想达到"全民繁荣"的目标,需要运用自由竞争的手段。因为只有在竞争环境中,个人的才智、胆识、创造力、进取心才能充分发挥,进而推动经济向前发展。

勃兰特

此后在社会民主党执政时期,尤其是勃兰特(Willy

Brandt)任职总理期间,德国的市场经济更倾向于国家控制。这主要体现在国家扩大政府支出,出台加强社会公正和福利保障等方面的政策。在福利保障方面,要求雇主和雇员平摊费用,提倡待遇均等。很快,德国成为一个以强制性社会保险(养老、医疗和失业保险等)为主体的社会福利国家。当然,高福利的国家保障政策对财政来说是种负担,其负面影响成为日后拖累总体经济发展的一个因素。

由此可以看出,社会市场经济会根据发展需求,寻找社会上多数人或多数利益集团都能接受的方案,这就需要在几种对立关系间达成妥协。首先,需达成个人劳动和社会平等之间的妥协。例如,在生产领域,有的人能够取得比别人更多的成果。按照自由经济的准则,多劳多得,应该按照个人劳动支付薪酬。但从人道主义考虑,人人平等才是更好的分配准则。如果只按照劳动效率办事,就会出现社会分配的极度不公,贫富差异不断扩大,最终将导致社会紧张局面的出现。而单纯追求社会平等,则会影响劳动积极性,干多干少一个样,使所谓平等停留在低水平上。十全十美和各方认可的解决方案并不存在,因此只能寻找多数人能够接受的妥协方案。德国市场经济中,妥协方案表现在经济的各个领域。以个人所得税的最高税率为例,自由民主党(FDP)希望大幅度降低最高税率,提倡多劳多得,以便提高劳动积极性。而以工会为代表的对立面则坚决反对,认为应该从社会平等角度考虑提高最高税率,让有钱人承担更多的社会责任。因此,经济形势最好的80年代过后,德国税率一直在降低。1998年个人所得税的最高税率为53%,到2001年时降为48.5%,2003年为47%,2005年为45%。这一变化就是各方妥协的结果,它既能发挥个体劳动积极性,又能在最大限度上实现社会平等,保证人民可接受的最低生活水平。

其次,在社会市场经济中,还需达成个人所承担的责任和国家保护职能之间的妥协。在自由市场经济中,个体需对自身负责。个体有选择教育和各种社会保险的权利和义务。如果人们工作的企业不破产,或即使企业破了产,从业者失业后能接受符合市场需要的职业培训或再教育,从而很快找到新工作,同时国家人口也能保证一定的增长比例,那么个人和企业所缴付的资金便足以应付日常生活中出现的各种情况。但当个人预防措施不足以应付危机时,就需要国家出面,对个体承担起保护的责任。国家要设法减轻个人因采取预防措施而面对的负担,尽可能多地为社会上的弱势群体提供保护。例如国家可以采取削减教育和职业培训收费的措施,使民众普遍得到接受良好教育的机会。某些特定人群,如残障人士,或社会因灾害而面对无法克服的困难时,则需国家承担社会支出的部分。因此,在社会市场经济中所达成的妥协,是指国家仅在必要的情况下提供支持,但不完全承担社会风险,因为如果一切负担都由国家来承担就成了吃大锅饭,那样的话,个人的责任心就会被消磨,个体的积极性也会受到打压。

另外,在社会市场经济中,竞争与互助之间也应达成妥协。自由竞争是市场经济的法宝,人在竞争中能充分发挥潜能和才智。但自由竞争如果不加以限制,必然会导致垄断、倾销、剽窃、以次充好,甚至威胁竞争对手等行为的出现,这种违法行为最终会破坏市场秩序。因此德国出台了一系列限制恶性竞争的法规。同时,工商会、银行、保险公司、联邦银行监理局也承担着协调竞争的职责。其次,互助形式如工会,也广泛存在于各种经济体中,它们能在危难和激烈竞争中起到调节作用。于是在社会市场经济中,人们寻找的妥协是一种起到积极作用的竞争。也就是说,能起到积极作用的竞争在社会市场经济中被放手发挥,而在社会公认需加以限制的地方,则加以限制。

再者,在社会市场经济中,自由价格和社会价格间也需要达成妥协。按照供需关系制定价格虽然符合自由经济的原则,却不一定符合社会的整体利益。例如公共安全、邮政通讯、铁路运输等工作显然不能只考虑供求成本关系,否则其价格将是普通人所无法承担的。而某种大多数人可承受的社会价格,则可保证能源、环境、医疗、公共卫生等方面的正常运行,从而避免出现社会紧张局面。例如,国家开设公办幼儿园,所有儿童均有机会享受此种低廉便利的福利;但如果因为名额紧张或家长另有要求,则可选择费用较高却办事变通的私人幼儿园。这两种服务方式的相辅相成,既可以最大限度地满足不同的需求,又不会造成自由价格和社会价格的冲突。

最后,社会市场经济还必须达成私有制与公有制之间的妥协。如果没有私有制,市场经济将缺乏活力,甚至难以运转。而国家以所有者的身份或提供重要的社会公共服务时,公有制才符合社会市场经济的要求。一方面,社会允许经济在私有制模式下获取利益;另一方面,要保证私有制获取利益时不能危及社会。现实生活中诸如对环保、建筑、垃圾处理、城乡供应等方面的规章制度,就是私有制与公有制之间达成妥协后的平衡。

综上所述,社会市场经济需要利益各方达成妥协。这种妥协保证了个人拥有自由发展的空间和可能,同时也给社会提供尽可能多的保护。因此,社会市场经济努力创造的是双赢的局面。而所谓妥协,实际上是指市场经济的运行要服从于民选政府制定的政治决策和经济制度。也就是说,社会市场经济原则上赞成经济的独立性,承认以市场为导向,但同时也需根据实际情况最大限度地保证社会的稳定与民众的福利。

如同罗马的建成并非一日之功一样,德国的社会市场经济也是经过了几十年的运作和调整才得以走向成熟的。要想按照上述方针建立社会市场经济体系,同时保证民众福利与社会安全,则需满足几项前提条件。第一,需要稳定可靠的框架前提,即国家制度和政策具有可靠性和长期性的特点。这种长期性和可靠性建立在对个人和社会尊重的基础之上,受到独立司法制度的保护。这一点若得不到保证,就会诱使人因目光短浅只着眼于短期效益,甚至为一己私利铤而走险,加重对他人和社会的剥削和负担。反之,如果国家制度和政策得到广泛认可和尊重,不因个人或个别利益团体而频繁变换,那么参与制定和维护政策及制度可靠性的力量将大大加强,社会市场经济也因此而有了稳定的基础。

第二,国家机构(政府)作为社会市场经济有效运行的保证,需尊重业已确定下来的规章制度,而政府行为也应与这种规章制度相协调。具体来说,政府应为民众和社会着想,提高工作效率和服务质量,保护社会和市场的多样性及活力,对其多加鼓励而非任意干预。同时,国家还应鼓励预防性的社会政策(如职业培训)和间接转换机制(如税收、利率)的实施,这样的手段在社会市场经济中比国家直接资助和直接引导分配措施更能起到积极效果。

第三，建立有效运行的社会市场经济，需以社会中各种利益团体间能够确保独立和妥协为前提。唯有如此，政府、企业、工会等机构才不会各行其是而不顾他人。各种利益团体有时是伙伴，有时是对手，但这种关系并非你死我活、非此即彼的敌对关系（如敌对阶级关系）。虽然在社会市场经济中，也会出现罢工、贪污、开除等冲突事件，但因为各利益团体相对独立，于是各方也会很快发现问题并协商处理解决。只要这种独立性和妥协性存在，社会市场经济的运转就能保证社会的稳定和政策的连续性及切实可行性。

第四，自由交流也是社会市场经济得以实现的前提。凡涉及社会和经济领域的诸方面，都需要各方面的信息支持，这种信息可从多元化的独立媒体获得。同样，信息的公开和交流也能暴露体制运转过程中的问题，引导有关部门的自行改进以及对错误进行制裁。除此之外，国民教育水平也需达到一定程度，人们才会对获取信息感兴趣并对之有判断力。在这一方面，国家扶植的教育事业起到重要作用。德国实行的九年义务教育、独具特色的职业教育以及发达的高等教育提高了广大民众的教育水平，既促进了个人的发展，又为社会提供了新动力和较高素质的人才。

综上所述，社会市场经济在第二次世界大战后的联邦德国取得了辉煌的成就。尽管其间国家也遇到过经济或社会危机，但凭借其自身出色的协调能力，还是克服了困难，为持续发展奠定了基础。社会市场经济的成功运行，使联邦德国能够将自己定位成一个自由、富有、社会平等和高福利的国家。

20世纪80年代末90年代初，原西德几乎在一夜间将前东德并吞，实现了重新统一的大业。联邦德国试图用卓有成效的社会市场经济来改造前东德地区。为此，政府通过信托公司将大量前东德国企私有化，同时给这一地区注入大量资金。当时人们希望，在重新统一后的数年内，在前东德地区也建立起联邦德国式的高福利及平等社会。但在今天看来，这一估计明显过于乐观。统一后的体制转变给联邦政府带来了巨大的财政压力，而社会和经济体制的变革也需漫长的过程。

另外，作为社会福利国家，德国政府的财政承受着巨大的压力。数百万的失业人口和其他领取社会救济的人群，加之人口出生率长期维持在低水平和人口老龄化严重，这些因素使得国家支出超过50%。而市场经济的竞争力和活力，也在重负之下受到很大影响。自20世纪50年代起给联邦德国带来繁荣和稳定的社会市场体系似乎在风光了50年之后，开始走下坡路。就今天的德国而言，社会市场经济体系能否焕发活力和再造辉煌，还需时间来检验。

练习、调研与思考：

一、请翻译"auf der Basis der Wettbewerbswirtschaft die freie Initiative mit einem gerade durch die marktwirtschaftliche Leistung gesicherten sozialen Fortschritt zu verbinden"。根据这句话，你是如何理解社会市场经济中"社会"与"市场"的关系？

二、德国的社会市场经济与我国的社会主义市场经济有何区别？

三、按理说，税率越低，老百姓交的钱就越少，给自己留下的就多。为什么在德国社会市场框架下，富人希望降低最高税率，而代表广大劳工利益的工会却曾希望将最高税率提高到 70%？

四、为什么艾哈德被称为"社会市场经济之父"？艾哈德关于社会市场经济的多元化体现在什么地方？

五、如何理解自由竞争与国家干预之间的关系？

六、请查找有关 Adam Smith，Walter Eucken，Ludwig Wilhelm Erhard 及 Freiburger Schule 等词条，并对其作简单介绍。